리더십

수원화성에 묻다

리더십 수원화성에 묻다

발 행 일	2016년 3월 18일 초판 1쇄 발행
지 은 이	박 상 하
발 행 인	박 재 우
발 행 처	한국표준협회미디어
출판등록	2004년 12월 23일(제2009-26호)
주 소	서울시 금천구 가산디지털1로 145, 에이스하이엔드 3차 11층
전 화	02-2624-0383
팩 스	02-2624-0369
홈페이지	www.ksam.co.kr

ISBN 978-89-92264-96-9 93320
값 15,000원

리더십

수원화성에 묻다

KSAM

변화를 이끌 문화유산, 정조의 개혁 리더십

●● 수원시장으로서 항상 정조에게 길을 묻는다. 혼돈과 갈등의 시대에 정조대왕이라면 어떻게 했을까?

역사는 사람과 사람의 만남으로 이루어진다. 역사를 단순한 사실의 축적으로만 보아서는 안 되는 이유이며, 역사 속 인물을 깨달음의 거울로 삼아야 하는 이유에서다.

수원화성 축성에 대한 역사적인 사실을 다룬 책은 많지만 그 속에서 발휘된 탁월한 리더십을 조명한 책은 〈리더십 - 수원화성에 묻다〉가 처음이 아닐까 싶다. 특히 이 책의 발간이 수원화성 축성 220주년이자 '수원화성 방문의 해'와 그 시기를 같이 한다는 것이 더욱 뜻깊게 느껴진다.

개혁군주로서 정조가 새삼 우리에게 필요한 리더의 전형으로 주목받게 된 것은 위기의 시대, 격변의 시대에서 변화를 이끌 리더가 필요하다는 시대적 요구에 따른 것이다. 이 책에서 제시하고 있는 리더십은 그간 CEO, 임원 등 최고 책임자에게만 주목했던 리더십과는 다르다. 현장의 직원부터 중간 관리자, 최고 책임자까지 각 역할별 리더십을 다루었다는 점이 특별하다.

흔들림 없는 개혁을 이뤄낸 CEO 리더십의 정조, 열려있는 마음으로 획기적인 제안을 개진해간 고급 관리자 리더십의 채제공, 당시 천시했던 분야의 전문 지식으로 프로젝트를 리드한 팀장 리더십의 정약용, 수원의 성장이야말로 자신의 성장이라고 여기며 열정을 보인 셀프 리더십의 조심태. 이 책에서 소개하는 이들의 리더십은 수원화성의 역사, 문화와 함께 세계인들과 공유하고 싶은 우리의 유산이다.

현재를 살아가는 우리는 지금 이 순간 역사를 만들고, 미래를 결정해 나가고 있다. 이 책을 통해 역사 속 리더십을 바탕으로 현재의 리더십을 새롭게 써 내려 가길 기대한다.

수원시장 **염 태 영**

5

현대적 관점에서 풀어낸
역사 속 리더십의 원형질

●● 성공한 리더는 배움을 멈추지 않는다. 혁신경영을 실천하여 수원화성 축성과 개혁을 이뤄낸 정조 역시 그러하였다. "내 앞장서 부지런히 공부하지 않으면 어찌 백성들을 이끌 수 있겠는가"라며 공부하는 군주로서의 본보기를 보였다.

이 책에서는 역사 속 이야기에서 찾은 가장 개혁적인 리더십을 전한다. 이 책을 역사책이 아닌 리더십 책으로 바라보아야 하며, 가장 한국적인 것이 세계적이라는 말을 리더십 분야에도 적용해야 한다는 것을 상기해야 하는 이유이다.

과거와 현재는 끊임없이 대화하고 있다. 정조 즉위 240년, 수원화성 축성 220년의 역사가 우리에게 건네는 것은 한 명의 독단적인 리더십이 아니라 계층별 리더들에게 필요한 역할과 그들 간의 컨버전스이다. 아무리 뛰어난 리더십을 가진 정조라도 혼자서는 화성 축성이라는 역사를 이뤄낼 수 없었으며, 이는 현대의 조직에서 추진하고 있는 업무나 프로젝트에도 예외일 수 없다.

이 책만의 특별한 시각은 역사에 감춰진 우리나라 리더십의 원형질을 현대적인 관점에서 풀어냈다는 데에 있다. 조직이 나아갈 방향을 제시한 CEO 정조, 리더와 조직 구성원 사이의 허브 역할을 한 고급 관리자 채제공, 적극적인 실행력과 전문성으로 혁신적인 성과를 만들어낸 팀장 정약용, 현장에서 답을 찾아낸 실무 담당자 조심태. 이처럼 현재에 접목시킨 역사는 미래를 내다보는 비전마저 제시해 준다.

조선의 르네상스를 이끈 정조의 인재경영처럼 이 책을 통해 현대 산업의 르네상스를 일으키길 기대한다. 또한 우리의 몸과 정신의 시작점인 역사 속 인물들에게 배우는 개혁적 리더십은 견실히 성장해 온 우리 기업인들에게 더 큰 성장으로 가는 발판을 마련해 줄 것이다.

한국표준협회 회장 **백 수 현**

프롤로그

조선왕조와 연금술사, 수원화성은 그날의 역사를 모두 기억하고 있다

연금술은 인간의 오랜 꿈이었다. 변함없는 궁극적 욕망이었다. 금金은 물에 담가놓거나 땅에 묻어두어도, 또 아무리 오랜 시간이 흘러도 그 빛을 잃지 않았다. 때문에 옛사람들은 금을 가장 완벽한 금속으로 여겼다. 뿐만 아니라 다른 금속들도 완벽한 단계인 금으로 변화하려는 속성을 지녔다고 생각했다.

아리스토텔레스는 지상의 모든 물질이 물과 공기, 흙과 불로 이루어졌다는 고대 그리스 철학자 엠페도클레스의 생각을 발전시켜 '4원소설'을 확립했다. 예컨대 금을 비롯한 자연의 모든 물질은 4원소를 포함하고 있으며, 각기 물질은 그 원소들의 존재 비율만 다를 뿐이라고 생각했다. 또한 그 배합을 결정하는 것은 천상의 세계를 구성하는 불멸의 물질인 제5원소 '에테르'라고 보았다.

때문에 수많은 연금술사들은 에테르를 찾기만 하면 지상에서 가장 완벽하다는 금속인 금을 마음대로 만들어낼 수 있다고 믿었다. 그들에게 에테르는 연금술의 비밀 열쇠였던 셈이다. 이같이 납이나 철, 수은 등의 흔한 금속으로 완벽한 금속인 금을 만들어 내는 것이 서양에서 추구하는 연금술의 목표였면, 동양의 연금술은 영생을 누리는 신선이 되기 위한 도교의 '연단술'로 발전했다. 기원전 3~4세기부터 시작된 중국 연단술의 기초가 되었던 이론은 전국시대 제나라의 추연이 제창한 '음양오행설'이었던 것이다.

음양오행설에 따르면 우주의 모든 물질은 목木·화火·토土·금金·수水라는 다섯 가지 원소로 이루어졌으며, 음과 양의 상호작용을 통해서 배합되는 것으로 생각했다. 중국 연단술의 경우 눈앞에 보이는 물질적인 욕망보다는 정신적인 수양을 중시했고, 영생할 수 있다는 '단약'이나 '금단'이 바로 서양 연금술의 에테르와 같은 의미를 지닌 것이었다.

조선왕조에서도 연금술은 세상을 온통 열광케 만들었다. 1503년(연산군 9년) 5월 18일의 〈연산군일기〉를 보면 연금술사의 등장을 이렇게 기록하고 있다.

「양인 김감불과 장례원 노비 김검동이 연철鉛鐵로 은을 불리어 바치며 아뢰기를 "납 한 근으로 은 두 돈을 불릴 수 있습니다. 불리는 법은 무쇠화로나 냄비 안에 태운 재를 둘러놓고 납을 조각조각 끊어서 그 안에 채운 다음 깨어진 질그릇으로 사방을 덮고 숯을 위아래에서 피워 녹입니다"라고 했다. 왕(연산군)이 전교하기를 "시험해보라"하였다.」

시험 결과 과연 은을 만들어낸 걸까? 당시의 연산군은 무소불위의 절대 권력자였다. 이미 '무오사화'를 통해 조정의 반대 세력을 모두 축출한 뒤 패륜과 난정을 일삼아오던 폭군이었다. 그런 연산군 앞에 한낱 양민과 노비에 불과했던 자가 거짓을 아뢰었다가는 파리 목숨이었다. 한데 김감불과 김검동은 용케 처형되지 않고 살아남는다. 그들은 연산군이 지켜보는 가운데 납을 가지고 실제로 은을 만들어 보인 것이다. 도대체 어떻게 된 걸까? 연금술사가 실제로 등장케 된 걸까?

그들이 시험해보인 것은 납으로 은을 만들어내는 기적의 연금술이 아니었다. 납광석에서 은을 효율적으로 분리 추출하는 새로운 '연은鉛銀분리법'이었을 따름이다. 김감불과 김검동이 새롭게 개발한 '연은분리법'은 함경도 단천에서 많이 채굴하는 납광석으로부터 순수한 은을 제련해내는 방식이었다. 요컨대 은과 납의 녹는점, 끓는점의 차이와 녹아 있는 상태의 비중과 분리를 이용한 제련법이었다. 감쪽같은 눈속임에 불과했던 것이다.

조선왕조는 이처럼 연금술의 유혹에 온통 빠져 있었다. 현군에서 폭군에 이르기까지 가리지 아니하고 너나없이 헛된 연금술에 열광했다. 금과 은을 마음대로 만들어낼 수 있다는 부질없는 마법에 빠져들었던 것이다.

정조 또한 다르지 않았다. 그 역시 마법을 찾아 나섰다. 앞서 현군에서 폭군에 이르기까지 가리지 아니하고 그랬던 것처럼 군주로서 자신이 치러야 할 미션을 위함이었다. 그러나 정조가 찾아 나섰던 마법은 연금술이 아니었다. 연금술사를 찾아 나섰던 일조차 결코 없었다. 애당초 헛된 욕망 따위엔 열광하지도 또 그럴 처지도 아니었다. 정조는 국왕이었으나 자신을 삼갈 줄 알았다. '권력의 함정'에 빠지기 쉬운 위치였음에도 그가 좇은 것은 자기 내면의 깊은 성찰이었다. 자신을 한 차원 끌어올려 극대화시키는 그만의 리더십이었다. 그것이 곧 정조가 한사코 찾은 마법이었다.

지금의 수원화성은 바로 그 같은 정조의 마법을 고스란히 보여주고 있다. 누구에게도 말할 수 없었던 그만의 고뇌와 의지, 도전과 응전, 기대와 소망, 꿈과 절실함, 역사와 정신이 고스란히 간직되어 있다. 수원화성은 그날의 생생했던 순간들마저 모두 다 기억하고 있다.

그렇다. 정조는 자기 앞의 세상을 끝내 바꾸어 변화시켰다. 자신을 에워싸고 있는 숙명의 굴레에서 분연히 떨쳐 일어나, 그 숱한 장벽의 바람과 구름과 비와 천둥 속에서도 굽힐 줄 모르는 실천력과 뜨거운 가슴으로 꿈과 비전을 소망했다. 조선 후기 불멸의 역사와 정신을 맨 앞에서 스스로 이끌어 나간 위대한 리더였다. 오늘날 우리가 그를 주목하는 이유다. 그가 남긴 수원화성에서 조선 후기 실학정신의 정수를, 오직 그만의 리더십에 질문을 던져 다시금 애써 묻고 있는 까닭도 따은 여기에 있다 할 것이다.

모든 시작은 항상 그렇듯 어떤 계시나 예감적인 것에서부터 출발하기 마련이다. 정조와 수원화성 역시 필자의 가슴밭에 처음으로 계시 혹은 예감의 씨앗이 뿌려졌다. 그리고 아주 오랜 기다림이 지속되었던 것 같다. 씨앗이 움터 오를 때까지 홀로 열병처럼 가둬두어야만 했다.

그러나 모든 계시나 예감은 항상 잠정적이고 불완전할 수밖에 없다. 무슨 일이든지 시작은 의외로 간단하다. 예컨대 산 중턱까지는 오르기 쉬워도 내처 산 꼭대기까지 마저 오르는 것은 생각만큼 간단치 않다. 다시금 어떤 인연이 덧대어 계시나 예감의 여명을 깨우길 속절없이 염원할 수밖에는 없는 것이다.

한데 그 같은 염원이 하늘에 닿았던 것일까? 지난 해 여름의 끝 무렵 필자에게 실로 우연한 기회가 찾아왔다. 한국표준협회 조직역량혁신센터, 리더십 전문교육기관 비피에스(BPS)와의 인연이 덧대어 닿았다. 우리의 역사를 깊이 이해하고 통찰하며 변형시켜 본질을 꿰뚫는 데 탁월한 능력을 가진 이들과의 만남은, 그간 계시나 예감의 여명에만 머물러있던 필자를 깨우는 전환점이었다. 한국표준협회와 비피에스는 필자로 하여금 이 책을 쓰도록 만든 주인공임을 고백하지 않을 수 없다. 한국표준협회 김병석 본부장님과 이동선 센터장님, 비피에스의 김홍준 상무님과 장주희 책임께 다시 한 번 감사드린다.

무엇보다 역사 공부에 일천한 필자에게 '화성, 역사 속 스토리에서 찾는 계층별 리더십 역량 - 수원화성과 4인방' 프로그램 자료는 연구가 워낙 깊은지라 밤길을 오롯이 밝혀주는 등불 같은 것이었다. 등불이 밝혀주는 길을 고스란히 따라갈 수밖에는 없었던 유일한 텍스트였다.

〈리더십 - 수원화성에 묻다〉는 그렇게 세상의 빛을 보아 탄생할 수 있었다. 또 그동안 혼자서 열병처럼 가둬두어야 했던, 아주 오래된 의문이자 오직 정조만이 그려낼 수 있었던 리더십의 퍼즐을 모두 다 풀어낼 수 있게 되었음도 밝힌다. 아울러 수원화성의 스토리 속에서 정조를 도와 협력했던 계층별 리더십의 역량 또한 발견할 수 있었다.

끝으로, 그동안 더딘 붓질을 묵묵히 견디어주었을 뿐더러 거친 원고를 사려 깊게 다듬어 책으로 엮어주느라 애써 주신 한국표준협회미디어의 박재우 대표이사님께 마음으로 감사드린다.

이제 붓을 내려놓으려 한다. 수많은 나날 동안 마르지 않은 눈동자로 함께 호흡하며 머릴 맞대어 온 정조와 채제공, 정약용과 조심태 등과도 그만 헤어지고자 한다. 하지만 바라건대 지금의 수원화성이 고스란히 보여주고 있는 그들의 마법을, 스스로 역사를 써나갔던 그들만의 리더십을 밝혀나가는 여정에 부디 미지의 독자들이 보다 많은 것을 발견하고 공유할 수 있기를 기대해본다.

목차

리더십
수원화성에 묻다

리더십은 투쟁struggle이다.

- 짐 쿠세스 -

제1장

왜 수원화성인가?

- 당대 과학이 총동원된 첨단의 수원화성
- 일본의 10만 대군, 수원화성을 침공하다
- 실학정신으로 세운 수원화성의 평가 가치는?

당대 과학이 총동원된
첨단의 수원화성

수원에 가면 아주 특별한 풍경과 마주하게 된다. 도심의 한복판을 높다란 성벽이 길게 에워싸고 있는 수원화성華城이 그것이다. 그것도 이끼 파르스름한 오래된 고성이 아니라 근육의 핏줄까지 아직 고스란히 살아있는 젊은 읍성이 역사의 경계선을 이루고 있다. 역사의 경계선에 서서 저쪽으로 한 발짝만 옮겨 서면 금방이라도 왕조의 숨결 속으로 들어갈 수 있을 것만 같다. 조선 후기 실학정신의 주역이었던 정조와 다산 정약용 등이 불쑥 나타날 것만 같은 생각마저 든다.

더욱이 수원화성은 지금껏 우리가 보아온 풍경과는 사뭇 다르다. 서울의 한양 도성이나, 지방의 여느 읍성과는 다른 성채임을 이내 알게 된다.

그렇다. 정조 20년(1796)에 축성된 수원화성은 당대 과학이 총동원된 실학정신의 정수였다. 임진왜란 때 무력하게 패퇴했던 반성 위에 세워진 새로운 첨단 요새였다.

사실 임진왜란 초기 조선의 육군은 패퇴를 거듭해야 했다. 나중에야 이순신이 이끈 강력한 수군과 전국 도처에서 들불처럼 일어난 의병의 반격에 힘입어 마침내 일본군을 바다 밖으로 물리칠 수 있었다. 하지만 일본군의 진격로에 있던 읍성의 방어벽이 너무도 쉽게 무너지고 말면서 육군은 전쟁 초기 고전을 면치 못했다.

그러자 전라도 의병장이었던 조헌이나 강항 등이 중국과 일본 성제의 장점을 들어 조선 성곽의 개선안을 내놓았다. 임진왜란 당시 도체찰사(전시 때 최고 군사 수령)를 역임하면서 나라를 지켰던 유성룡 또한 국토의 방어력을 높이기 위한 몇 가지 방안을 제시했다. 그 주요 내용은 산성의 보수와 읍성의 방어 시설이었다. 읍성에 옹성을 쌓고 치성과 현안, 양마장과 포루 등을 설치하자는 것이었다.

옹성이란 읍성을 방어하는 데 가장 취약한 부분인 성문 앞에 2중으로 성벽을 덧쌓아 성문 공격을 차단하는 시설이다. 치성이란 성벽의 일부를 돌출시켜 3면에서 공격할 수 있게 하는 시설이다. 현안이란 성벽에 세로로 길게 홈을 파 펄펄 끓는 물이나 기름을 성 밖으로 흘려보내 성벽에 접근하는 적을 물리치게 하는 시설이다. 양마장이란 성 밖의 호 안쪽에 성벽을 한 겹 더 쌓아 성벽에 접근하는 적을 안팎에서 공격할 수 있게 하는 방어 시설이다. 포루란 치성과 마찬가지로 성벽의 일부를 돌출시켜 그 내부에 화포를 장착하여 적을 공격토록 하는 시설이다. 이같이 방어력과 공격력을 높일 수 있는 새로운 시설을 읍성에 갖출 것을 제시했다.

이들의 주장에 따라 18세기 초 전국의 주요 읍성을 대대적으로 개축케 되

었다. 황주읍성을 시작으로 전주읍성, 대구읍성, 동래읍성, 해주읍성, 청주읍
성 등을 개축해 나갔다. 읍성을 튼튼히 만들어 지키는 것을 근본으로 해야 한
다는 시대적 요청을 반영한 것이다.

그러나 이때 개축된 읍성은 기존의 읍성을 그대로 유지하면서 무너진 부분
을 석재로 다시 쌓는 정도에 그쳤다. 국왕이 거주하는 한양의 도성만 놓고 보
더라도 여전히 성곽의 높이가 얼마 되지 않는 데다, 성벽 위에 몸을 은신한 채
공격할 수 있는 여장女墻이라는 야트막한 담을 쌓은 것 외에는 별다른 방어 시
설을 찾아보기 어려웠다. 18세기 말 정조가 수원화성을 축성하면서 비로소 그
들의 주장이 현실화하였다.

수원화성은 기존에 별다른 방어 시설이 없는 성벽의 약점부터 보완시켰다.
먼저 성벽의 방어 시설을 약 100미터마다 촘촘히 설치해 나갔다. 화성에 설치
된 방어 시설은 모두 48개소였으며, 종류별로 보면 이렇다.

■ 성문城門 – 장안문(북문), 팔달문(남문), 창룡문(동문), 화서문(서문). 4대문 모두 2중 성문으로 쌓아 요새화했다. 성문 앞에 반원형의 옹성甕城을 따로 쌓아올려 적군 의 접근조차 허용치 않았다. 당시로선 한성의 도성에서도 찾아볼 수 없는 장치 였다.

■ 치성雉城 – 동1치, 동2치, 동3치, 서1치, 서2치, 서3치, 북동치, 남치 등 8개소에 설치했다. 성벽의 중간중간에 일부를 돌출시켜 3면에서 입체적인 공격이 가능 할 수 있게 했다.

■ 포루砲壘 – 동포루, 북동포루, 북서포루, 서포루, 남포루 등 5개소에 설치했다. 치성과 마찬가지로 성벽의 일부를 돌출시켜 그 내부에 화포를 장착하여 적의 공 격을 보다 광범위하게 퍼부을 수 있는 장치였다.

■ 현안懸眼 – 성벽의 모든 주요 시설마다 세로로 길게 홈을 파 현안을 모두 장착시 켜 방어력을 한층 두텁게 했다.

■ 장대將臺 – 장수가 성 주변을 조망하면서 병사들을 효율적으로 지휘하는 곳이 다. 수원화성의 지형을 모두 조망할 수 있도록 서장대와 동장대 2개소에 설치했 다.

■ 적대敵臺 – 적군의 동태를 살필 수 있는 시설이다. 장안문의 동과 서, 팔달문의 동 과 서에 설치했다.

■ 노대弩臺 – 장대 옆에 높이 쌓아올린 대를 일컫는다. 장수의 명령에 따라 높은 노대 위에 올라 특정한 깃발을 흔들어 군령을 전했다. 서노대와 동북노대 2개소 에 설치했다.

■ 암문暗門 – 성문이 아니고 비밀리에 드나들 수 있는 작은 문이다. 동암문, 서암 문, 남암문, 북암문, 서남암문 등 5개소에 설치했다. 5개소 모두 성벽 안쪽으로 암문을 내어 공격을 받아도 3면에서 반격할 수 있도록 장치했다.

■ 수문水門 – 수원화성의 북쪽에서 남쪽으로 흐르는 개천에 설치한 수문이다. 수 문에는 전돌로 만든 긴 포를 설치했는데, 이 포 안에 병사 수백 명이 들어가 수 문을 지킬 수 있게 했다.

■ 봉돈烽墩 – 다섯 개의 커다란 연기 구멍을 두어 인근의 상황을 연기로 알리는 정보 체계의 시설이다.

- 각루角樓 – 비교적 높은 위치에 누각을 세워 적군의 동태를 두루 살필 수 있게 했다. 동북각루, 서북각루, 서남각루, 동남각루 등 4개소에 설치했다.
- 포사鋪舍 – 치성 위에 병사들이 몸을 은신하기 위해 지은 집을 말한다.
- 공심돈空心墩 – 수원화성에서만 볼 수 있는 특수한 방어 시설이다. 벽돌로 삼면에 섬돌을 쌓고 그 가운데는 비워두었다. 널빤지로 누를 만들어 가운데를 3층으로 구분한 다음 나무 사다리를 놓고 오르내렸으며, 돈대의 외벽 위아래에 공안을 많이 뚫어서 바깥의 동정은 물론이고 총포와 화포 공격을 용이케 했다. 더욱이 총포와 화포로 공격을 하여도 적군은 어느 곳에서 날아오는지 모르게 되어 있어 가장 위협적인 방어 시설이었다. 소북 공심돈, 남공심돈, 독북공심돈 등 3개소에 설치했다.

이렇듯 성벽에 무려 48군데에 달하는 많은 방어 시설을 갖춘 예는 수원화성이 처음이었다. 수원화성 이전에도 이후에도 결코 없었다. 오직 수원화성에서만 볼 수 있는 첨단의 장치였다.

그러나 뭐니 해도 수원화성이 철옹성이었던 건 다름 아닌 성벽에 있었다. 기존의 성벽에선 볼 수 없는 방어력과 공격력을 한층 강화한 것이다.

수원화성의 전체 길이는 약 5.4킬로미터에 불과하다. 한양의 도성 전체 길이 약 18.2킬로미터의 삼분지 일 크기이다.

이것은 임진왜란 당시 전국 도처의 읍성들이 너무 넓고 큰 데다 방어할 만한 시설이나 지리적 이점을 갖추지 못하였다는 반성 속에 계획된 결과다. 수원화성은 팔달산(해발 128미터)이라는 주산을 뒤에 두고 산기슭과 평지로 이루어진 지리적 이점을 최대한 활용하여 성벽을 축성한 것이다.

성벽 역시 원칙적으론 돌로 쌓아올리지만 주요 방어 시설은 전돌(불에 구어 만든 벽돌)로 쌓아올려 보다 견고했다.

수원화성 성곽의 축조 내용을 기록한 '화성성역의궤'에 실려있는 화성전도(華城全圖)

성벽의 높이도 2장丈5척尺까지 높였다. 한양의 도성보다 더 높아 요새화했다. 지형에 따라 차이를 두었지만, 평균 5미터 내외나 되었다. 그리고 성벽 위에 다시 1.5미터 정도의 여장을 쌓고, 여장에는 여러 개의 총구멍을 뚫어놓아 공격력을 극대화시켰다.

성벽을 쌓아올리는 방식 또한 예전과는 달랐다. 아랫부분은 큰 돌을 쓰고 위에는 작은 돌을 사용하였는데, 성벽은 위로 올라가면서 배가 약간씩 안으로 들어가는 형태로 쌓았다. 이것을 규형圭形이라고 일컬었다. 성벽 전체를 일정하게 줄을 맞춘 것보다 마찰력을 강화할 수 있어 보다 튼튼한 성벽을 갖출 수 있었다.

일본의 10만 대군,
수원화성을 침공하다

무오년(1798) 6월 7일, 진시(오전 8시 전후) 무렵이었다. 살이 떨려오는 극도의 긴장감 속에 갑자기 새들이 놀라 푸드득 날아올랐다. 새들이 날아오르자 수원화성의 동북쪽 산등성이의 초록빛깔이 시나브로 검정빛깔로 물들어갔다. 불현듯 대지를 진동하는 거대한 발자국 소리가 점점 더 또렷해지며 산등성이를 넘어 빠른 속도로 밀려 내려오기 시작했다.

적군이었다. 임진왜란 이후 2백여 년이 지나 일본군이 다시금 조선을 침략했다. 무오왜란을 일으킨 것이다.

적군은 이미 지난달 그믐께 현해탄을 건넜다. 부산성城도 진주성도 아닌 한적한 창원 쪽으로 감쪽같이 상륙해서 창녕, 성주, 상주, 괴산, 음성, 안성을 빠르게 분탕질하며, 수원화성의 인근까지 도달한 뒤였다. 이날 아침 공격을 감행한다는 척후가 날아든 터였다.

정조는 채제공을 영의정으로, 노론의 영수인 심환지를 병조판서로, 정약용을 병조참판(종2품)으로, 수원 유수 조심태 장군을 도원수(정2품, 전시 최고 군사령관)로 각기 제수하여 일본 침략군을 맞아 전쟁 준비에 만전을 기했다. 도원수 조심태 장군은 정조의 명을 받고 조선왕조 최정예 병력인 장용영의 2만 군사를 이끌고 전날 이미 수원화성에 배수진을 쳤다.

　이레 전 창원 쪽으로 상륙하여 도읍 한성을 향해 파죽지세로 밀고 올라온 일본군은, 이날 아침 수원화성을 향하여 진격해 오는 동안 호각도 불지 않았다. 북도 치지 않았다. 깃발을 휘두르거나, 함성조차 내지르지 않았다. 한데도 햇빛에 반짝일 때마다 날카로운 창검이 바다의 물비늘처럼 헤아릴 수 없이 번뜩거렸다. 그런 광경을 지켜보고 있는 수원화성의 조선군 병사들의 눈을 심란하게 만들었다.

　"적이 다가오고 있다!"

　성 안의 병사들 모두가 빤히 지켜보고 있는 가운데 어떤 병사가 그만 겁에 질려 미친 듯이 소리쳤다. 그렇게라도 하지 않고서는 차마 숨이 막히고 말 것 같았던지, 더는 바라보지도 못한 채 자꾸만 팔달산 위를 돌아다 보았다. 장대 쪽을 향하여 연신 음성을 높여댔다.

　무려 10만 명을 헤아린다는 일본군은 산등성이를 온통 새까맣게 물들였다. 마치 봇물이 터지고 만 듯 빠른 속도로 밀려 내려와 이내 평지마저 스멀스멀 뒤덮어오기 시작했다. 아침 안개가 물러간 대지 위엔 또다시 희뿌연 흙먼지가 피어올랐다.

　그것은 실로 누구도 경험하지 못한 숨 막힐 것 같은 풍경이었다. 자신의 목숨을 노리며 시시각각 옥죄어드는 적군의 무리일망정 참으로 놀라운 장관이 아닐 수 없었다.

이윽고 희뿌연 흙먼지 속에 적의 대군이 수원화성 가까이 저벅저벅 진군해 들어섰다. 마치 손을 내뻗으면 닿을 것만 같은 지척의 거리까지 접근해 들어와 장안문 방면의 북쪽을, 그리고 창룡문과 화서문 방면의 동서쪽을 차례대로 둘러쌌다. 네 겹으로 첩첩이 에워싸 그야말로 물샐 틈 없는 포위망이었다.

마지막으로 팔달문 방면의 남쪽까지 가로막아 버림으로써 수원화성은 완전히 고립되고 말았다. 이제는 끝까지 싸워 기필코 승리하지 않고서는 살아나갈 수 없는, 10만의 적군에 둘러싸인 육지 속의 외로운 섬이 되고 말았다.

그때 어디서 날아왔는지 모를 까마귀 떼가 수없이 날아올랐다. 흙먼지 자욱한 적진에도, 육지 속의 외로운 섬 수원화성에도 기분 나쁜 탁음을 흘리며 창

[사진협조 : 수원화성박물관]

화성 성곽의 남문인 팔달문. 사통팔달하고자 하는 신도시 화성의 축성 염원이 담겨 있다.

공을 유유히 비행하기 시작했다.

사시(오전 10시 전후) 무렵, 끝내 10만 대군이 꿈틀거렸다. 대지를 뒤덮는 형형색색의 수많은 깃발과 예리하게 번뜩이는 창검이 바다의 물비늘처럼 일제히 밀려들었다. 귀청이 찢어질 것만 같은 호각소리를 저마다 불어대고, 조총과 화포를 연신 쏘아대면서 수원화성을 향하여 물밀듯이 밀려들어왔다.

적군의 공격은 그렇게 시작되었다. 장안문 방면의 북쪽을 시작으로, 창룡문과 화서문 방면의 동서쪽과 팔달문 방면의 남쪽에서 거의 동시에 함성을 내지르며 새까맣게 포위망을 압박해 들어왔다.

그리하여 마침내 거대한 파고가 밀려들어와 해변의 암벽을 사납게 물어뜯을 때와도 같이, 장안문 방면의 북쪽 성벽으로 제1파가 세차게 부딪쳐왔다. 창룡문과 화서문 방면의 동서쪽과 팔달문 방면의 남쪽까지 한꺼번에 밀어붙였다.

하지만 수원화성의 2만 조선군들 역시 벼르고 벼른 터였다. 적군의 공격이 제아무리 사납고 크다 하여도 기꺼이 그들과 맞서 싸우길 두려워하지 않았다.

적군이 3층 구조로 만들어진 산대 위에서 조총으로 사격을 가하면, 성 안의 궁수들과 총수들이 화살과 총포로 반격했다. 적군이 화포를 끌고 와 성문을 부수려 하면, 새로이 개량하여 성능이 월등한 비격진천뢰 등을 쏘아 적군의 화포를 무력화시켰다. 또 적군이 조총과 화포의 엄호를 받으며 멍석 깔린 사다리를 성벽에 수많이 걸쳐놓고서 기어오르려 하면, 펄펄 끓는 물을 쏟아 붓거나, 기다란 창끝으로 찌르거나, 돌멩이를 던지거나, 그도 아니면 볏짚에 불을 붙여 사다리를 태워버리는 전술로 분연히 맞섰다.

그렇듯 적군이 잠시 기세를 올리면 수원화성의 병사들이 더욱 분전하여 이내 만회해 놓았다. 수원화성의 병사들이 잠깐 우세하다 싶으면 적군은 또 더 많은 병력으로 몰아붙여 사납게 전세를 되돌려놓곤 했다. 그처럼 밀고 밀리는 힘의 균형이 좀처럼 깨어질 줄 모르는 채 성벽을 사이에 두고 벌이는 치열한 공방은 그치지 아니하고 지속되었다.

사시 무렵부터 싸우기 시작한 사투는 어느덧 한낮이 지나갔다. 또 해가 서산으로 뉘엿뉘엿 저물어가도록 멈출 줄 몰랐다. 적군은 수적 우세를 앞세워 무찌르고 또 무찔러도 끊임없이 밀려들어왔다. 수원화성의 병사들은 그런 적군을 맞아 손이 닳도록 저지했다.

무엇보다 당대 과학이 총동원되어 첨단으로 축성된 수원화성의 갖가지 시설들이 그 위력을 한껏 발휘했다. 적군은 첫날의 공격에서 가장 먼저 성문을 돌파하고자 여러 차례 시도했지만 장안문, 팔달문, 청룡문, 화서문은 끄떡도 하지 않았다. 성문은 모두 2중으로 구성되어 있었다. 성문 앞에 반원형의 옹성을 따로 쌓아올려 적군은 접근조차 용이하지 않았다.

성벽 또한 다른 읍성보다 높아서 사다리를 걸쳐놓고 기어오르기도 쉽지 않았다. 성벽 위엔 또 사람 키 높이로 여장을 쌓아올려 적에게는 성 안의 병사들조차 보이지가 않았다.

더구나 어떻게 가까스로 성벽까지 접근했다 하더라도 그들을 기다리고 있는 건 또 있었다. 세로로 길게 파여진 홈을 타고 펄펄 끓는 뜨거운 물이나 기름을 성 밖으로 흘려보내는 현안 시설이 그것이었다.

그런가 하면 중간중간에 성벽의 일부를 돌출시켜서 쌓아올린 치성은 더욱더 위협적이었다. 성벽으로 접근하는 적을 측면에서 공격할 수 있는 데다, 조준 사격까지 가능해서 가장 많은 사상자가 속출했다. 포루 또한 첨단으로 구

화성 방화수류정과 동장대 사이 성벽에 자리잡고 있는 동북포루.
포루는 성벽의 일부를 돌출시켜 내부에 화포를 장착, 적에게 광범위하게 공격을 퍼부을 수 있는 장치이다.

성된 공격 시설이었다. 성벽을 따라 일정한 거리에 세워진 포루에는 다시 2중, 3중으로 화포를 쏠 수 있도록 되어 있어, 가까운 거리나 먼 거리의 적에게 동시다발로 공격을 퍼부을 수 있었다.

수원화성은 2백여 년 전 임진왜란 때 공격했던 손쉬운 읍성이 결코 아니었다. 그 어떤 전술 공격에도 결코 함락할 수 없는 난공불락의 요새였다.

이윽고 성벽 바깥에 적군의 사상자가 무수히 쌓여가는 가운데 사위四圍가 어두워지자, 아침 사시 무렵부터 종일 달려들어 싸우던 일본군 1진과 2진이 슬그머니 물러났다. 그 자리엔 수적 우위를 발휘하며 3진과 4진이 다시금 빈틈 없이 채웠다.

그런 뒤 또다시 거대한 파고가 밀려들었다. 거대한 파고가 해변의 암벽을 사납게 물어뜯을 때와도 같이 수원화성의 성벽으로 제2파가 불어닥쳤다.

칠흑 같은 어둠 속에서도 3층 구조로 되어 있는 산대 위에서 조총 사격이 빗발쳤다. 적군의 화포가 일제히 불을 뿜었다. 멍석을 깐 사다리가 성벽에 다시금 척척 걸쳐지면서 헤아릴 수 없는 무리가 성벽을 기어올랐다.

수원화성의 병사들은 숨 돌릴 새도 없이 다시금 아비규환 속으로 내몰렸다. 온종일 사투를 벌여 적군의 파상공세를 겨우 물리쳤는가 싶었는데, 또 다른 적군과 다시 한 번 사투를 벌여야 했다.

그같이 밀고 밀리는 공방 속에 이윽고 자시(밤 자정 무렵) 무렵이 다 되어갈 즘이었다. 교대로 나선 적군의 3진과 4진 역시 성벽 바깥에 사상자가 쌓여가자 끝내 성벽 공략을 포기한 채 서서히 물러났다.

이튿날은 이른 아침부터 사투가 벌어져 밤새도록 지속되었다. 기나긴 전쟁이 새벽녘에 이르러서야 잠시 소강상태에 접어들었다.

하지만 고작 한두 시각이나 눈을 붙일 수 있었을까? 귀청이 떨어질 것만 같은 호각소리와 함성소리에 놀라 소스라치듯 일어나 보니 어느새 동녘이 희끄무레 움터 오르고 있었다.

일본군은 사흘, 나흘, 닷새째 되는 날에도 공세를 늦추지 않았다. 이른 아침부터 결사적인 공격을 감행하여 하루 종일 물러나질 않았다.

그러나 수원화성의 성벽은 높고 견고했다. 성 안의 병사들 또한 저항을 멈추지 않았다. 그때마다 성벽 바깥에 적군의 사상자만 쌓여갔을 따름이다.

엿새째 되는 날에는 간시(새벽 3시 전후) 무렵부터 사투를 벌여야 했다. 적군은 어둠을 타고 성벽 밑으로 기어들어 최후의 공격을 가했다. 성벽은 물론이고 장안문과 팔달문을 집중 표적으로 삼았다.

"적이 성벽을 기어오른다! 성벽을 기어오르고 있다!"

적군은 멍석을 잇댄 대나무 사다리를 장안문과 팔달문 방면의 성벽에 수많이 걸쳐놓았다. 성 안의 병사들이 제아무리 끓는 물을 퍼붓고 투석을 하여도 적군은 머뭇거림 없이 꾸역꾸역 기어 올라왔다.

"어떻게 된 것이냐? 적이 물러날 줄을 모르니!"

어둠을 뚫고 군관이 자세히 살펴보니 위장 전술이었다. 사다리에 허수아비를 매달아 마치 기어오르는 것처럼 위장하여 아군의 예봉(날카롭게 공격하는 기세)을 피한 다음, 그 틈새를 비집고서 성벽을 기어오르고 있었다. 또 그들을 엄호하기 위해서 수천의 기마병도 동원되고 있었다. 기마병이 성벽을 향하여 돌진하면서 무차별로 조총을 쏘아댔다. 적군의 장수들은 말을 타고 종횡으로 내달리면서 휘하의 병사들을 성벽으로 줄기차게 내몰았다.

아군 또한 구경만 하고 있을 순 없었다. 그동안 꼭꼭 숨겨두었던 비밀 병기를 꺼내어 들었다. 화살촉대에 유황불을 붙여 쏘는 화전火箭과 독을 발라 치명도를 높인 독시毒矢가 그것이었다. 지금껏 군관들이나 사용하였던 특수 화살을 이날 처음으로 궁수들에게 보급하기 시작했다.

화전과 독시를 보급받은 궁수들은 날이 새도록 시위를 당기고 또 당겼다. 무수한 사다리를 성벽에 걸쳐놓고서 끊임없이 기어오르는 적군을 무찌르기 위해 그토록 아껴두었던 특수 화살을 끝없이 쏘아댔다.

그래서 한때 위험 수위에까지 내몰렸던 성벽의 격전을 되돌려 놓았다. 또다시 아군이 주도권을 잡는 형세로 반전되어 갔다. 그러면서 성벽과 성벽 바깥은 다시금 아비규환의 생지옥으로 변해갔다.

그처럼 마지막이 될지도 모르는 결전은 성벽을 사이에 두고서 한 치의 양보도 없었다. 죽고 죽이는 최후의 사투가 숨 돌릴 겨를도 없이 연이어졌다.

피비린내 나는 전장에도 동은 어김없이 터 올랐다. 동녘이 밝아오면서 적군의 공세가 눈에 띄게 약화되어 갔다. 그때까지도 성벽은 끄떡없었던 것이다.

"우리가 이겼다! 적을 물리쳤다!"

어디선지 누군가 목청을 돋우어 외쳤다. 이미 수많은 사상자로 언덕을 이룬 성벽의 아래에도, 성벽 바깥의 너른 들판에도 즐비하게 널린 적군의 사체를 마침내 목격할 수 있었다. 유난히 눈부신 아침 햇살 아래 수원화성의 병사들은 비로소 승리를 확신했다. 감격에 겨운 승리의 함성이 도처에서 일었다.

결국 일본군도 패배를 인정할 수밖에 없었던지 자신의 군막마다 불을 질러 댔다. 그것을 신호로 악귀처럼 돌격해 무작정 들어오던 적군이 마치 썰물 빠져 나가듯이 일제히 퇴각하기 시작했다. 이때가 병시(오전 11시 전후) 무렵이었다.

영의정 채제공, 병조판서 심환지, 도원수 조심태 등과 함께 참전했던 병조 참판 정약용은 왕명에 따랐다. 수원화성에서 무오왜란의 참상을 고스란히 목격했던 그는, 이날의 승전을 국왕에게 올린 장계에서 이렇게 썼다.

「수원화성을 모두 네 겹으로 에워싼 채 주야로 파상 공격을 감행해온 적군과 그간 처절한 전쟁을 치렀습니다. 10만의 왜적을 맞아 고작 2만의 우리 병사가 엿새 동안 싸워 마침내 적군을 물리치는 쾌거를 이룰 수 있었던 건 다만 이 같은 이유에서입니다. 첫째는 수원화성이 워낙 튼실하게 축성된 요새라서 비록 적의 10만 대군일지라도 끝내 공략할 수 없었기 때문이고, 둘째는 성 안의 우리 병사들이 최후까지 싸우다 죽기로 결심하였기 때문입니다. 이에 적군은 수원화성을 간단히 공략할 수 없음을 알고 여러 날에 걸쳐 총공세를 집요하게 펼쳤으나, 성 안의 우리 병사들이 끝내 막아내어 적군에서 절반 가까이 사상자가 속출하자 결국 오늘 병시 무렵 퇴각할 수밖에 없었나이다.」

물론 역사에 무오왜란이란 없었다. 이건 순전히 가상전쟁이다. 이 가상전쟁에서 볼 수 있었던 것처럼 조선 후기 실학정신을 바탕으로 한 당대 과학이 총동원된 수원화성은 실로 견고했다. 일본군으로선 전연 예기치 못한 철옹성의 요새였다. 임진왜란의 기억만으론 결코 넘을 수 없는 첨단의 성채였음이 분명했던 것이다.

실학정신으로 세운
수원화성의 평가 가치는?

수원화성은 1997년 유네스코UNESCO의 세계문화유산World Heritage으로 지정되었다. 전 세계 인류 문명의 중요한 문화유산과 자연유산에 대하여 이를 보존하고 소개하는 것을 목적으로 설립한 UN의 교육과학문화기구인 세계유산위원회에서 그 대상으로 선정한 것이다.

이처럼 역사적인 문화유산이 그 가치를 인정받기 위해서는 문화유산의 역사성과 예술성이 무엇보다 중요하다. 하지만 그에 못지않게 중요한 것은 본래의 모습 그대로 유지 관리되고 있는가 하는 진실성이 확보되지 않으면 안 된다.

예컨대 오랜 세월을 견디지 못해 무너지거나 사라진 부분을 복원하는 과정에서 원형을 제대로 알지 못해 적당히 추정해서 만들어 놓거나, 또는 문화유산을 더욱 돋보이게 하기 위해 과장하는 것은 진실성을 상실하는 치명적인 결격사유가 된다. 유럽에서 수많은 고대 유적이 폐허의 모습인 채 유지 관리되고 있는 까닭도 실은 섣부른 추정 복원으로 그 진실성을 상실하지 않으려는 인식이 깔려있기 때문이다.

수원화성 역시 20세기 들어 많이 훼손된 것을, 1970년대에 상당 부분 새로이 복원해야 했다. 때문에 유네스코 세계문화유산으로 등재될 때 그 같은 복원 과정에서 과연 얼마나 진실성이 유지되었는지가 평가의 주요 관건이었다. 따라서 수원화성을 세계문화유산으로 등재하기 위해 유네스코에서 파견한 문화재 전문가인 니말 데 실바Nimal De Silva 교수 또한 그런 점에 관심을 갖고 주의 깊게 살펴보았다.

그러나 수원화성은 적잖은 부분이 복원되었음에도 불구하고 그 어떠한 결점도 발견되지 않았다. 그 옛날 수원화성을 축성하기 시작할 때부터 그 과정을 빠짐없이 기록해놓은 설계도 〈화성성역의궤〉가 2백여 년이 지난 지금까지도 현존하기 때문에 그 진실성이 뒷받침될 수 있었다.

사흘간의 현지 방문 조사를 마친 실바 교수는 "수원화성의 역사는 불과 2백 년밖에 되지 않지만 성곽의 건축물들이 동일한 것 없이 제각기 다른 예술적 가치를 지니고 있는 것이 특징이다"라는 평가를 내렸다. 이 평가를 바탕으로 이탈리아 나폴리에서 열린 제21차 유네스코 총회에서 '수원화성은 동서양의 발단된 과학적 특징이 통합된 18세기의 동양 성곽을 대표하고 있는 군사 건축물의 뛰어난 사례로 평가된다'는 최종 결론을 내려 세계문화유산 등재가 결정된 것이다.

그렇다면 세계문화유산에 등재된 수원화성의 가치는 과연 얼마나 될지 궁금하다. 다행히 이 의문에 대한 기준이 될 수 있는 사례가 있다.

지난 2013년 미국 뉴욕 메트로폴리탄박물관의 한국실 개관 기념 전시를 위해

팔달문
화성의 남문으로 보물 제402호다.
서울의 숭례문보다 규모가 크다.

포루
치성 위에 있는 누각,
군사 대기소의 역할을 한다.

암문
성이 포위되었을 때 구원을 요청하는
비밀 문으로 평소에는 가축이나 식량,
군수품을 조달하는 통로로 사용된다.

서장대
군사지휘소, 일명 화성장대라고도 불린다.

각루
각루는 화성에 4개가 있으며 성곽보다
높은 곳에 세워져 주변을 감시하고
병사들이 휴식을 취하는 장소로 사용된다.

화서문
화성의 서문

적대
성문과 옹성에 접근하는 적을 막기 위해
성문의 좌우에 설치한 방어 시설물.
포루와 치성이 성 밖으로 완전 돌출된 반면
적대는 반은 성 밖으로, 반은 성 안쪽으로
돌출되어 있다.

장안문
화성의 북문

화홍문
일명 북수문으로 7개의 홍예
돌다리 위에 문루를 세웠다.
수로 쪽으로 접근하는 적을 감시할
목적으로 지어졌다.

방화수류정
다각형 정자로 동북각루로 불린다.
화성의 4개 각루 중 하나다.

동장대
화성의 2개 장대 중 하나로 병사들을
훈련시키는 곳이다. 일명 연무대라고도 부른다.

서북각루

서포루

서이치

서노대

서암문

서장대(화성장대)

서남치

화성행궁

서남암문

남포루

서남각루

팔달문

공심돈
화성에는 동북 공심돈과 서북 공심돈 2개가 있다.
내부가 비어있고 나선형으로
되어 있어 일명 소라각이라고도 한다.
공심돈은 일종의 망루로서 수비와
공격을 할 수 있으며 벽돌로 지어졌다.

노대
위에서 공격과 방어를 할 수 있도록
만든 시설물이다.

창룡문
화성의 동문

서북공심돈

북서포루

장안문

북포루

화서문

북서적대

북동적대

북동포루

화홍문 방화수류정

북암문 동북포루 동장대 동북공심돈

동암문

동북노대

수원천

동일포루

창룡문

동일치

동포루

치
성곽을 돌출시켜 전방과
좌우방향에서 성벽에 접근하는 적을
공격할 수 있도록 만든 시설물이다.

남각루

봉돈

봉돈
화성봉돈은 성곽과 맞물려 검정벽돌로 축조되었다.
신호를 전달하는 봉화대의 역할을 한다.

화성행궁
정조가 현륭원에 행차할 때
임시로 사용하던 거처다.

국보 제83호 금동미륵보살 반가사유상이 태평양을 건너갔다. 일본의 국보 제1호인 코류지廣隆寺 목조반가사유상과 너무나 흡사하여 한일 역사학계의 쟁점이 되고 있는 금동미륵보살 반가사유상을 미국 보험사가 산정한 보험 가입 기준 금액은 537억 원이었다.

유구한 역사를 품은 문화유산이라면 왕조의 궁궐도 있다. 그중에서도 조선 왕조의 정궁이었던 경복궁을 빼놓을 수 없다.

문화재청에서 건축비와 토지 가격이 포함된 일반 부동산 평가 기준을 활용해 우리 문화재의 산정 기준 평가 금액을 책정한 바 있다. 문화재청의 건물대장에 나와 있는 재산상의 평가 금액에 따르면 조선왕조의 궁궐이었던 중요 사적 제117호 경복궁은 1,189억 원, 경복궁의 법전인 국보 제223호 근정전勤政殿은 32억 원, 국보 제224호 경회루慶會樓는 99억 원으로 평가되고 있다. 임금이 대신과 머리를 맞대고 앉아 매일같이 국정을 돌보았다는 상참常參의 편전인 보물 제1759호 사정전思政殿이 6억 1천만 원, 경복궁 바깥에 자리한 도성의 남쪽 성문인 우리나라 국보 제1호인 숭례문이 34억 원을 호가한다.

참고로 문화재 가운데 역사적 학술적 가치를 인정받아 중요 사적 3호로 지정된 수원화성은 113억 원의 보험에 가입되어 있다. 이것은 앞서 문화재청이 발표한 산정 기준 평가 금액과는 다소 차이가 있을 수 있다.

물론 문화유산에 대한 산정 기준 평가 금액에 대한 논란의 여지가 전연 없는 건 아니다. 앞서 금동미륵보살 반가사유상의 예와 같이 보험료 산정 기준에도 도움이 될 뿐 아니라, 국유 재산이기도 한 문화유산을 관리하는 측면에서 우선순위나 경중을 가릴 때 필요하다는 주장이 있다. 반면에 역사적 가치가 높은 문화유산을 단순히 화폐 가치로 가늠한다는 것은 무의미할 뿐더러 결코 환산할 수도 없다는 주장이 그것이다.

말할 나위도 없이 수원화성은 조선왕조의 역사를 대표하는 읍성이다. 조선 후기 실학정신의 정수가 담긴 문화유산에 대한 우리의 자존심이자, 우리 역사의 위상을 상징하는 존재이기도 하다. 이 같은 우리의 자부심에 가치 평가를 들이댄다는 것 자체가 불가능한 일인지도 모른다. 설령 가치를 평가한다 할지라도 그것은 누구도 셈할 수 없는 무가지보無價之寶, 무한한 보물이 될 것이다.

리더십
수원화성에 묻다

리더십은 인생의 경험,
시련과 깨달음 속에서 길러진다.

- 빌 조지 -

제2장
개혁의 아이콘, 정조

먼저 알아야 할 조선왕조의 키워드, 군신공치

정조를 살펴보기 전에 먼저 알아두어야 할 게 있다. 조선왕조의 역사를 이 해하는데 가장 먼저 만나야 될 키워드다. 다름 아닌 '군신공치君臣共治'이다. 이 키워드를 이해하면 조선왕조의 역사가 단박에 들어오게 된다.

예컨대 조선왕조 초기 무수히 많은 신하들이 줄줄이 죽어간 '4대 사화'는 왜 반세기 동안이나 그치지 않았는지, 연산군과 광해군은 왜 왕이 아닌 군이 어야 했는지, 퇴계와 율곡의 이기론은 왜 그토록 입장이 상반된 것이었는지, 효종이 죽자 효종 모후가 상복을 1년 입을지 3년 입을지를 두고서 끝내 피바 람을 일으킨 '예송논쟁'이란 무엇인지, 이른바 동인과 서인, 노론과 소론으로 양분되는 처절한 당쟁이 왜 수백 년 동안이나 지속되었는지, 영조는 왜 하나 뿐인 아들 사도세자를 비좁은 뒤주 안에 가두어 굶겨 죽여야 했는지, 위대한 군주 정조는 왜 독살을 당해야만 했는지, 안동 김씨 일가의 권력 독점으로 일컬어지는 세도정치의 악정이 어떻게 63년 동안이나 계속될 수 있었는지, 풍운아 흥선대원군이 초상집 개 노릇을 해가며 겨우 목숨을 부지할 수 있었던 이유는 무엇인지까지 조선왕조 오백년 역사의 얼개와 매듭마다 하나같이 군신공치란 키워드가 관통하고 있기 마련이다. 이 같은 일련의 역사적 사건들이 선초에서 선말에 이르기까지 끊이지 않았던 근저는, 조선왕조의 굵은 뼈대를 이루고 있는 역사적 사건마다 다름 아닌 군신공치로 말미암은 것이라 하여도 결코 과언이 아니다. 군신공치라는 키워드를 통할 때만이 비로소 미스터리의 숨은 그림조차 엿볼 수 있기 때문이다.

그럼 군신공치란 도대체 어떤 걸까? 짐작하였겠지만, 조선왕조는 왕 혼자서 제 마음대로 나라를 통치한 게 아니었다. 문자 그대로 왕과 신하가 나라를 함께 경영한, 공동 CEO였던 셈이다. 왕이 권력의 꽃이었다면, 신하는 그 뿌리라고 말할 수 있었다. 왕 혼자서 절대 권력을 휘두른 것이 아니라는 얘기다.

이런 사실은 좀 뜻밖이 아닐 수 없다. 이웃 나라 중국이나 일본에선 드문, 아니 당대 지구촌의 그 어디에서도 볼 수 없었던 매우 독특한 통치 시스템이었다고 말할 수 있다. 조선왕조는 이같이 건국 이래 왕과 신하가 나라를 공동으로 경영해나가는 군신공치로 출범했다. 왕권과 신권이 저울대처럼 서로 균형을 이루어나가는 체제였다. 이 같은 기본 이념은 조선왕조가 국시로 삼고 있는 유교의 성리학에서 비롯된 것이었다.

성리학을 국시로 도입하는 데 결정적인 역할을 한 이는 조선왕조의 탄생을 설계한 정도전鄭道傳이었다. 그가 자신의 이름을 '도(성리학)'를 '전'하기 위해 태어났다는 뜻으로 개명한 데서도 알 수 있는 것처럼, 조선왕조는 철저히 성리학을 토대로 설계되었다.

그렇다면 정도전은 왜 국가경영을 군신공치의 통치시스템으로 채택한 걸까? 왕이 절대 권력을 휘두르는 왕조국가에서 군이 신하들과 함께 공동으로 국가를 경영해야 한다고 불편하게 설계해 놓은 이유는 무엇일까? 정도전은 다음과 같이 설명하고 있다.

「왕의 자질은 저마다 한결같을 수 없다. 재상(영의정·좌우정·우의정 등)은 아래로 백관들을 통솔하고 만민을 다스리며, 위로 왕과 정책을 함께 논의하고 결정해야 한다. 나아가 왕의 잘잘못을 시정하는 역할을 게을리해서도 안 된다.」

더구나 군신공치의 통치시스템은 단순히 겉으로 드러나 보이는 체제의 변화만을 한정하지 않았다. '재상들이 편전에 입시한 채로 소매 속에 넣어온 문자나 몇 줄 읽고 그냥 물러나는 형식주의가 아니라, 왕과 재상들이 상호 존중하는 자세로 진지하게 논의해야 한다'고 덧붙이기까지 하고 있다. 요컨대 표면적으로는 왕도정치를 내세우면서도, 실은 왕권이 아닌 신권 세력이 권력의 주도권을 장악하는 통치 체제를 만들고자 했다. 소수의 진신眞臣 세력이 우위에 서는, 신권 국가로 만들고자 한 것이다. 또 그럴 때 비로소 정도전이 꿈꾼 '무릉도원의 왕국'을 건설할 수 있다고 믿었다.

그리하여 군신공치의 이념은 왕의 무능함을 평가할 수 있도록 하는 권한을 신하들에게 부여하고 있다. 유사시엔 신하들이 뜻을 한데 모아 언제든지 왕을 내칠 수도 있다는, 심히 놀라운 논리마저 내포시켜 놓았던 것이다.

그러나 이 같은 권력 구도 때문에 조선왕조 5백 년은 그야말로 바람 잘 날이 없었다. 왕권이 조금이라도 밀리는 날에는 신권이 여지없이 그 본색을 드러냈다. 소수의 진신 세력이 왕권을 무력화시킨 가운데 권력을 사실상 독점하는 '진신 독치'로 나타나곤 했다. 때문에 군신공치를 원론적으로 주장하고 나서는 신하들에게 강력한 왕권주의자라도 나타나게 되면, 그야말로 군신 간에 충돌이 일어나는 것은 불을 보듯 자명했다. 그럴 경우 신하들은 왕의 권력과 전면전을 벌여 왕을 굴복시키든가, 아니면 신권이 스스로 무릎을 꿇든가 하는 양자택일의 기로에 설 수밖엔 없었다.

그 좋은 예가 연산군과 광해군이었다. 임진왜란(1592)을 전후하여 연산군과 광해군의 왕권이 신권과 정면으로 충돌케 된다. 성리학을 통치 이념으로 삼고 있는 국가에서 원하건 원치 않건 간에 왕은 공동 CEO였던 진신 세력과 적당히 타협하지 않으면 안 되었으나, 연산군과 광해군만은 결코 그렇지 않았다. 연산군은 폭정으로, 광해군은 개혁을 앞세워 신하들과의 타협을 일체 거부했다. 신권의 도전을 왕권으로 제압하려고 들었던 것이다.

그러나 도식적인 군신공치의 이념을 거부하면서 왕권을 강화하려 들었던 연산군과 광해군은 끝내 신권과의 전면전에서 밀리고 말았다.

이후 신권은 보다 견고하게 강화되어 간 반면에 왕권은 더욱 약화될 수밖에 없었다. 따라서 연산군과 광해군 이후에 즉위한 왕들은 왕권을 되찾기 위해 신하들과 끊임없이 줄다리기를 벌이지 않으면 안 되었다. 신하들 또한 모처럼 우위에 선 신권을 사수하기 위해 자신들의 정파를 부단히 키워갔다.

그렇게 되면서 신권을 둘러싼 정파 간의 정쟁 또한 그칠 줄 몰랐다. 이른바 훈구파와 사림파, 동인과 서인, 노론과 소론, 시파와 벽파, 여당과 야당 간의 4백 년 당쟁은, 결국 정조 사후 신권의 세도정치라는 기형적 권력 독점으로 종결되기에 이른다. 또 그 같은 신권의 권력 독점으로 말미암아 5백 년 조선왕조의 역사도 마침내 종말을 고하고야 만 것이다.

정조는 누구인가?

정조는 조선왕조 22대(1752~1800) 임금이다. 21대 임금 영조의 아들인 사도
세자의 아들로 영조의 손자인 셈이다.

정조의 아버지 사도세자는 비극의 주인공이었다. 안방극장에서 가장 많이
다루어지는 사극 드라마의 단골 메뉴 중 하나이기도 하다. 아버지가 아들을
비좁은 뒤주 안에 가두어 굶겨 죽인 충격적인 사건도 그렇지만, 그 신분이 69세
의 늙은 왕과 국정을 대리청정(왕이 정사를 제대로 볼 수 없을 때 세자가 왕 대신 정사
를 보는 것)하고 있던 28세의 젊은 왕세자라는 점에서 매번 보는 이들의 눈시울
을 적시게 하곤 한다.

이같이 태어날 때부터 정조의 운명은 이미 예견된 것이었다. 정조가 태어났
을 땐 일찍이 임진왜란을 불러들인 선조 연간 이래 동인과 서인, 남인과 북인,
노론과 소론으로 정파가 나뉘어져 서로 물고 물리는 첨예한 당쟁의 소용돌이

가 연일 그치지 않은 혼돈의 시대였다.

때문에 정조의 할아버지 영조는 왕위에 오르자마자 먼저 당쟁의 폐해부터 종지부를 찍겠다고 단언한다. 탕평책을 내세운 것이다.

영조가 내세운 탕평책의 기본 방향은 세 가지였다. 쌍거호대雙擧互對, 양치양해兩治兩解, 시비불분是非不分이 그것이다.

쌍거호대란 노론이 영의정의 자리를 맡게 되면 소론이 좌의정의 자리를 맡고, 소론이 이조판서에 오르면 이조참판

[사진협조 : 수원화성박물관]

조선왕조 22대 임금 정조.
아버지에 대한 애달픈 사랑과 정치 개혁의 시작점으로
새로운 도읍으로의 수원화성 축성을 꿈꾼다.

은 노론에서 기용하는 식이다. 한 정당에서 관직을 독점하는 일이 없도록 하자는 거였다. 양치양해란 죄를 물어도 같이 묻고, 죄를 사면함에도 같이 사면해주는 식이다. 말하자면 싸울 명분을 제거해 버린 것이다.

시비불분이란 신임과 의리 등의 시비를 일체 가리지 않겠다는 뜻이다. 그동안 빚어졌던 노·소론의 명분 싸움을 더 이상 허용치 않겠다는 배수진인 셈이다. 요컨대 영조의 탕평책이란 서로 물고 물리는 당쟁을 불식시켜 화합의 정치를 열어가자는 취지였다. 또 그런 화합의 정치는 노론과 소론 양측을 설득하는

데까지는 실패했다 하더라도, 외형적으로나마 당쟁의 상처가 어느 정도 아무는 듯이 보였던 것도 사실이다.

한데 영조의 재위 기간이 20년을 넘기면서 왕실에 서서히 불안한 기운이 움터 오른다. '왕세자만은 강하고 현명한 군주로 키워야 한다고, 다음 왕세자의 시대에는 왕권이 당쟁에 휘둘려선 안 된다'고 다짐했던 영조의 눈에 아들 사도세자가 영 눈에 차지 않았던 것이다. 사도세자의 아들인 어린 정조 또한 이때 이미 비극적인 운명과 그 궤를 나란히 하게 된 셈이다.

뒤에 좀 더 자세히 살펴보겠지만 시작은 지극히 사적인 갈등에서 비롯되었다. 그러다 이내 공적인 존재로 부각되면서 문제가 그만 복잡하게 얽혀들고 만다. 그동안 영조의 탕평책에 숨죽일 수밖에 없었던 당권 다툼이 그 틈새를 놓치지 않고 여지없이 파고들었다.

그 시발점은 66세의 영조가 자신의 탕평책에 균형을 맞추기 위해, 이제 겨우 15세밖에 되지 않은 나이 어린 왕비(정순왕후)를 정략적으로 맞아들이면서 불거지기 시작한다. 집권당인 노론 집안의 어린 규수가 새 왕비로 책봉되면서, 새로이 국구(국왕의 장인)가 된 김한구의 주변에 노론의 세력들이 속속 모여들었다. 노론의 남당南黨이 출현케 된 것이다.

그동안 정국의 주도권은 사도세자의 왕세자비인 혜경궁 홍씨의 아버지 홍봉한의 노론 북당北黨이 쥐고 있었다. 한데 새 왕비(정순왕후)의 외척으로 등장하게 된 김한구의 노론 남당이 홍봉한의 노론 북당과 맞서게 되었다.

사도세자의 비극적인 죽음은 이 같은 예민한 움직임 속에서 빚어지고 만다. 늙은 아버지 영조를 대신해서 사도세자가 국정을 대리청정하고 있었는데, 집권당 노론이 경종(제20대 왕, 영조의 형) 때 자신들을 역적으로 몰았던 소론을 다시급 역적으로 내몰고자 한 것이다.

하지만 사도세자가 그런 노론을 가로막고 나섰다. 사도세자가 소론의 단죄를 반대하고 나서자 노론은 아연 긴장했고 사도세자를 적대시하게 된다. 이제 겨우 11세의 어린 왕세손인 정조가 뒤주 안에서 죽어가는 아버지를 속절없이 바라볼 수밖에 없었던 참극은 그렇게 시작된 것이다.

더구나 사도세자를 죽음으로까지 내몬 노론의 강경파는 사도세자의 어린 아들이 훗날 왕위에 오르는 것 또한 결코 용납할 수 없었다. 사도세자가 죽어 갈 때 할아버지 영조에게 매달려 제발 아버지를 살려달라고 눈물로 호소했던, 그 비참한 유년의 기억을 고스란히 간직하고 있는 왕세손이 훗날 왕위에 오르게 되면 노론의 강경파에게 무슨 일이 벌어질지 몰랐다.

그 같은 판단 아래 노론의 강경파는 사도세자에 이어 왕세손의 제거에도 마수를 뻗치게 된다.

만일 외가였던 당대 최고 실력자 홍봉한의 집안이 분열되지 않았다면 왕세손은 결코 왕위에 오르지 못했을 것이다. 사도세자의 장인이자 왕세손의 외할아버지였던 영의정 홍봉한은 사도세자의 죽음에 결정적인 역할을 한 노론의 영수였다. 이처럼 당시에는 장인이 사위를 죽음으로 내몰 만큼 당론이 모든 것을 지배했다.

그 같은 당론이 노론 안에서 분열을 보이면서 아이러니하게도 왕세손이 살아날 수 있었다. 아버지의 비참한 죽음을 목격했던 어린 왕세손이 어느덧 25세의 청년이 되어, 할아버지 영조에 이어 왕위에 오르게 된다. 그러나 어렵사리 왕위에 오른 정조는 즉위 당일 빈전의 뜰에서 대신들을 차례대로 소견한 뒤, 아버지 사도세자를 죽인 정적들에 대한 복수가 아직 끝나지 않았음을 천명한다. 노론의 대신들은 일제히 경악한다. 즉위 당일 정조의 이 같은 천명은 14년 전에 죽어간 아버지 사도세자를 다시 살려낸 선언이자, 비극의 불씨가 아직 다 종식되지 않았음을 암시한 것이었다.

노론의 강경파와 외척들 또한 가만있지 않았다. 자파가 아닌 정조를 새 왕으로 인정치 않았을 뿐더러, 재위 첫해에만 정조를 암살하기 위한 역모를 무려 일곱 차례나 꾸며낼 정도였다. 심지어 정조의 침전에 자객을 은밀히 침투시키기까지 했지만 정조를 암살하려는 역모는 모두 실패로 돌아갔다. 그때마다 신중한 대처로 노론의 칼끝을 용케 피해나갈 수 있었다.

이렇듯 정조와 노론은 더 이상 군신의 관계가 아니었다. 정조는 왕권을 지키려하고, 노론은 무너뜨리고자 하는 적대적 관계였을 따름이다. 왕권과 신권이 다시 한 번 정면으로 부딪치고 만 것이다.

정조로선 그들을 가만 내버려둘 수 없었다. 할아버지 영조를 대신하여 아버지 사도세자를 뒤주 안에 가두어 죽였을 뿐 아니라, 새로이 재위한 자신을 암살하고자 하는 그들을 내버려 두었다간 자신마저 위태로웠고 왕조의 미래조차 기약하기 어려웠다. 서둘러 환부를 도려내야만 했다.

그러나 정조에겐 그보다 먼저 하지 않으면 안 될 시급한 현안이 가로놓여 있었다. 복수의 칼을 무람없이 휘둘러도 시원찮을 판에 자식 하나 용서할 줄 모르는 냉혹한 할아버지 영조의 뜻을 꺾지 않으면서도, 한편으로는 적대적 관계였던 집권당 노론을 달래야 했다. 더욱이 가장 하찮은 관직인 왕릉의 묘지기에 불과했던 참봉(종9품)에서 일약 영의정에까지 오른 외할아버지 홍봉한을 용서하고 살려주어야만 했다.

그런가 하면 친정 집안을 살리기 위해 몸부림친 어머니 혜경궁 홍씨에게 효성을 다함으로써 백성과 신료들의 마음을 하나로 묶는 '왕의 길'을 먼저 택하지 않으면 안 되었다. 사실상 복수가 가로막히고 만 것이다. 하지만 정조는 조바심내거나 낙담하지 않았다. "자신에게 깊은 뜻이 있다"고 말했다. 보다 역량을 키워낼 때까지는 참고 견딜 수 있음을 스스로에게 다짐한 것이다. 그러면서 숨은 의지를 나타내어 보인 것이 '규장각'의 설립이다. 어항 속의 물고기처럼 자신의 일거수일투족을 낱낱이 지켜보고 있는 노론과 외척 세력의 의혹을 피하기 위해 왕실도서관을 표방하고 나섰다. 하지만 실제로는 신진 세력을 양성

규장각 전경을 그린 규장각도(奎章閣圖).
정조는 뛰어난 문신들을 선발해서 연구에 전념하도록 하여
규장각을 중추적인 학술기관으로 성장시켰다.

하여 노론과 외척 세력을 대체하기 위한 정조의 인재 사관학교였다.

또한 계속되는 암살 위기를 가까스로 넘기면서 군제 역시 조심스럽게 개편하고 나섰다. '장용영壯勇營'이란 새로운 친위 군영을 만들어 자신의 신변 안전을 도모케 했다. 장용영은 크게 내영과 외영으로 나누어져, 내영은 한성의 궁궐에서, 외영은 수원의 화성에서 각기 키워 나갔다.

뿐만 아니다. 아버지를 죽음으로 내몬 정치 체제에 대한 보다 근본적인 변화가 필요하다고 결심한다. 정조가 스스로 택한 왕의 길은 다름 아닌 개혁이었다.

이내 정조는 사도세자의 묘소인 현륭원을 수원으로 이장하면서 수원화성을 새로운 거점으로 삼기 시작한다. 이미 백 년 넘도록 집권하고 있는 노론의 도읍 한성을 대체할 수 있는 새로운 도읍으로의 수원화성을 건설하고 나섰다.

그런 다음 주기적으로 수원화성을 행차한다. 사도세자의 묘소를 수원의 현륭원으로 이장한 그 이듬해부터 노론을 무력화시키기 위한 거대 국가 행사인 '능묘 행차'를 해마다 거르지 않았다.

한편 정조는 현실적으로 노론을 등용할 수밖에 없었다. 노론에 대한 불신이 뿌리깊었으나, 당장 노론을 대신할 수 있는 정치 세력이 부재했던 것이다. 결국 또 다른 세력을 찾아야 했다. 그들이 곧 영남 지역을 근거지로 삼고 있는 만년 야당 남인이었다.

사실 영남은 그때까지만 해도 반역의 땅이었다. 숙종(19대 국왕, 영조의 아버지)의 친위 쿠데타였던 갑술환국 이후 줄곧 반역의 땅으로 내몰렸다.

그랬던 만큼 영남은 그동안 출사길 자체가 아예 봉쇄되어 있었다. 심지어 영남 지방의 유림들이 불만을 품고 일으킨 반란 이인좌의 난이 평정되자, 영조는 경상도 감영인 대구부의 남문 밖에 '영남 반란 평정 기념비'를 세우게 하여 영남 지역을 반역의 땅으로 못 박기까지 했다.

때문에 숙종이 승하한 뒤 경종, 영조, 정조가 차례대로 즉위하는 동안에도 영남의 남인들은 오랫동안 소외당해 왔다. 경종이 즉위하면서 서인 세력이 노론과 소론으로 갈라져 서로 싸울 적에도 남인들은 그저 한낱 들러리에 지나지 않았다.

한데 정조 12년에 남인의 영수인 채제공이 우의정(정1품)에 등용된다. 실로 80여 년 만에 남인이 정승의 자리에 오른 것이다. 이를 계기로 영남의 남인들이 특유의 뱃심으로 마침내 움직이기 시작했다.

첫 시작은 폭발력이 큰 사도세자의 신원 문제를 들고 나섰다. 사도세자의 죽음을 이용하여 집권 세력인 노론을 약화시켜 자신들의 정계 복귀를 실현코자 하였다.

사실 정조는 즉위하고 나서 아버지를 죽인 노론에 줄곧 둘러싸여 있었다. 때문에 생존을 도모하면서 자신의 뜻을 조심스럽게 펼쳐갈 수밖엔 없었다. 영조가 기틀을 잡아놓은 탕평책을 기조로 노론과 정치적 타협을 이뤄가면서 점진적으로 왕권을 강화시켜 나가지 않으면 안 될 처지였다.

이렇듯 무려 12년 동안이나 인내하고 견디면서 점진적으로 개혁을 수행한 결과, 비로소 남인의 영수인 채제공을 발탁할 수 있었다. 더욱이 채제공의 우의정 발탁은 정국의 주도권을 상당 부분 정조가 행사할 수 있게 되었음을 뜻하는 것이기도 했다.

남인들은 일제히 반겼다. 정조의 뜻이 곧 자신들에게 있다고 해석했다. 따라서 채제공이 우의정에 오른 몇 달 뒤부터 부단히 상소문을 올려 정국을 분열시켜 나갔다.

정조 또한 남인에 대한 우호를 떠나 자파 세력을 확장시킬 필요가 있었다. 규장각을 통해 신진 세력을 길러내고 있었으나, 그 수효가 생각만큼 크지 않았다. 정조는 우의정 채제공과 손을 잡고서 자신을 지지하는 남인들을 등용시키는 방법으로, 동인의 종주인 퇴계 이황을 제사하는 안동의 도산서원에서 별시를 치르게 한다. 영남 지방의 사림만을 위한 특별 과거시험이었던 셈이다.

과거 시험장에 모인 영남 유생은 무려 7천 명을 헤아렸다. 제출한 답안만도 그 절반가량이나 될 정도였다.

우의정 채제공은 도산서원에서의 별시에 고무되어 더욱 강력한 상소문을 올리도록 종용했다. 그것이 곧 영남 유생 1만 명이 연좌 서명했다는 이른바 〈영남만인소〉였다.

그러나 영남 유생 1만 명의 상소문이 정조에게 전달되기까지는 다소 진통이 따랐다. 영조 연간에 무분별한 상소문을 막기 위해 성균관의 장의(지금의 학생회장)가 사전 검열을 한 다음 승정원으로 올릴 수 있게 하였는데, 당시 성균관의 장의는 노론이 장악하고 있어 순순히 통과시켜 줄 리 만무했다.

그렇다면 영남만인소가 대체 어떤 내용을 담고 있었길래 노론이 그토록 막으려 했던 걸까? 짐작하였겠지만 내용을 요약해보면 역시 사도세자의 신원이었다. 마땅히 그에 따른 논죄를 다루어야 한다는 취지였다.

정조 또한 모를 리 만무했다. 영남의 남인들이 끊임없이 상소문을 올리고 있는 진짜 목적은 사도세자의 신원 자체에 있는 것이 아니라, 집권당 노론을 무너뜨려 자신들이 정권을 차지하는 데 있음을 꿰뚫어보고 있었다. 영남 지역의 사림들이 겉으로는 의리와 전례를 말하면서도, 실제로는 노론의 공격에 이용하고 있었음을 말이다.

그렇다고 해도 적의 적은 내게 곧 동지인 셈이다. 비록 영남의 남인들이 사도세자의 신원을 빌미로 노론을 무너뜨려 정권 쟁취에 이용하려 하고 있다 하더라도, 정조에게는 다시없는 우군이 아닐 수 없었다.

그러나 이때까지만 해도 영남의 남인들은 노론의 상대가 되지 못했다. 영남 땅이 제아무리 넓다 해도 한 지역에 편중되어 있는 세력만으로 노론의 아성을 무너뜨리기에는 아직 역부족이었다. 노론의 뿌리가 그만큼 깊었던 것이다.

정조가 일찍이 규장각이며, 친위 군영인 장용영을 만들어, 문무에서 인재들을 길러내고자 했던 것도 뿌리깊은 노론을 의식해서였다. 가랑비에 옷자락이 젖어들 듯 노론의 눈총을 피해 조심스레 세력을 길러나갔던 이유도 딴은 거기에 있었다.

아버지 사도세자의
비참한 죽음

정조는 왜 피할 수 없는 미션 앞에 직면케 된 걸까? 그 시작점이랄 수 있는 그의 아버지는 왜 억울한 죽임을 당해야 했던 것일까?

이 같은 정황을 이해하기 위해서는 먼저 정조의 할아버지이자 사도세자의 아버지인 영조부터 들여다볼 필요가 있다. 영조(21대 왕)는 20대 왕 경종의 배다른 이복동생이다. 영조의 어머니는 궁녀 출신도 아니었다. 고작 무수리 신분으로 궁궐에 들어오게 되었다. 무수리라면 궁녀들의 세숫물 시중이나 들던 여자 종을 일컬었다. 더할 나위 없이 미천한 신분이었던 것이다.

야사에 따르면 영조의 어머니가 궁녀 시절 한밤중에 떡을 빚고 있었는데 때마침 궐내를 잠행하던 숙종(19대 왕)이 그녀의 모습을 보고 시침하여 영조를 낳았다고 한다.

왕조라는 계급사회에서 어머니의 핏줄로만 본다면 역관보다도 못한 출신이었다. 때문에 경종은 태어나자마자 원자로 책봉된 데 반해, 숙종의 둘째 아들로 태어난 영조는 5년이 지나서야 겨우 연잉군으로 봉해질 수 있었다.

더구나 18세가 되었을 땐 자의반 타의반 궁궐 바깥으로 나가살아야 했다. 28세 때 왕(경종)의 동생인 왕세제로 책봉되면서 다시 궁궐로 돌아올 때까지, 10년 정도 사가에서 일반 백성들과 살아야 했던 것이다.

때문에 영조는 백성들의 생활을 잘 알고 있다는 것을 늘 자랑으로 여겼다. 그뿐 아니라 국왕으로 즉위한 이후에도 불시에 궁궐 밖의 옛집을 찾아가, 이웃 백성들과 주위의 거지들을 불러 모아 음식을 함께 나눠먹기를 즐겼다.

영조는 또한 매우 검소했다. 무명옷을 입은 유일한 왕이었을 뿐더러, 화려한 것에 눈길조차 두지 않았다. 새 옷보다는 깨끗하게 빨아놓은 옷을 즐겨 입었고, 한겨울 추위가 제아무리 극성을 부려도 털옷 따위의 갖옷(짐승의 털가죽으로 안을 댄 옷)을 따로 껴입지 않았다.

그래서인지 영조는 특권 사대부들을 곧잘 비웃곤 했다. 어려서부터 걸어 다니지 않고 교자나 말을 타는 탓에 일반 백성들과 걸음걸이에서부터 표가 난다고 지적을 하거나, 나라가 그 같은 특권 사대부들 때문에 망할 것이라고 통탄하기도 했다.

이 같은 남다른 성장 배경과 생활 자세는 영조로 하여금 칼로 무를 베듯 거침없이 행동케 했다. 조금은 과격하다 할 만큼 결단성이 뛰어난 성격이었다. 아울러 집요한 성격의 소유자이기도 했다. 한 번 마음먹으면 속마음을 감추고 있다가, 언젠가는 반드시 관철시키고 마는 집요함을 보였다.

이런 영조에게 천운이 따라주게 된다. 재위 4년째인 경종이 서른여섯이라는 한창 나이에 그만 세상을 뜨고 만 것이다. 줄곧 병약하기도 했다지만 이복동생 영조가 보낸 계장을 먹은 직후 갑자기 상태가 악화되어 승하하면서, 그 진위를 떠나 영조의 독살설이 끊이지 않았던 것도 사실이다.

그 같은 사실 때문에 경종에 이어 왕위에 오른 영조는 평생 두 가지 고민을 끊지 못한 채 살았다. 자신의 미천한 출신 성분과 함께 이복형 경종 독살설의 소문이 그것이었다.

더구나 영조의 이 같은 약점은 힘겨루기에 한창이었던 노론과 소론 정파의 좋은 먹잇감이었다. 당시 집권당이었던 소론은 그런 영조를 왕으로서의 정통성마저 부정하고 나설 정도였다.

[출처 : 국립고궁박물관]

조선왕조 21대 왕 영조. 52년이라는 오랜 기간 재위하였으며, 탕평책으로 정치적 안정을 구축하였다.

따라서 영조 즉위 초기에는 집권 세력이었던 소론과 정권을 나누어 가질 수밖에 없는 군신공치의 혼란기였다. 아니 소론과 노론의 힘겨루기 사이에 영조는 그저 주연이 아닌 조연일 수밖에 없는 처지였던 것이다.

그럴 때 영조가 들고 나선 게 탕평책이었다. 붕당을 타파한다는 이 탕평책은 '편이 없고 당이 없어 탕탕하며, 당이 없고 편이 없어 평평하다'는, 공평무사의 명분을 내건 히든

카드였던 셈이다. 예컨대 소론도 살고 노론도 다 같이 사는 길이었다.

당시만 해도 한 번 당쟁이 벌어졌다 하면 반드시 피를 보고야 말았다. 상대를 역적으로 몰아세워 반드시 끝장을 보아야만 직성이 풀렸다. 당쟁은 그야말로 목숨을 내건 진검 승부였던 것이다.

때문에 영조가 "도대체 너희들은 나를 너희 당의 당수로밖에 생각지 않느냐?"며 역정이라도 내게 되면, 그들의 대꾸는 한결같았다. "군주를 군자의 당으로 끌어들이라는 것은 주자의 가르침입니다"라고 응수하면서 맞설 정도였다.

더욱이 영조의 어두운 과거지사가 말짱 지워져 없어진 것도 아니었다. 무수리의 핏줄이라는 미천한 출신 성분과 함께 이복형 경종을 독살했다는 소문은 두고두고 영조의 발목을 붙잡았다. 아버지가 하나뿐인 아들을 죽일 수밖에 없는, 역사상 그 유례를 찾을 수 없는 사도세자의 비극은 거기서 비롯된 것이었다.

사도세자의 죽음은 그의 정신병 때문이라고 여태 알려져 왔다. 사도세자의 세자비인 혜경궁 홍씨가 쓴 〈한중록〉에 그렇게 기록되어 있어서다. 하지만 〈영조실록〉에는 전연 확인되지 않는 사실이다. 단지 아버지 영조가 아들 사도세자에게 "차라리 미쳐 발광해 버리는 편이 더 낫겠다"고 한 말이 전부이다.

그렇다면 누가 사도세자를 죽음에 이르도록 했을까? 사실 이 문제에 대답하기란 그리 간단치 않다. 하나뿐인 아들을 뒤주 안에 가두어 굶겨 죽이기까지에는 당대의 정치 역학 역시 살펴보지 않을 수 없다.

먼저 사도세자가 뒤주 안에 갇히던 당일의 〈영조실록〉부터 살펴보기로 하자.

「…나경언이 고변(반역을 고발함)한 이후부터 임금은 (사도세자를) 폐하기로 결심했다. 하지만 차마 말을 꺼내지 못하고 있는데, 갑자기 안(사도세자의 친어머니 영빈 이씨)에서부터 유언비어가 돌기 시작하여 임금이 적이나 놀랐다. 결국 임금이 손뼉을 치면서 하교하기를, "여러 대신들 역시 신의 말을 들었는가? 정성왕후(영조의 첫째 왕비)의 신령이 정녕 나에게 이르기를 변란이 호흡 사이에 달려있다고 하였다"고 했다. 이어 서둘러 궁궐 문을 모두 닫도록 하고, 군사들에게 궁궐의 담을 향하여 칼을 뽑아들고서 출입을 일절 금하게 했다.

그런 다음 임금이 (국정을 대리청정하고 있던) 사도세자에게 명하여 자결할 것을 재촉하자, 땅바닥에 머리를 조아린 사도세자의 이마에선 벌써 붉은 피가 흘렀다. 사도세자는 자결하고자 하였으나 신하들이 서둘러 말렸다. 임금은 그런 사도세자를 폐하여 서인으로 삼는다고 명을 내렸다.

그런 뒤 사도세자를 뒤주 안에 깊이 가두라고 명하였는데, 그때 왕세손(사도세자의 아들인 정조)이 황급히 들어왔다. 임금은 왕세손과 며느리 혜경궁 홍씨를 친정인 홍봉한(사도세자의 장인)의 집으로 보내라고 명하였는데, 이땐 이미 밤이 절반이나 지난 시각이었다…」

기록만을 놓고 보았을 땐 사도세자의 비극은 결국 '나경언의 고변'이 있은 직후부터 발단되었음을 알 수 있다. 나경언의 고변이란, 사건 발생 한 달 전으로 거슬러 올라간다. 나경언이란 자가 사도세자의 역적모의를 밝히는 고변을 올려 궁궐의 안팎을 발칵 뒤집어놓은 사건이다.

나경언은 당시 액정서(궁궐의 설비 일을 맡아보던 관아) 별감(종7품) 나성언의 형이었다. 다시 말해 그자는 궁궐 내부의 사정을 비교적 상세히 꿰고 있었다는 얘기다. 그런 나경언이 역적모의를 밝히는 사도세자의 비행 10가지를 열거하여 영조에게 고변한 것이다.

물론 나경언이 고변한 사도세자의 비행 10가지는 다 알려져 있지 않다. 따라서 그가 고변한 대로 '변란이 곧 일어날 것'이라는 내용의 여부는 확인할 길이 없다. 다만 모두 불태워 없어지고 유일하게 남아 있다는 〈영조실록〉에 따르면, 영조가 사도세자에게 사실 여부를 확인한 것은 불과 대여섯 가지 정도였다.

예컨대 '사도세자의 또 다른 아들 인禪을 낳은 첩을 포함하여 다수의 사람들을 죽였다는 데 사실인가?', '여승을 궁궐 안으로 불러들였다는 데 사실인가?', '시전 상인의 재물을 빌려다 쓰고 갚지 않았다는 데 사실인가?', '북성北城으로 나가 유람했다는 데 사실인가?', '평안도를 여행하였다는 데 사실인가?' 등이 전부이다.

어떤가? 변란이 곧 일어날 것 같은가? 과연 이 정도의 내용만으로 아버지 영조가 그토록 격노했단 말인가? 더구나 아들의 왕위 계승권을 박탈한 것도 모자라, 그렇게 무참히 죽여야만 할 정도였는가라는 점이다. 제아무리 확대 해석한다 한들 국정을 대리청정하고 있던 왕세자를 비좁은 뒤주 안에 가두어 굶겨 죽여야 할 만큼의 중대 사안이라고 보기엔 아무래도 이상해 보이지 않은가?

훗날 왕위에 오른 정조 역시 그렇게 생각했던 것 같다. 정조는 어머니 혜경궁 홍씨가 〈한중록〉에서 말하고 있는 정신병 때문도, 할아버지 영조가 말하고 있는 역적을 모의한 10가지 비행도 모두 다 부인하고 만다.

그는 대신 아버지 사도세자를 노론 정파가 죽음으로 내몬 것이라고 보았다. 영조시대 초기의 집권당이었던 소론을 누르고 새로이 집권당이 된 노론이 영조를 부추겨 사도세자를 죽이도록 한 것이라고 해석했다. 좀 더 자세히 말하면 노론과 그 일파인 척신 세력에 의해 정치적으로 희생된 것으로 확신했다.

사도세자의 행장(죽은 뒤 생애를 기록한 글)에는 이런 기록이 남아있다. 영조와 사도세자가 당파에 관한 문답을 나누는 대목이다.

「영조가 묻기를, "조정의 신료들은 예부터 당론을 가지고 있는데, 이를 어찌하는 것이 좋겠느냐?"고 하였다. 사도세자가 "모든 당을 하나로 모아 함께 기용하면 좋겠나이다"고 대답하자, 영조가 크게 기뻐했다.」

물론 사도세자의 이런 발언은 단순히 영조의 탕평책을 지지하기 위한 것이라고 볼 수도 있다. 그러나 집권당 노론의 입장에선 그렇게 단순히 해석할 문제가 아니었다. 다른 정파와 '함께 기용한다'는 것은 곧 자신들의 세력을 약화시키려 한다고 볼 수 있었다. 따라서 노론의 입장에선 결코 그냥 지나칠 수 없는 중대 사안이었던 것이다.

더구나 사도세자는 번번이 개혁을 들고 나섰다. 전격적으로 삼심제三審制를 채택하기도 했다. 억울하게 목숨을 잃는 자가 없도록 하기 위해 사형수에 대해서는 세 번을 반복해서 심판케 한 것이다. 또 그러면서 극적으로 살아난 자가 적지 않아 앞으로도 그렇게 하라고 명했다.

그뿐 아니라 부유한 양반의 지주들, 다시 말해 집권당 노론의 입장보다는 가난한 농민들을 보호하는 데 더 많은 관심을 기울였다. 빈궁한 농민들에게 곡식을 빌려주어 가난을 구한 뒤 가을 추수기에 이자를 보태어 곡식을 상환받는 환곡제의 폐단을 시정하고, 세금 징수에 따른 부패를 근절시킨 개혁 등이 그것이다.

결국 이 같은 일련의 통치 문법들은 집권당 노론의 심기를 크게 뒤흔들어 놓기에 충분했다. 예컨대 사도세자가 왕위에 올랐을 때 부정부패에 깊숙이 관련되어 있는 집권당 노론의 미래를 더 이상 기약하기 어려웠던 것이다.

사도세자는 그런 연장선상에서 끝내 비극적인 죽음을 맞이하고 말았다. 여러 가지 정황으로 미뤄볼 때 당시 집권 세력인 노론에 의해 희생되었다고 보는 이유가 여기에 있다.

그도 그럴 것이 만일 혜경궁 홍씨가 〈한중록〉에서 말하고 있는 정신병 때문이었다면, 설령 그것이 사실이었다 하더라도, 우선 궁중의 모든 어의를 동원해서 그 병을 치료하는 노력부터 선행되었어야 하지 않았을까? 한데 그 같은 병을 이유로 왕세자인 아들을 그토록 비극적인 죽음으로 몰아갔다는 건 도무지 앞뒤가 맞지 않는 얘기다.

더구나 사도세자를 직접적인 죽음으로 내몰고 말았다는, 노론 세력에 의해 배후 조종된 것으로 알려진 나경언의 고변만 해도 그렇다. 나경언의 고변에 의해 밝혀졌다는 사도세자의 역적모의 10가지 비행 또한 앞서 살펴본 것처럼 아버지 영조를 그토록 격노케 할 정도가 아니었다. 국정을 대리청정하고 있던 왕세자인 아들을 비좁은 뒤주 안에 가두어 굶겨 죽여야 할 만큼의 중대 사안이 아니었다는 건 앞서 이미 확인한 그대로다.

다만 영조와 사도세자 간의 불협화음을 애써 찾는다 할지라도, 그건 정치적 사안에 대해 서로가 약간의 차이를 보였을 따름이다. 굳이 말한다면 경종의 갑작스런 죽음에 따른 견해 차이가 전부였다.

앞서 얘기한 것처럼 영조는 이복형 경종이 갑자기 승하하면서 노론의 지지 속에 왕위에 오를 수 있었다. 다시 말해 경종의 독살 사건에 따른 일부 고변이 없지 않았음에도 노론은 끝내 묵살해 버리고 말았다.

영조 또한 그 사건에서 결코 결백하다고 말할 순 없었다. 영조 역시 그 사건과 깊숙이 관련되어 있기 때문에 끝까지 노론을 두둔할 수밖에 없는 입장이었다. 그에 반해 사도세자는 아버지 영조와 입장이 달랐다. 무엇보다 경종 시대의 정치적 격변에서 자유로웠다.

더구나 사도세자를 모셨던 내시와 궁녀 대부분이 예전에 경종을 모셨던 이들이었다. 이들은 영조가 즉위한 후 잠시 궁에서 쫓겨났다 사면이 되어 어린 사도세자를 다시금 모시게 되면서, 사도세자는 아주 어려서부터 경종의 갑작스런 죽음에 대해 소상히 알게 되었다. 요컨대 노론 세력이 경종을 독살했다고 믿게 된 것이다.

그 같은 사도세자가 영조를 대신하여 국정을 대리청정하고 있을 때다. 경종 시대에 노론을 역적으로 몰았던 소론에게 이번에는 반대 상황이 벌어졌다. 노론이 들고 일어나 소론을 역적으로 내몰았다. 집권당인 노론에 소론이 꼼짝없이 당할 처지였다.

하지만 사도세자는 이를 반대하고 나선다. 소론의 치죄(허물을 가려내어 벌을 줌)를 거절하고 나서자, 집권당 노론은 당황할 수밖에 없었다. 미래의 군주인 사도세자가 자신들과는 다른 정치 노선임을 확인하고 위험스럽게 보기 시작한다. 사도세자를 제거하지 않으면 안 될 대상으로 여기게 된 것이다.

그럴 때 이상한 일이 발생한다. 당시로선 극히 드문 경우이긴 하지만, 영남 유생 조진도가 과거에 급제했다. 그러자 조진도의 과거 급제를 노론에서 삭과(과거 급제를 취소하는 짓)시켜줄 것을 요청한다. 조진도의 할아버지 조덕린이 영조를 옹립한 노론의 4대신 가운데 주역인 김창집을 논죄하다 귀양지에서 죽은 인물이었기 때문에, 그 손자 또한 마땅히 급제시킬 수 없다는 이유에서였다.

사도세자가 그런 노론의 요청을 받아줄 리 만무했다. 조진도의 삭과를 거부하자, 이번에는 영조에게 직접 주청했다. 영조는 노론의 요구를 차마 외면할 수 없어 조진도를 삭과시켜 버린다.

사도세자는 이처럼 경종의 갑작스런 죽음을 안타깝게 여기는 한편, 노론을 극도로 싫어했다. 노론 김상로와 담화를 나누던 중에 경종 시대 노론의 정쟁에 대해 분노하는 기색마저 감추지 않을 정도였다.

이쯤 되자 김상로가 영조를 찾아가, "동궁께서 선왕대의 역사를 잘못 이해하고 있는 것 같다"며 일러바친다. 그 소리를 전해들은 영조가 발끈해서 사도세자를 불러 크게 꾸짖자 사도세자는 되레, "아바마마, 황숙(경종)께서는 도대체 무슨 죄를 지었나이까?"라며 반문했다고 한다.

사도세자는 경종 시대의 정치적 사안에 대해 영조는 물론 집권당 노론 세력과 견해를 달리함으로써, 결국에는 역적으로 내몰리게 된다.

"이미 폐서인이 되었으니 목숨만은 제발 살려주십시오"라고 사도세자가 그토록 간절히 애원하였으나, 비좁은 뒤주 안에 갇혀 뙤약볕 아래 굶어 죽어가는 여드레 동안 아버지 영조는 결코 결심을 바꾸지 않았다. 단순히 정치적 입장 차이 때문에 아버지와 아들 사이를 끝내 원수지간으로 갈라놓고 말았던 것이다.

어린 정조가 목격한
아버지의 최후

아버지 사도세자가 막다른 위험에 처했다는 소식을 전해들은 11세의 어린 왕세손(정조)은 앞뒤 가리지 아니하고 창경궁의 휘령전 앞뜰로 내달려갔다. 머리에 쓴 관과 도포자락을 벗고서 아버지 사도세자의 꽁무니에 엎드려, "할바마마, 제발 아바마마를 살려주옵소서!"하고 영조에게 울며불며 매달렸다.

할아버지 영조는 그런 왕세손을 번쩍 들어 안아 왕세손이 공부하는 시강원으로 데려다 놓은 뒤, 어영대장(종2품) 김성응과 그의 아들 김시묵에게 다시는 바깥으로 나오지 못하도록 지켜야 한다고 추상같은 명을 내린다. 김시묵은 다름 아닌 왕세손의 장인이요, 김성응은 장인의 늙은 아버지였다.

그러나 어린 왕세손으로선 그같이 급박한 상황을 헤쳐나갈 수 있는 지혜나 힘이 아직은 모자랐다. 할머니 영빈 이씨나 어머니 혜경궁 홍씨마저 아버지 사도세자의 편이 되어주지 못하는 현실을 직시해야만 했다. 어린 왕세손은 그만 억장이 무너졌다.

물론 그 순간에도 사도세자는 죽음의 위기에서 헤어나지 못했다. 창경궁의 휘령전 앞뜰에 엎드려 아버지 영조에게 제발 용서해 달라고 여전히 빌고 있었다.

아버지 영조의 명에 따라 맨발로 땅바닥에 엎드린 채 이마를 부딪치게 하는 구두扣頭로도 모자랐던 건지 이윽고 자결하라는 비정한 전교가 빗발치는 가운데 이마엔 벌써 붉은 피가 낭자했다. 한낮의 무더위가 아직 채 물러가지도 않은, 둥근 달빛이 처연하기만한 임오년(1762) 음력 5월 13일의 한밤중이었다.

때마침 영의정 신만, 좌의정 홍봉한(사도세자의 장인), 판부사(정2품) 정휘량, 도승지(정3품) 이이장, 승지 한광조 등이 뜰 안에 당도했다. 하지만 그런 풍경을 목격하고도 단 한마디 진언조차 하지 않았다. 영조가 칼을 빼어들어 자결할 것을 불같이 재촉하자 사도세자는 스스로 목을 매어 죽고자 했다. 그러나 시강원의 여러 신하들이 제지하여 뜻을 이루지 못했다.

영조는 창경궁의 휘령전에서 창덕궁으로 총총히 돌아온 뒤, 왕세자를 폐하여 서인으로 삼는다고 선포한다. 이때에도 신만, 홍봉한, 정휘량 등이 입시해 있었으나 영조에게 진언한 대신은 아무도 없었다. 따라서 사도세자는 이제 죽은 목숨이나 다를 게 없었다. 하기는 신만, 홍봉한, 정휘량 등이 누구이던가? 노론의 영수들이 아니겠는가?

더욱이 좌의정 홍봉한은 영조와 사돈지간이었다. 그런 사돈이 세상에 하나뿐인 아들을 죽인다는 데 꿀 먹은 벙어리였다면 무슨 말이 더 필요할까? 영조 역시 가장 어렵다는 사돈 앞에서 세상에 하나뿐인 왕세자를 죽이겠다니 참으로 어처구니가 없는 일이 아닌가?

영조는 이날 밤 다시 창경궁의 휘령전으로 거둥해, 자신을 호위하던 군사들을 시켜 사도세자를 감싸고 있던 시강원의 신하들을 모두 내쫓았다. 하지만 한림(정9품) 임덕제만이 굳게 엎드려 떠나지 않았다. 한림이라면 예문관에서 사초를 기록하는 사관이다. 영조가 마지막까지 버티던 그마저 엄히 꾸짖어 내쫓자, 사도세자가 임덕제의 옷자락을 부여잡으며 "한림, 너마저 나가버리면 나는 이제 누구를 의지하란 말이냐?"라고 소리 내어 흐느꼈다.

한데도 아버지 영조의 전교는 더욱 엄중해져갔다. 영빈 이씨가 고한 바를 덧붙여 진술하기까지 했다. 영빈 이씨라면 바로 사도세자의 어머니다.

2015년 개봉한 영화 〈사도〉에선 세상에 둘도 없는 인자한 어머니로 나와 관객들을 어리둥절하게 만들었지만 그렇지 않았다. 남편 영조와 노론이 작당하여 이미 돌이킬 수 없게 되었다지만, 자신이 낳은 자식을 어머니가 아버지에게 고해바쳐 죽음에 이르도록 한 것이다. 하나뿐인 아들을 죽여서라도 자신들이 살아남기 위해서였다.

영빈 이씨는 남편 영조에게 울먹이면서, "세자의 (정신)병이 점점 깊어가 이제 바라는 바가 없나이다. 소인이 이 말씀을 차마 어미 된 정리로 보아 못할 일이오나 부디 성궁을 보호하옵소서. 왕세손을 건져 종사를 편안케 하는 일이 옳사오니, 대처분을 하시오소서"하고 결단을 촉구하고 나선, 하늘 아래 둘도 없는 비정한 어미였다.

그러자 보다 못한 도승지 이이장이 나선다. 세 정승이 저마다 꿀 먹은 벙어리가 되어 입을 굳게 다물고 있는 가운데, "전하께선 어찌 구중궁궐에 있는 여인의 말로 국본을 흔들려 하시나이까?"하고 아뢰었다.

그럼에도 영조는 꿈쩍도 하지 않았다. 소주방에 분부하여 당장 뒤주를 가져오라고 고함을 내지른 뒤, 사도세자를 비좁은 뒤주 안에 가두라고 명했다.

그럴 때 어린 왕세손이 다시 황급히 돌아와 아버지 사도세자를 제발 살려달라고 할아버지 영조에게 눈물로 간청했으나 아무 소용이 없었다. 사도세자는 이미 비좁은 뒤주 안에 갇힌 뒤였다.

하지만 어린 손자와 며느리 보기에 차마 민망했던 것일까? 영조는 왕세손과 세자비 혜경궁 홍씨를 친정인 홍봉한의 집으로 보내라고 명한다. 그때가 11세의 어린 정조가 아버지 사도세자를 보는 마지막 순간이 될 줄은 꿈에도 몰랐던 것이다.

이튿날, 날이 밝자 영조는 창경궁의 휘령전에 다시금 거둥했다. 사도세자가 갇힌 뒤주를 에워싸고 있는 군사들은 포도대장(종2품) 구선복을 필두로 백여 명이나 되었다.

푹푹 찌는 무더운 폭염 속에 아들 사도세자를 지키고 있는 군사들을 영조는 위로하고 난 뒤, 또다시 명을 내렸다. 뒤주의 널판과 널판 사이에 벌어진 틈새와 옹이구멍마저 잔디로 메워 완전히 차단시키라고 분부했다.

그런 다음 여느 날과 마찬가지로 신하들과 함께 공부하는 경연의 자리를 태연자약하게 마련한다. 어린 정조의 외할아버지인 좌의정 홍봉한은 죽어가는 사위를 외면한 채 한강으로 한가로이 뱃놀이를 즐기러 나갔다.

그런 시각에도 사도세자는 휘령전의 뜰 아래 숨 막히는 폭염 속에 놓여 있었다. 비좁은 뒤주 안에 갇혀 움쩍달싹하지 못했다. 그렇게 하루, 이틀, 사흘, 나흘, 닷새, 엿새가 지나가도록 목이 타들어가는 사도세자에게 물 한 사발 가져다주는 이가 없었다.

그처럼 비좁은 뒤주 안에 갇힌 지 이레째가 되던 날이었다. 포도대장 구선복이 군사들을 시켜 '뒤주 안의 기적을 살펴보라'고 일렀다. 군사들은 전날과 다름없이 뒤주를 흔들어본 뒤 널판에 귀를 바짝 가져다 대었다.

다행히 기척을 느낄 수 있었다. 모기만한 가는 소리이긴 하였으나 사도세자의 음성이 희미하게 새어나왔다.

"어지럽구나. 흔들지 마라."

이레째 되는 날까지도 사도세자는 아직 살아 있었던 거다. 푹푹 찌는 듯 숨 막히는 무더위를 온몸으로 이겨내며 오직 아버지 영조에 대한 마지막 믿음을 버리지 않고 있었다. 죽음의 문턱에 이르도록 그저 혼을 내기 위한 것일 뿐, 설마 아버지가 자신을 죽이기까지 하겠느냐며 믿고 또 믿었을 것이다.

그러나 아버지 영조는 그 사이 창덕궁에서 경희궁으로 옮겨 다니기를 일곱 차례나 반복하고 있었을 뿐이다. 심란한 마음을 그대로 보여주기라도 하듯 하루에 한 차례씩 이궁한 셈이다.

구원의 손길은 어디에서도 나타나지 않았다. '살려주시겠지, 살려주시겠지, 설마 아버지가 나를 죽이기까지 하시겠느냐?'며 믿었던 바로 그 '설마'가 끝내 사람을 잡고 말았다. 그토록 철석같이 믿었던 여드레 동안의 '설마'가 끝끝내 벌어질 줄을 몰랐다.

결국 사도세자는 그런 '아버지'와 '물'을 찾다 시나브로 죽어갔다. 비좁은 뒤주 안에 갇혀 옴짝달싹하지도 못한 채 찌는 폭염 속에 숨이 끊어지기까지 꼬박 8일이 걸렸다. 이제 막 28세의 한창 피 끓는 젊은 나이였다.

그러니 어찌 하늘도 애통해하지 않았겠는가. 뒤주 안에 갇힌 사도세자가 마지막으로 절명해가던 여드레째 되던 날 신시(오후 3~5시) 쯤에 갑자기 마른하늘에서 천둥이 치고 한바탕 소나기가 쏟아져 내렸다.

한데도 뒤주 안의 사도세자는 미동조차 하지 않았다. 천지를 찢어 대는 천둥소리조차 귀에 들리지 않았다. 그토록 애타게 찾던 물이 뒤주 안까지 흥건히 고여 들었으나 이젠 아무 소용없는 것이었다.

그날따라 하늘엔 짙은 먹구름이 우르릉 몰려들었다 개었다를 반복하였다. 하기는 하늘인들 어이 갈피를 잡을 수 있었겠는가.

사도세자가 죽어간 시간은 대략 사시(오전 9~11시)에서 오시(오전 11~오후 1시)로 추정된다. 숨이 끊어진 다음에야 소나기가 쏟아져 내렸던 것이다. 그럴 때 영조는 한성부 우윤(종2품)을 지내다 모친상을 당하여 향리로 물러나 있던 채제공을 친견하는 중이었다. 어처구니없는 소식을 전해 듣고서 상복을 입은 채 곧바로 달려온 채제공은 영조 앞에 부복하여 불가함을 외치고 있었다.

"전하, 폐세자의 전지를 거두시고 저하를 궤 속에서 어서 나오게 하심이 시급한 일이옵니다. 이는 신의 뜻만이 아니라 만백성의 뜻이므로 한시바삐 통촉하시옵소서."

그러나 영조는 채제공의 진언을 외면하고 만다. 혼잣말처럼 되묻기만을 할 따름이었다.

"경은 어찌 그것을 만백성의 뜻이라고 말하는가? 폐세자가 마땅히 죽을 죄를 지었다는 건 이미 천하가 다 아는 사실이 아닌가?"

그 즈음이었다. 창경궁의 휘령전으로부터 급보가 날아들었다.

"전하, 궤 속에서 아무런 기척이 없다 하옵니다!"

영조는 잠시 할 말을 잃은 듯이 보였다. 순간 온갖 회한이 밀려든 듯 허공만을 응시하다 이내 창경궁으로 거동했다. 이날의 참담함을 〈궁궐지〉는 이같이 적고 있다.

「여드레째 되는 날에 아무런 기척이 없었다. 임금이 뒤주에 구멍을 뚫고 손을 넣어 만져보라 하니 벌써 절명한 뒤였다. 뒤주를 동궁(세자궁을 일컬음)으로 옮긴 뒤 못을 뽑고 열어보자, 사도세자는 드러누워 한 다리를 꼬부린 채였는데(이미 굳어진 다리를) 도저히 펼 수가 없었다. 널판을 뜯어보니 (비좁은 뒤주 안에서 얼마나 몸부림쳤던지) 박아놓은 못이 다 휘어 구부러져 있었다.」

영조는 차마 흐르는 눈물을 닦아내지 못했다. 곁에 있던 대신들이며 군사들 모두가 눈시울을 적시었다.

"세자의 예를 갖추어 장례 치를 차비를 갖추도록 하라."

그래도 일말의 부정은 남았던 것일까? 영조는 맹자의 고사를 떠올리며, 그간에 내렸던 사도세자의 죄를 사한다는 교서를 내렸다. 아직 어렸던 정조는 속절없이 지켜볼 수밖에 없었다. 아버지 사도세자의 최후를 지켜보면서 어린 가슴의 깊은 곳엔 분명 어떤 깨달음이 있었으나 누구에게도 말할 순 없었다.

그럼 이제 모든 게 다 끝난 것일까? 눈엣가시 같던 사도세자가 마침내 제거됨으로써 정녕 모든 것이 끝났다고 생각한 것일까? 영조와 노론이 바라던 세상이 활짝 열리게 된 것일까?

영조와 노론은 한동안 오월동주였을 수도 있다. 이복형 경종의 독살설에 갇혀있던 영조나, 부정부패에 깊숙이 관련되어 있던 집권당 노론에게 이제는 정치적 입장 차이가 모두 다 해소된 것이라며 안도할 수도 있었다.

그러나 역사는 부단히 흘러가는 강물과도 같은 것이다. 우리가 원하든 원하지 않든 간에 앞물과 뒷물은 끊임없이 흘러 이어져나간다. 아니 이어져나가는 것만으로 그치지 않고, 원인이 있으면 결과 또한 언젠가는 반드시 불거져 나오기 마련인 것이 역사이다.

우리가 즐겨 보는 영화의 스토리로 곧잘 등장하는 복수극이란 것도 딴은 그

중 하나이다. 억울하게 죽어간 이(가족 또는 연인)의 복수를 위해 절치부심하는 미션 또한 흘러가 끝끝내 이어지는 역사라는 공간이 있기에 가능한 일이다.

하물며 국왕이라면 어떻겠는가? 절대 권력을 한 손에 쥔 지존이라면 또 어떤 선택을 할 수 있을 것인가? 만일 당신이 이처럼 불운한 햄릿으로 훗날 왕위에 오르게 된다면 지난날 억울하게 죽어간 아버지를 위해 과연 어떻게 할 것 같은가? 잠시 책을 덮고서 '그 아찔한 벼랑의 끝에서 허공에 발을 내딛는 것' 같은 순간을 한 번쯤 곰곰이 떠올려보는 것도 흥미롭지 않겠는가?

모르긴 해도 어떤 지점에 다다르게 되었을 때 분명 그와 다른 대척점에 서 있는 자신을 발견케 될 것이다. 우리가 정조의 리더십이 위대하다고 일컫는 이유가 바로 그 지점에 있다.

정조,
마침내 왕위에 오르다

할아버지 영조가 아버지 사도세자를 비좁은 뒤주 안에 가두어 굶겨 죽게 하였을 때부터 어린 왕세손(정조)은 이미 불안의 연속이었다. 갓 11세의 어린 왕세손은 외줄 위에 홀로 서야 했다. 까딱 잘못이라도 했다간 그만 발이 미끄러져 외줄 아래의 나락으로 떨어질 판이었다.

당장 눈앞에 보이진 않아도 어린 자신을 노리는 예리한 화살촉이, 번뜩이는 비수의 칼날이, 언제 어떻게 창호를 뚫고 날아들지 모른다는 두려움조차 혼자 감내하지 않으면 안 되었다.

다행히 할아버지 영조에 의해 '역신(사도세자를 일컬음)의 아들'이라는 누명에선 벗어날 수 있었다. 일찍이 죽은 영조의 큰아들 효장세자의 양자로 왕세손을 입적시킨 덕분이다. 그럴더라도 노론 강경파의 생각은 분명했다. 왕세자의 아들인 왕세손이 왕위에 오르는 것을 결코 용납할 수 없었다.

설령 사도세자의 아들이 왕위에 오른다 하더라도 왕세손은 아니었다. 사도세자가 죽어갈 때 할아버지 영조에게 제발 아버지를 살려달라고 울면서 애원하던 그 비참한 유년의 기억을 고스란히 간직하고 있기 때문이다. 그런 왕세손이 왕위에 오른다면, 왕세자를 죽음으로 내몬 자신들에게 장차 어떤 일이 벌어질지 아무도 장담할 수 없는 노릇이었다.

따라서 적통에 따라 사도세자의 아들이 즉위해야 한다 하더라도, 그 대상은 왕세손이 아니었다. 사도세자의 후궁인 박씨 아들인 은전군이어야만 했다. 후궁 박씨가 사도세자에게 죽임을 당한 터라, 그 아들 은전군은 아버지 사도세자에게 좋지 않은 감정을 품고 있다는 생각에서였다.

이 같은 판단 아래 노론 강경파는 어린 왕세손을 폐위시킨 뒤 제거하기 위해 발 빠르게 나섰다. 감쪽같은 독살도 그중 하나의 방법일 수 있었다.

만일 이때 어머니 혜경궁 홍씨의 친정인 영의정 홍봉한의 집안이 분열되지 않았다면 과연 어땠을지 아찔하기만 하다. 어린 왕세손의 목숨은 그 순간 끝내 부지하기 어려웠을 테니까. 한데 혜경궁 홍씨가 친정과는 딴 목소리를 냈다. 자신의 아들인 왕세손이 즉위해야 한다고 주장한 것이다.

혜경궁 홍씨 덕분에 미관말직에서 일약 우의정, 좌의정, 영의정의 지위에까지 오른 친정아버지 홍봉한은 딸의 입장을 무시할 수만도 없었다. 홍봉한이 돌연 침묵을 지키기로 한 거다. 결국 혜경궁 홍씨의 반대로 홍씨 가문이 분열되었고, 홍씨 가문의 분열은 곧 노론의 분열을 가져왔다. 노론의 분열로 말미암아 어린 왕세손이 가까스로 살아남을 수 있었다.

그렇다고 왕세손에 대한 노론의 제거 입장이 달라진 건 없었다. 왕세손의 처리에 대해 영의정 홍봉한은 일단 침묵을 지키기로 하였으나, 그의 이복동생인 좌의정 홍인한 등은 왕세손의 즉위에 여전히 반대 입장을 고수했다.

이윽고 왕세손이 24세가 되던 해, 영조는 왕세손으로 하여금 국정을 대리청정시키겠다는 뜻을 밝혔다. 영조가 82세의 고령이었기 때문에 언제 세상을 뜰지 알 수 없었다. 문제는 영조가 승하할 때였다. 국왕이 승하하였을 때 대리청정하고 있던 왕세자나 왕세손이 그대로 즉위하는 것은 곧 왕조의 국법이었다.

하지만 대리청정하는 상황이 아니라면 한결 쉬웠다. 관례에 따라 궁중의 가장 웃어른인 영조의 계비 정순왕후의 하교에 따라 왕위가 결정될 수 있었기 때문이다. 따라서 노론으로선 어떻게든 왕세손의 대리청정을 막아야만 했다. 이때 좌의정 홍인한이 내세운 논리가 '왕세손은 세 가지를 알 필요가 없다'는 거였다. 여기에다 왕세손을 음해하는데 앞장섰던 공조참판(종2품) 정후겸까지 가세하고 나섰다.

"동궁은 노론이나 소론에 대해서 알 필요가 없고, 이조판서나 병조판서를 누가 할 수 있는지 알 필요가 없으며, 조정 일에 대해서도 알 필요 없습니다."

만일 이때 영조와 왕세손이 손톱만큼이라도 적대적 갈등이 있었다면 왕세손은 곧바로 제거되고 말았을 것이다. 영조는 왕세손의 운명을 노론과 정후겸의 손에 넘겨주고 말았을 게 틀림없으니까.

그러나 영조는 사도세자를 죽인 후 그 사건에 대한 자신의 생각을 담은 〈금등비서〉를 작성케 한다. 신하인 사도세자가 국왕인 영조를 위해 목숨을 바쳤다고 평가했다. 아들을 죽인 것에 대한 때늦은 후회와 함께 왕세손의 지극한 효성마저 겹치면서, 영조와 왕세손의 대립을 막을 수 있었다. 영조는 왕세손을 옹호해 든든한 바람막이가 되어 주었다.

그렇더라도 좌의정 홍인한의 발언은 정국에 일대 파란을 일으켰다. 왕세손의 권위를 전면으로 깔아뭉개는 처사를 넘어, 왕세손을 폐위시키는 데 목숨을 걸었다는 노골적인 선포였기 때문이다.

왕세손 또한 노론과의 정면승부를 벌여야만 했다. 살아남기 위해선 오직 그 길밖에 없었다. 하지만 노론의 세력에 비해 왕세손은 턱없이 약했다. 기껏해야 동궁 소속의 몇몇 관원들이 전부였을 따름이다. 더구나 왕세손이 직접 나서기에는 정치적 부담이 너무 컸다. 자칫 패할 경우 어떤 사태가 발생할지 알 수 없었다.

결국 주위의 만류에 따라 왕세손 대신 젊고 강직한 부사직(종5품) 서명선이 나섰다. 그가 나서 왕세손 대신 막강한 노론을 상대로 상소를 올리기로 했다.

"전하, 신이 엎드려 듣자오니 지난 입시 때 좌의정 홍인한이 감히 동궁마마는 세 가지를 알 필요가 없다고 진언했다 하옵니다. 동궁마마가 정사를 아는 것이 필요 없다 한다면 도대체 어느 누가 이를 알아야 하나이까? 군신의 의리가 어지러워진 책임이 좌의정 홍인한에게 있사옵니다. 삼가 비옵건대 성상의 밝으신 지혜를 떨쳐 펴시어 한시바삐 대신의 죄를 바로잡아 국가의 대사가 존중되는 지경으로 돌아가게 하소서."

부사직 서명선은 영조 앞에 엎드려 눈물로 아뢰었다. 그야말로 목숨을 내걸지 않으면 안 되는 위험한 상소였다.

"이 일은 매우 중대함에도, 신이 말하지 않는다면 누가 거실(노론)의 미움을 받아가며 솔선하여 진달하겠나이까? 그런 줄 알면서도 눈치나 보고 진달하지 않는다면 이는 전하와 동궁을 저버리는 것이니 죽어서 어찌 신의 아비를 뵐 수가 있겠나이까? 일신의 이해를 돌보지 아니하고 이같이 진달코자 하는 것은 오로지 어리석은 충심에서 터져 나온 것인데, 미처 올리지 못한 신의 생각마저 친히 다 진달토록 해주시니, 비록 물러가 골짜기에 빠져 죽는 한이 있더라도 이제는 여한이 없게 되었나이다."

노론 역시 가만있지 않았다. 다만 좌의정 홍인한은 부사직 서명선이 자신과는 격이 달라 직접 상대할 수 없다고 판단했다. 자신의 수하에 있는 사직(정5품) 심상운에게 반대 상소를 올리게 한다. 왕세손과 노론 영수와의 대리전이 사직과 부사직 사이에서 벌어진 셈이다. 그리고 이 대리전의 판정은 순전히 영조의 몫이었다. 왕세손과 노론 영수의 명운이 걸려있는, 누구도 물러설 수 없는 정면승부에서 영조가 과연 어떤 결정을 내릴지 모두가 주시하게 되었다.

영조는 결국 왕세손의 손을 들어주기에 이른다. 나아가 왕세손에게 대리청정을 맡길 것도 명한다. 왕세손의 완전한 승리였다.

그뿐 아니라 영조는 모든 신하들의 하례 속에 왕세손의 대리청정 의식을 직접 집례해준다. 문무백관이 모두 왕세손 앞에 머리를 숙인 가운데, 경희궁의 경현당에 좌정하고 앉아 성대히 거행했다. 그같이 왕세손의 위상을 높여줌으로써 사실상 국왕으로 확정되는 순간이기도 했다.

한데 왕세손이 대리청정을 시작한지 불과 석 달여 뒤 영조가 승하하고 만다. 정국은 다시 한 번 요동치게 된다. 만약 이때 왕세손이 대리청정을 하지 못한 채 영조가 승하하고 말았다면 왕세손의 즉위는 무산되고 말았을 것이다. 왕실은 물론이고 척신 세력 가운데 자신에게 우호적인 세력은 전무한 상태였기 때문이다.

그러나 국정을 대리청정하고 있는 적통의 왕세손을 제쳐두고 다른 인물을 왕으로 추대할 명분이란 없었다. 때문에 어려운 처지에도 왕세손은 마침내 조선왕조 22대 왕위에 오를 수 있었다. 바야흐로 정조의 시대가 열린 것이다.

정조는 할아버지 영조가 승하한지 엿새 뒤 경희궁에서 즉위하면서 왕의 길을 열었다. 왕위에 오른 당일 정조는 빈전의 문밖에서 대신들을 소견했다. 그 자리에서 임오화변(사도세자의 죽음) 이후 하루도 잊지 아니하고 가슴 속에 고이 간직하고 있던 심중의 한마디를 즉위 일성으로 선포한다.

"과인은 사도세자의 아들이니라!"

대신들은 모두 까무러치듯 경악했다. 서로의 얼굴을 돌아보며 자신의 귀를 의심했다. 사도세자를 죽음으로 내몬 노론은 저마다 공포에 휩싸였다. 14년 전 비좁은 뒤주 안에 갇혀 비참하게 죽어간 사도세자가 다시금 되살아난 모습을 자신들의 두 눈으로 보는 것 같았다.

정조는 즉위 일성에 이어, 다음과 같은 윤음을 이어나갔다.

"선왕께서 종통宗統의 중요함을 위하여 과인에게 효장세자를 이어받도록 명하셨소. 전일에 선왕께 올린 글에서 '근본은 둘로 할 수 없는 것不貳本'이라는 과인의 뜻을 분명히 읽을 수 있었을 것이오."

비록 자신이 형식적으론 효장세자의 아들로서 왕위에 오르긴 하였으나, 사도세자의 아들임을 분명히 밝혔다. 또 그런 윤음을 즉위 이후 첫 대면에서 신하들에게 내렸다는 것은, 그동안 아버지 사도세자를 죽인 자들에 대한 복수를 결코 잊지 않았음을 공개적으로 천명한 것이기도 했다.

왕세손을 폐위시키려고 하였거나, 아버지 사도세자를 죽인 척신 세력들에게는 커다란 충격이었다. 기필코 복수를 다짐하는 젊은 왕의 천명에 당장 영조의 계비인 정순왕후의 오빠 김구주를 비롯하여, 공조참판(종2품) 정후겸의 세력과 외척인 영의정 홍봉한, 좌의정 홍인한 등의 노론 세력이 발칵 뒤집혔다.

나는 사도세자의
아들이니라!

"나는 사도세자의 아들이니라!"

즉위 일성으로 정조는 신하들에게 아버지 사도세자를 죽인 자들에 대한 복수를 다짐했다. 그로부터 꼭 열흘 뒤, 그 첫 번째 미션에 들어간다. 영조의 장례를 위해 설치한 빈전도감, 국장도감, 산릉도감의 중책을 모두 도맡은 총호사 신회를 전격 파직시켰다.

"총호사 신회가 도감의 직무에 정성을 다하지 못하였고, 그가 추천한 상지관相地官은 정후겸의 충복일 뿐 감여학(풍수지리)에 어두웠기 때문이니라."

총호사 신회는 아버지 사도세자가 비참히 죽어간 임오화변 당시 영의정이었다. 사도세자가 지목하여 증오심을 드러냈던 신만의 친동생이다. 신회는 사간원, 홍문관, 사헌부 등 삼사의 요직과 대사헌(종2품)을 거쳐 예조판서에 올랐을 때, 영의정인 형 신만과 함께 사도세자를 죽이는 데 동참했다.

아니 동참했다기보다는 국본을 흔드는 전대미문의 처사에 아무런 부당함조차 지적하지 않은 채 영조의 왕명에 수동적으로 따랐던 인물이다. 이후 우의정, 좌의정, 영의정의 삼정승에 오른 뒤, 영조의 장례 땐 총호사를 맡은 원로대신이었다.

공조참판 정후겸 역시 복수의 칼날을 피할 순 없었다. 원래 그는 바닷가에서 물고기나 잡던 서자 출신 장석달의 아들이었다. 한데 일찍 남편과 사별하고 자식도 없이 홀로 지내는 영조의 막내딸 화완옹주(사도세자의 누나)를 궁 안으로 들어와 살게 하였다. 이때 옹주의 남편 정치달의 집안에서 양자를 들이도록 하면서 정후겸이 뽑혀 궁으로 들어오게 되었다.

미천한 서자의 신분에서 자고 나니 왕족이 된 정후겸은 장원서 봉사(정8품)에 제수되었다. 이때 정후겸의 봉사직을 추천한 인물이 다름 아닌 영의정 홍봉한이었다. 2년 후에는 약관 18세에 과거시험에도 급제한다. 정상적인 상황이라면 도저히 있을 수 없는 일이었다. 영조 말기에는 신권이 그만큼 모든 정국을 쥐락펴락했다.

이후 정후겸은 홍문관과 사헌부 등의 요직을 거치면서, 영조 말기엔 그를 통하면 안 되는 인사가 없을 정도였다. 심지어 노론의 영수인 홍봉한의 동생 홍인한이 정후겸을 통해서 호조판서(정2품)에 오를 지경이었다.

이튿날 정조는 아직 할아버지의 상중임에도 불구하고 아버지 사도세자 쪽으로 다시 시선을 돌렸다. 사도세자의 존호를 올려 격을 한 단계 높이는 작업에 착수했다. 정조는 점차 속도를 더해나갔다. 이후 나흘간의 침묵을 지킨 뒤, 마침내 아버지를 죽인 세력들에 대한 척결에 들어가게 된다.

'역적을 비호하거나 두둔하는 자가 역적의 무리와 뭐가 다르단 말인가?'

그러나 이 지점에서 정조는 달랐다. 권력의 함정에 빠지고 말았던 연산군(1476~1506)과는 전연 다른 성숙한 리더십을 보여준다. 정조와 같이 정적으로부터 어머니가 죽임을 당하면서 불운한 햄릿이 되었던 연산군이, 이성을 잃고서 광분했던 것과는 대조적이었다. 치미는 분노를 직접 분출시키거나 전면에 나서서 무차별적 복수의 칼날을 휘두르는 대신, 오로지 상소에 의해 공론화하고 율법에 따라 단죄해 나갔다. 누구도 고개를 끄덕이며 따를 수밖에 없는 혁신 경영에 나섰다.

예컨대 국정을 대리청정하던 왕세자를 무참히 죽인, 임오화변의 패역이 결코 잘못된 일임을 주청하는 상소가 있을 때만 그 죄를 물어나갔다. 죄를 물어 반드시 엄벌에 처하되 무차별적 피의 복수극이 아닌, 공공의 율법에 따라 자신들의 과오를 차근차근 물어나가는 단죄였다.

먼저 사헌부 대사헌(종2품)으로 전격 제수된 이계의 주청을 받아들이는 형식으로 공조참판 정후겸의 세력을 척결하고 나섰다. 정후겸에게 죄를 물어 함경도 경원으로, 그의 추종 세력인 윤양후와 윤태연은 경상도와 전라도의 외딴 섬으로, 도승지(정3품)를 지낸 이택진은 함경도 명천으로, 전라도 관찰사로 있던 안관제, 안겸제 형제는 경상도 사천으로 각기 유배 보낸데 이어, 정후겸과 가까이 지낸 호조판서 구윤옥을 내쳤다.

당초 이계는 정후겸을 비롯하여 화완옹주의 세력 모두를 처형시켜야 한다고 주청했다. 그러나 정조는 평정심을 잃지 않았다. 신중하고 또 신중했다. 속도 조절의 필요성마저 염두에 둔 터였다.

"(국상 중이라) 공손하게 입을 다물고 있어야 하는 때라 많은 말을 할 수가 없도다. 정후겸 등은 멀리 유배 보내고, 화원옹주는 이미 사가로 나갔으므로 더 이상 논할 것이 없소."

　비록 겉으로는 그렇게 말했으나 속은 치미는 분노로 끓어올랐다. 생각 같아선 왕위에 오르자마자 아버지를 죽인 원수부터 모두 다 처단하고 싶었다. 그들의 목을 모조리 베어 앙갚음을 하여도 결코 분이 가시지 않을 것 같았다.

　그러나 젊은 국왕 정조는 스스로 살얼음판을 걸었다. 물론 정후겸 세력은 아버지 사도세자와 관련해서 척결한 것은 아니었다. 왕세손 시절부터 자신을 폐위시켜 제거하려 했던 그 일당부터 단죄한 것이다.

　정조는 그렇듯 아버지를 죽인 정적들에 대한 복수를 매우 신중히 접근해 들어갔다. 감정에 따라 마구잡이로 분노를 폭발시키고 마는 것이 아니라, 이성과 순리를 쫓아 모두가 수긍할 수 있도록 애를 썼다.

　이윽고 정후겸 세력을 척결한 이후 다시 사흘간의 숨고르기를 거친 뒤, 정조는 이미 작고한 김상로의 관직추탈을 명했다. 김상로라면 당시 홍계희, 정우량과 함께 사도세자의 죽음에 깊숙이 관련되어 혐의를 받던 노론의 거두였다. 비로소 복수의 칼끝이 아버지를 죽인 정적 세력의 정면을 겨누기 시작했다.

　김상로는 영조 때 대사헌, 도승지, 병조판서를 두루 거쳐 우의정, 좌의정, 영의정에 오른 노론의 영수였다. 임오화변 때 중추부 영사(정1품)로 있으면서 사도세자의 처단에 앞장서 동조했던 인물이다.

　"김상로는 나의 원수이다. 내가 그자를 강제로 영의정에서 중추부 영사로 물러나게 한 것은 천하후세에 나의 진심을 드러내려 한 것이다."

　정조는 김상로의 관직추탈을 명하면서, 아버지가 죽은 이후 할아버지 영조가 자신에게 들려주었던 말을 그대로 되풀이하여 들려주었다. 할아버지 영조는 김상로의 부추김으로 아버지 사도세자를 죽이게 되었고, 곧바로 후회했다는 것이다.

또한 같은 날 정조는 할아버지 영조의 후궁이었던 숙의 문씨의 작호를 삭탈하고 사가로 내쫓았다. 문씨의 오빠 문성국은 노비로 삼게 했다. 숙의 문씨는 다름 아닌 사도세자의 일탈을 자극했던 여인이다.

그뿐 아니라 그녀가 임신을 하자 문성국, 김상로, 홍계희 등은 숙의 문씨가 아들을 낳을 경우 사도세자를 폐위시키기로 음모를 꾸미기도 했었다. 다행히 숙의 문씨가 딸을 낳으면서 수포로 돌아가긴 하였으나, 사도세자를 죽음에 이르게 한 건 그런 문씨 오누이와 김상로 때문이었다고 정조는 판단했다.

정조는 문성국을 노비로 삼은 조치를 내리면서 이같이 말했다.

"내가 마음에 새기고 또한 뼈마디를 썩혀온 까닭이 어찌 김상로 하나만이겠는가! 문성국 역시 죄를 묻지 않을 수 없도다. 뒷날 마땅히 죄다 말할 기회가 따로 있겠지만, 김상로를 이미 처분하였음에도 지금 상중이라는 이유만으로 그런 문성국을 처벌하지 않는다면 형평성에도 어긋나는 일이 아니겠는가."

다음날에도 상소가 이어졌다. 동부승지(종3품) 정이환이 목청을 돋웠다. 드디어 영의정 홍봉한과 좌의정 홍인한 형제를 직접 거론하는 탄핵이었다. 이번에는 성균관 유생들마저 일제히 가세하고 나섰다. 홍봉한과 홍인한 형제를 당장 죽여 마땅하다고 합동으로 상소를 올린 거다.

정조로서도 어머니 혜경궁 홍씨 집안의 단죄는 결코 피할 수 없는 것이었다. 아버지 사도세자를 죽인 주범 가운데 외할아버지인 영의정 홍인봉과 좌의정 홍인한 형제를 빼놓을 수 없었기 때문이다.

그러자 어머니 혜경궁 홍씨가 단식으로 맞섰다. 친정의 아버지와 숙부가 죽도록 차마 내버려둘 수 없었다.

'아, 내가 어려서 부친을 잃은 사람으로 생명을 부지할 수 있었던 건 오직 자궁(어머니 혜경궁 홍씨) 때문이 아니었더냐. 비록 봉조하(홍봉한)의 죄가 용서할 수 없는 것이라 할지라도 봉조하는 곧 자궁의 어버이이고, 나는 곧 자궁의 아들이 아닌가!'

정조는 아버지와 어머니 사이에서 인간적인 고뇌를 내비치기도 한다. 동부승지 정이환의 상소에도 좀처럼 결단을 내리지 못한 채 숙고에 들어갔다.

하지만 삼사의 탄핵이 연일 빗발치자 하는 수 없이 좌의정 홍인한만 유배형에 처한다. 홍인한은 사도세자를 죽이고, 어린 자신까지 죽이려 한 불구대천의 원수였다. 참형에 처한다 하더라도 마땅한 역신이었다.

상황이 이쯤 되자 노론 역시 가만 두고 볼 수만은 없었다. 단죄의 칼끝이 자신의 목을 향하자 홍인한과 정후겸을 추종했던 세력들은 당장 맞서 싸우지 않으면 안 되었다. 노론 또한 곧바로 반격에 나서면서 그야말로 생사를 건 정면 승부가 젊은 국왕 정조 앞에 기다리고 있었다. 홍인한과 정후겸이 조정의 안팎에 심어둔 세력은 그만큼 뿌리 깊고 폭넓었다.

정조는 이같이 리더로선 최악의 상황이었다. 한 발짝만 어긋나도 돌이킬 수 없는 위기의 연속이었다.

복수의 칼날을
빼어들다

젊은 국왕 정조를 암살하기 위한 첫 번째 역모는 홍계희의 집안에서 이뤄졌다. 홍계희는 임오화변 당시 경기도 관찰사(이후 병조판서에 오름)로 있으면서 아버지 사도세자를 죽인 주범 가운데 한 명이었다. 홍계희는 이미 사망하고 말았으나, 정조가 즉위한 이후 숙청을 당한 그의 아들들이 암살을 획책하고 나섰다. 암살 사건의 주모자인 형조판서 홍지해는 홍계희의 아들로, 홍인한과는 사제지간이기도 해서 쉽사리 의기투합했다.

홍계희의 손자 홍상범을 시켜 자객을 궁궐 안으로 은밀히 잠입케 하여 정조를 암살시킨다는 계획이었다. 조선왕조 개국 이래 궁궐에 자객을 잠입시켜 국왕을 시해하려 한 역모는 이때가 처음이다. 더욱이 국왕을 시해하려 한 아무런 명분조차 찾을 수 없는 저열한 역모가 아닐 수 없었다.

역모를 위해 홍상범은 천민 출신 장사 전흥문을 돈과 여자로 구슬려 행동책으로 삼았다. 또한 궁궐 호위군관 강용휘를 포섭한 데 이어, 그의 수하에 있는 별관 등 20명의 군사를 규합했다.

이윽고 정조가 즉위한 그해 7월, 칼과 철편으로 무장한 암살단이 궁궐의 담장을 넘어 은밀히 잠입해 들어가는 데 성공한다. 정조의 침소가 있는 존현각의 지붕까지 올라가 정조의 목숨을 노렸으나, 그 마지막 순간에 하늘이 도왔다. 때마침 존현각을 호위하던 군관에 의해 우연히 발각되면서 도주할 수밖에 없었다. 하지만 이들은 단념하지 않는다. 다음 달에도 정조를 암살하기 위해 나섰다. 대담하게도 경계가 강화된 궁궐의 담장을 다시 넘으려다 그만 호위 군사들에 의해 모조리 추포되고 말았다.

정조를 시해하기 위해 궁궐까지 난입한 이 사건은 조야에 커다란 충격을 안겨주었다. 노론의 신권이 여전히 정조의 왕권을 넘보고 있음이 확인된 사건이었기 때문이다.

대대적인 국문이 진행되고 있는 와중이었다. 이번에는 홍계희의 조카인 황해도 관찰사 홍술해의 아내 효임이 주술의 저주를 이용하여 정조를 살해하려한 두 번째 역모사건이 또다시 불거진다. 홍술해는 그 이전에 금고 4만 냥과 조 2천 5백 석, 소나무 260그루를 횡령했다가 참형에 처해질 것을 정조가 유배형으로 목숨을 구해준 인물이었다.

세 번째 역모는 그보다 더 치밀하고 광범위한 것이었다. 정조를 폐위시키고 그 자리에 사도세자의 서자인 은전군을 추대하려 한 역모였다. 이 사건은 홍계희의 4촌 홍상길이 주도했으며, 정조의 어머니인 혜경궁 홍씨의 오빠 홍낙임까지 참여한 역모였다. 다행히 사전에 발각되면서 정조를 폐위시키려는 역모는 실패로 끝났다. 그러나 정조를 제거하기 위한 노론의 암살 기도는 집요했다. 이후에도 암살 시도가 끊이지 아니하고 계속되었던 것이다.

정조는 지레 겁을 먹거나 물러서지 않았다. 결코 위축되거나 머뭇거리지 않았다. 척신들을 척결하고 어머니 혜경궁 홍씨의 집안을 단죄한데 이어, 예정대로 다음 수순에 돌입한다.

마침내 궁중의 가장 웃어른인 할아버지 영조의 계비 정순왕후의 세력에 복수의 칼끝을 겨눈다. 정순왕후의 오빠 김구주와 그를 추종하는 세력이었다. 정조 즉위 당시 한성부 우윤(종2품)이라는 비교적 한직에 머물러있던 김구주는 정후겸, 홍인한 등과 정치 노선을 같이 했다. 영조의 계비 정순왕후를 등에 업고 나름의 세력을 형성하면서, 영의정 홍봉한, 외척 정후겸의 세력과 어깨를 나란히 할 수 있을 정도였다.

그 같은 김구주에 대한 척결은 단호했다. 척신을 무조건 배척만 하지 말라고 김구주가 상소를 올리자, 정조의 대답은 너무도 명확했다. 상소를 올린 지 엿새 뒤 정조는 이렇게 대답한다. "이미 여러 번 죽여도 마땅하지만, 왕대비(정순왕후)의 마음이 상할까 염려한 때문이다"라며 김구주를 흑산도로 유배 보내라고 명한다.

이어 흑산도 유배지에서 위리안치라는 가혹한 형벌이 더해졌다. 집 주위에 가시덤불을 둘러쳐 출입을 철저히 통제하는 조치였다.

그런 뒤 정조는 신하들에게 묻는다. 김구주의 단죄에 대해 어떻게 생각하는지 의중을 듣고자 했다. 신하들은 아무런 대답도 하지 않았다. 귀양을 간 김구주가 두려워 자신의 속내를 선뜻 드러내는 이가 없었다. 뿌리깊은 잔존 세력의 위세가 아직도 만만치 않음을 짐작케 하는 장면이었다.

어쨌거나 정조 즉위 첫해 동안에 이뤄진 복수의 단죄는 이처럼 직접적이고 단호했다. 비록 무차별적 피의 복수를 단행한 것은 아니라 하더라도, 더구나 공공의 율법에 따라 자신들이 저지른 과오를 단죄해 나갔을 따름이라지만, 정적들의 입장에서 볼 땐 마른하늘에 날벼락이 아닐 수 없었다. 척신과 외척을 가리지 아니하고 척결한 데 이어, 어머니 혜경궁 홍씨의 집안과 할아버지 영조의 계비인 정순왕후의 집안까지 단죄하기에 이른 것이다.

따라서 역풍 또한 없지 않았다. 정조 즉위 첫해 동안에만 무려 일곱 번이나 암살 위기를 넘긴 데다, 이후 10년 넘도록 반대 세력들에 의한 각종 역모와 반란이 끊이지 않았던 점이 그것이다.

영민한 정조 또한 그 점을 간과하지 않았다. 역풍을 온몸으로 느껴가며 속도 조절의 필요성을 잊지 않았다. 이제 겨우 복수의 칼날을 빼어들었을 따름이지만, 그쯤에서 거두어들이지 않으면 안 되었다. 자신의 왕권이 신권을 제어할 수 있을 만큼 충분한 역량이 길러질 때까지 다시 한걸음 물러서는 숨고르기에 들어간다. 그토록 엄중한 상황에서 복수의 분노를 스스로 깨닫고 구성해서 제 힘으로 지배해 나갔던 것이다.

다시 말해 앞서 정적으로부터 어머니가 죽임을 당하면서 정조와 같이 불운한 햄릿이 되었던 연산군이 분노에 찬 무차별적 피의 복수극을 연출했다면 정조는 그 반대쪽에 섰다. 자신에게 주어진 미션을 스스로 깨달아 자신의 의지대로 구성하고 지배할 수 있었던 까닭에, 당장 그 순간부터 기나긴 인내의 시간까지를 포함하여 보다 거시적일 수 있었다. 인내의 시간 속에서 반드시 단죄하여 미션을 완성지어 나가되, 관용과 화해를 염두에 둠으로써 중단 없이 역사를 이어나가는 왕의 길을 택했다. 그러나 세상의 모든 경영이 그러하듯 왕의 길 또한 결코 순탄할 수만은 없었다.

꿈의 비전,
왕조의 새 도읍 수원화성

왕조국가지만 국왕에 대한 충성이라는 기본마저 붕괴된 지 오래였다. 그저 자기 당의 당론만이 모든 것을 지배했다. 국왕은 왕조의 군주가 아니라 한 정당의 소속이어야 했으며, 집권당 노론은 자파가 아니라는 이유만으로 정조를 국왕으로 인정하지도 않았다. 정조와 노론 사이는 이미 군신의 관계가 아닌 첨예한 정적의 관계였다.

정조는 그런 정적들을 매일같이 눈앞에서 바라보며 분하고 지긋지긋해 치가 떨렸다. 원수들의 살점을 뜯어먹어도 분이 다 풀리지 않을 것만 같았다. 그래서 한때 피의 복수를 꿈꾸었던 적도 없지만 않았다. 하지만 정조는 도리머리를 쳤다. 같은 불운한 햄릿이었으나 연산군이 자신의 생각이나 영향을 지배하지 못해 끝내 폭발하고 만데 반해, 정조는 자신의 생각이나 영향을 스스로 지배하여 왕의 길을 실천한 것이다.

말할 나위도 없이 자신에게 주어진 왕권을 휘둘러 복수를 한다면 당장은 통쾌할는지도 모른다. 그러나 복수는 복수만으로 끝나지 않는다. 복수는 반드시 또 다른 복수를 낳기 마련이다. 복수는 결코 끝이 아닌 또 다른 복수의 시작점인 악의 고리일 따름인 것이다. 마땅히 자신이 완결 짓지 못한다면 앞으로도 피를 부르는 복수극은 악순환될 게 너무도 자명했다.

때문에 정조는 먼저 내면을 다스려 깨달았다. 자신의 분노를 직접 분출시키거나 전면에 나서 무차별적 복수의 칼날을 휘두르지 않았다. 왕세손 시절 자신을 죽이려고 밤마다 날뛰었으며, 국정을 대리청정하고 있던 아버지 사도세자를 무참히 죽인 임오년의 패역이 잘못된 것임을 주청하는 상소가 있을 때만이 단죄에 나섰다. 반드시 죄를 물어 심판하되 모두가 수긍하는 공공의 율법에 따랐다. 복수의 악순환을 완결 짓기 위한 관용과 화해를 염두에 둔 중단 없는 역사였다.

그렇다고 모든 게 당장 해결되었던 건 아니다. 왕의 길은 결코 순탄치 못했다. 그의 혁신경영 앞에 가장 먼저 주어진 미션은 어김없이 뒤따라온 역풍이었다. 즉위 첫해 동안에만 무려 일곱 번의 암살 위기를 가까스로 넘기면서, 일단 복수의 칼날을 거두어들이는 숨 고르기로 역풍을 잠재웠다. 복수의 단죄를 넘어 새로운 길 찾기에 들어간 것이다.

물론 그쯤에서 끝낼 생각은 추호도 없었다. 보기에 따라서는 노론이 안심해도 좋을 만큼 더 이상의 복수극은 없을 것만 같았다. 하지만 그러기에는 가슴속에 맺힌 한이 너무나 절절했다. 비좁은 뒤주 안에 갇혀 굶어 죽어가는 아버지 사도세자를 속절없이 바라볼 수밖에 없었던 어린 정조의 상흔은 너무도 뼛속 깊었다.

다만 지금은 때가 아니라고 생각했다. 자신의 왕권이 보다 견고해질 때까지는 역량을 키울 수밖에 없다고 판단했다. 잠시 한걸음 물러섰을 따름이다. 아버지를 죽인 원수를 매일같이 눈앞에서 바라보면서도 정조는 다른 복수를 꿈꾸었다. 다른 복수란 판의 기세를 바꾸는 것이었다. 판의 기세를 바꾸는 꿈이란 다름 아닌 개혁이었다.

국정을 대리청정하던 왕세자를 뒤주 안에 가두어 굶겨죽이고, 궁궐에 무람없이 난입하여 국왕을 암살하려는 그들을 제거하지 않고서는 그 어떤 일도 불가능했다. 그들이 구축해놓은 노론의 세상을 개혁으로 바꾸지 않는 한 왕위는 물론 왕조의 미래조차 없다고 본 것이다.

[사진협조 : 수원화성박물관]

융복 차림의 정조 어진. 정조는 혁신경영, 개혁의 정점으로
수원화성 축성에 박차를 가한다.

정조는 이내 복수의 칼날을 거두어들이는 대신 개혁에 박차를 가했다. 암행어사 제도를 확대시켜 먼 곳의 백성들부터 보살피게 하는 마음경영을 하고, 서자 차별을 없애 벼슬에 등용시키는 인재경영을 하는가 하면, 노비 제도를 혁파한 혁신경영을 펼쳐나갔다. 또한 사법 제도를 정비하여 억울한 일이 생기지 않도록 감동경영을 하는 한편, 아무나 상업에

종사할 수 없도록 되어 있는 국시를 바꾸어 농토마저 없어 가난한 백성들에게 누구라도 마음 놓고 장사를 할 수 있도록 '통공정책'이라는 경제 민주화를 기하는 비전경영에 나섰다. 과감한 개혁을 통하여 그동안 소외받아왔던 세력을 끌어안은 것이다.

나아가 새로운 세력을 키워내는 데도 주력한다. 노론의 세력을 대체해야겠다고 결심한 것이다. '규장각'과 '장용영'의 설치가 그 같은 소산이었다.

먼저 규장각은 노론의 눈총을 피하기 위해 겉으로는 왕실도서관을 표방했다. 당론에 물들지 않은 신진 문신들을 양성해내어, 자신의 개혁 세력을 뒷받침하기 위해서였다.

장용영은 병권을 양성하기 위한 군영이었다. 처음에는 노론의 눈총을 피하기 위해 단순히 왕을 호위한다는 구실로 시작했다. 하지만 점차 조직을 확대시켜 하나의 군영軍營으로 키워나갔다.

장용영의 군영은 크게 내영內營과 외영外營으로 나뉘었다. 내영은 정조가 머무는 한성의 창덕궁에 주둔했으며, 외영은 수원의 화성에 주둔케 했다.

그러나 뭐니 해도 정조의 혁신경영과 개혁의 정점은 '수원화성'으로 모아졌다. 노론의 빗발치는 반대에도 무릅쓰고 마지막으로 개혁의 박차를 가한 것은 곧 수원화성의 축성이었다. 정치 체제에 대한 근본적인 기틀이 필요하다고 느낀 정조는, 사도세자의 능묘 이장과 더불어 천도마저 꿈꾸었다. 한성은 이미 노론이 지배하는 도읍이었기 때문에 새로운 도읍을 건설하기로 한 것이다.

노론이 가만 내버려 둘 리 만무했다. 도읍의 천도란 있을 수 없다는 결사불가의 원칙으로 맞섰다. 도읍을 천도한다는 소문으로 말미암아 도성 안의 민심이 흉흉하다는 구실을 내세워 번번이 정조의 개혁에 제동을 걸고 나섰다.

그때마다 정조는 수원화성으로 이장한 아버지 사도세자의 능묘를 참배하러 갈 뿐이라고 에둘렀다. 사도세자의 능묘를 이장한 그 이듬해(1790)부터 생애 마지막 해(1799)까지 해마다 거르지 않고 행차를 감행했다.

그러나 정조의 수원화성 행차는 단순히 참배만을 위한 것은 아니었다. 국왕의 행차를 따르는 군사만도 6천여 명이나 헤아렸다. 동원된 말만도 8백여 필에 달했다. 왕조 역사상 그 유례를 찾아볼 수 없을 만큼 장엄하기 이를 데 없는 꽤나 떠들썩한 행차였다. 백성들을 한자리에 불러 모으는 데 모자람이 없는 큰 구경거리였다. 왕권의 권위를 한껏 높일 수 있는 합법적인 행사인데다, 국왕이 백성들과 직접 대면하여 교감을 나눌 수 있는 절호의 기회이기도 했다. 또 그때마다 언제든지 천도가 가능한 수원화성과 더불어 국왕의 친위 부대인 장용영의 정예 군사가 그 위용을 과시하면서, 한성에 있는 노론의 세력들에겐 엄청난 위협이 아닐 수 없었다.

정조는 그렇듯 치미는 분노를 내면으로 고스란히 간직한 채 오랜 시간 인내해가며 때를 기다렸다. 자신의 왕권이 보다 견고해질 때까지 노론의 의혹을 피해가며 조심스럽게 힘을 길러나갔다.

그러기 위해서는 노론을 대신할 수 있는 정치 세력이 시급했다. 비록 지금은 노론을 등용할 수밖에 없는 처지라 하더라도, 그들과 맞서기 위해서는 장차 집권 세력을 대신할 수 있는 신진 정치 세력이 필요했다.

그들이 곧 노론의 반대 정파인 소수의 남인이었다. 아버지 사도세자를 추종했던 세력이다.

정조는 이렇듯 규장각을 통해 그 같은 신진 문신들을 길러내는 한편, 새 도읍으로의 수원화성을 축성하고, 아울러 자신의 친위 부대인 장용영을 길러나갔다. 그런가 하면 아버지 사도세자를 매개로 남인 정파와도 결합케 된다. 그토록 바라던 복수의 칼날을 다시금 빼어들 순간을 목전에 두고 있었다.

또 그러기 위해선 무엇보다 수원화성의 축성에 모든 승부수를 던져야 했다. 그야말로 자신만의 고뇌와 의지, 도전과 응전, 기대와 소망, 꿈의 비전에 사활을 걸지 않으면 안 되었다. 수원화성은 단순히 정조 때 축성된 것이 아니라, 정조에 의해서 축성된 것이라고 말하는 것도 바로 이런 이유에서였다.

리더십이란 혹독한 현실을 마주하고
그에 적합한 변화를 이끌어내는 데
사람들을 동원할 수 있는 역량이다.

− 하워드 가드너 −

제 3 장
정조, 수원화성의
CEO 리더십

- 수원화성 축성 당시의 세력 관계
- 피할 수 없는 미션, 수원화성의 축성
- 최고 경영자로서 정조의 리더십

수원화성 축성 당시의
세력 관계

24세에 왕위에 오른 정조는 비교적 준비된 국왕에 속했다. 어린 시절부터 유달리 총명했으며, 돌 즈음에 이미 글자를 능히 알고 네 살 땐 효경孝經을 배웠다. 수원화성을 축성할 무렵에는 이미 학문적으로 그 어떤 신하도 자신을 가르칠 수 없다고 자부할 지경에 이르렀다.

그러나 학식은 갖췄으되 정치는 일천했다. "동궁은 노론이나 소론에 대해서 알 필요가 없고, 이조판서나 병조판서를 누가 할 수 있는지 알 필요가 없으며, 나아가 조정 일에 대해서도 알 필요가 없다"고 노론이 왕세손(정조)의 대리청정을 가로막고 나섰을 적에도, 그런 노론의 세력에 비해 왕세손은 턱없이 약하기만 했다. 기껏 동궁 소속의 몇몇 관원들이 전부였다.

결국 정조가 선택할 수밖에 없었던 건 할아버지 영조가 구축해놓은 탕평책이었다. 당론을 인정치 않고 어느 당파에서건 뛰어난 인물을 중용한다는 것이었다. 하지만 영조 말기부턴 소론이 완전히 소탕되다시피 했기 때문에, 탕평론에도 불구하고 조정은 노론이 장악한 채였다. 사안에 따라 간혹 정조를 지지하기도 하는 소수의 중도 온건파와 사사건건 발목을 잡는 다수의 강경파로 나뉘어져 있을 따름이었다.

따라서 재위 20년이 되도록 정조와 노론 세력은 여전히 긴장의 관계였다. 수원화성을 축성하기 시작했을 때도 크게 다르지 않았다. 정조의 왕권 강화 의지는 분명했으나, 여전히 정적인 노론의 세력에 둘러싸여 있었다. 다음은 1795년 을묘년을 기준으로 정치적 입장에서 본 조정의 세력 관계이다.

● 홍낙성(77세) 영의정(정1품). 정조의 개혁정치에 일조를 한 대쪽 같은 성품의 충신. 예조판서 홍상한의 아들로 26세에 과거에 급제하여 여러 관직을 거쳤다. 왕세손인 어린 정조를 끌어내리기 위해 갖은 모함을 일삼던 화완옹주의 양자 정후겸 역시 홍낙성을 자신의 편에 끌어들이기 위해 애썼으나 끝내 뿌리쳤다. 마침내 정조가 왕위에 오르자 홍낙성을 주요 요직에 제수하면서 항상 곁에 두고 정사를 논했다. 좌의정을 거쳐 영의정에

[출처 : 국립중앙박물관]

대쪽 같은 성품으로 정조의 개혁정치에 일조한 충신, 홍낙성

오른 조정의 최고 원로대신.

●● 채제공(75세) 우의정(정1품). 중추부지사 채응일의 아들로, 23세에 과거에 급제하여 도승지가 된 채제공은 영조가 아들 사도세자를 폐위하려 하자 목숨을 내걸고 주청하지만 끝내 뜻을 이루지 못한다. 그 후 주요 관직을 역임하다, 마침내 왕세손이었던 정조의 빈객이 되면서 정치적 스승이자 신하로 의기투합한다. 좌의정에 제수된 이듬해(1794)에 사도세자를 음해한 무리를 토역해야 한다는 주장을 펼쳤다. 특히 노론의 정치 자금줄이 되고 있는 정경유착의 고리를 끊어야 가난한 백성들을 구원할 수 있다며 종루 육의전의 특권인 금난전권을 철폐하는 데 정조와 함께 앞장서, 마침내 1791년 백성이라면 누구나 장사를 할 수 있도록 하는 신해통공을 관철시킨다. 노론 정파에 맞선 남인 정파의 영수로 정조와 운명을 같이 한다.

●● 유언호(65세) 좌의정(정1품). 31세에 장원 급제하여 출사한, 노론의 온건파에 속한다. 하지만 정조의 개혁정치가 옳다고 판단하여 정조의 정책기구인 규장각 직제학(종2품)에 올라 개혁정치를 펼칠 수 있도록 보좌하기도 했다.

●● 김종수(67세) 봉조하奉朝賀(전직 고관대작을 예우하여 퇴직한 뒤에 특별히 내린 벼슬). 노론의 명문가에서 태어났다. 사도세자의 정적이었던 영의정 김상로와 우의정 김익로가 그의 재종조부였다. 38세에 음서로 출사하여, 당시 왕세손이었던 정조를 보필하였다. 왕세손 시절 정조의 사부로서 당론에 반하여 왕세손을 옹호하였으며, 정조 즉위 이후 이조와 병조판서를 거쳐 우의정과 좌의정

에 이르렀다. 노론의 강경파였던 선조들과는 노선을 달리하여 당숙 김치인과 함께 노론의 온건파를 이끌었다.

● 정존겸(73세) 영의정 출신 원로대신의 봉조하로 심환지와 함께 노론 정파를 이끄는 영수. 30세에 과거에 급제하여 조정의 요직을 두루 거쳐 이조판서에 올랐다. 정조가 왕위에 오른 뒤에도 영조와 경종의 실록을 편찬하는 실록청 총재관에 이어 우의정과 영의정에 제수된다. 심환지와 달리 노론 온건파를 이끄는 영수이긴 하나 정조의 화성 행차에는 반대 입장을 분명히 나타낸다.

● 심환지(65세) 병조판서(정2품). 노론의 새로운 영수. 영의정 심진의 아들로 비교적 늦은 나이(41살)에 과거에 급제하여 여러 관직을 거쳤다. 매사에 철두철미하고 격렬한 논쟁을 좋아했다. 특히 그는 왕세손인 어린 정조를 견제하던 정순왕후의 오빠 김귀주와 어울려 정조와 일찍부터 앙숙 관계였다. 정조가 즉위한 후 홍문관 부수찬(종6품)에 임명되었으나, 정조의 정책에 성리학적 대의명분을 내세워 사사건건 제동을 걸다 수차례 유배를 가기도 한 강경파다. 병조판서, 형조판서, 이조판서, 우의정, 좌의정, 영의정까지 오른 노론 벽파(강경파)의 영수. 천주교 박해에 나서 이가환과 이승훈을 탄핵하고, 남인 정파의 영수인 영의정 채제공을 성리학적 이치에 벗어난 이단이라고 몰아 세웠다. 정조 사후에 정조가 추진한 개혁정치를 모조리 백지화시키는 한편, 천주교 탄압을 빌미 삼아 남인 정파와 함께 온건 세력인 노론 시파를 숙청하는 피바람을 일으킨다. 정조의 최대 정적.

●● 이재학(50세) 형조판서(정2품). 예조판서 이승우의 아들로 26세에 과거에 급제하여 여러 관직을 거쳐 참의(정3품), 참판(종2품), 전라도 관찰사(종2품)를 이어 형조판서에 올랐다. 항상 정좌한 채 독서를 그치지 않은 올곧은 선비의 삶을 살았다. 노론 온건파.

●● 민종현(60세) 예조판서(정2품). 21세에 과거에 급제하여 정조 때 우부승지로 〈국조보감〉을 찬집하였으며, 성균관 대사성(정3품), 형조참판, 대사헌(정2품), 이조판서와 평안도 관찰사를 거쳤다. 의금부사로 있을때 정호인을 석방시키라는 정조의 어명이 부당하다 하여 철회할 것을 상소하기도 한 노론 강경파.

●● 윤시동(66세) 이조판서(정2품). 예조판서 윤세기의 증손. 25세에 과거에 급제하여 제주 목사(정3품), 대사간(종3품)에 제수되었다. 대사간으로 있을 때 사도세자의 죽음에 동조했던 신회의 양자 신광집의 무죄를 주장하기도 한 노론 강경파. 대사헌과 우의정을 역임하면서 당시 정조와 정치적으로 번번이 대척점에 서게 된다.

●● 이가환(53세) 공조판서(정2품). 조선 후기 실학을 집대성하여 정약용 등에게 영향을 끼친 성호星湖 이익의 증손. 우리나라 최초로 천주교 세례를 받은 이승훈의 외숙으로, 1776년 정조 즉위 당시 연거푸 세 번이나 장원 급제를 하면서 두각을 나타냈다. 당대에 덕망 높은 학자이자 채제공의 후계자로 남인 정파의 중심 인물로 떠오른다. 정약용의 추천으로 이가환을 알게 된 정조는, 그의 뛰어난 학식과 재능에 감복하여 '깊은 골짜기에서 자랐지만, 스스로 높

이 솟구쳐 오른 큰 나무'라고 비유하며 중용했다. 하지만 노론의 견제가 만만치 않았다. 공조판서, 형조판서에 올랐지만, 1795년 주진모 신부 입국 사건에 연루돼 충주 목사로 좌천된 후 파직되었다. 정조 사후 신유박해 당시 이승훈과 함께 그만 옥사당하고 말았다.

● 이시수(50세) 호조판서(정2품). 좌의정 이복원의 아들로 26세에 과거에 급제하여 여러 관직을 거쳐 병조판서, 호조판서, 이조판서에 이어 우의정에까지 제수된다. 정조 사후 영의정에 오른 노론 강경파.

● 이병모(53세) 32세에 과거에 급제한 뒤 당시로선 이례적으로 곧장 규장각 직각(종6품)으로 관직을 시작하여, 암행어사를 거쳤다. 정조는 왕세손 시절부터 그를 눈여겨보았다. 그러다 왕위에 오르자 사도세자의 죽음을 방관한 김상로의 죄를 탄핵하는 상소를 올린 그에게 대사간, 이조참의, 경상도 관찰사에 이어 좌의정까지 제수했다. 정조의 화성행차 때에는 판부사(정1품)로 행차를 관장하기도 한다. 노론 온건파.

● 정순왕후(50세) 정조의 할아버지인 영조가 66세일 때, 당시 노론의 핵심 인물이었던 김한구의 15세였던 어린 딸인 정순왕후를 계비로 맞아들이면서 영조의 왕비가 되었다. 정조가 죽은 뒤 어린 순조가 즉위하자 궁궐의 관례에 따라 수렴청정하면서, 노론과 손을 잡고 신유사옥의 피바람을 불러일으켰다. 정조의 개혁을 전면 백지화하고, 반대 정파인 남인을 대거 숙청시키면서, 세도정치를 연 장본인이다.

●● **정약용**(33세) 병조참의(정3품). 어릴 적부터 책 읽기를 좋아하여 이미 4세에 천자문을 읽었으며, 10세에 자신이 지은 시를 모아 〈삼미집三眉集〉을 펴낼 만큼 문장이 뛰어났다. 28세에 과거에 2등으로 급제하여 정조의 두터운 신임 속에 승승장구한다. 특히 박지원, 박제가, 이덕무 등과 함께 규장각 편찬사업에도 참여하였던 그는, 백성을 중심으로 한 민본주의적 실학사상을 실현하고자 하였던 자신의 의지가 정조의 뜻과 일치하면서 정조의 개혁 정치에 적극 가담케 된다. 정조의 수원화성 행차 때 한강의 배다리부터 수원화성의 성재와 기중가起重架를 설계해내는 한편, 정조의 수원화성 행차를 저지하려는 노론의 은밀한 음모를 돌파해낸다. 그러나 정조가 갑자기 세상을 뜨면서 이후 18년

[**축성 당시의 세력관계도**]

개혁 세력	중도 세력	노론 세력
정조(국왕)	홍낙성(영의정)	정순왕후(영조의 계비)
채제공(우의정)	유언호(좌의정)	정존겸(봉조하)
이가환(공조판서)	이병모(판부사)	심환지(병조판서)
정약용(병조참의)	이재학(형조판서)	민종현(예조판서)
조심태(수원 유수)	김종수(봉조하)	윤시동(이조판서)
		이시수(호조판서)

여 동안 기나긴 유배생활을 하게 된다. 어려운 유배 생활 속에서도 〈목민심서〉,
〈흠흠신서〉, 〈경세유표〉 등 모두 499권에 이르는 방대한 양의 저서를 남긴 조
선 실학의 최고봉으로 꼽힌다.

● 조심태(55세) 수원 유수(정2품). 통제사 조경의 아들로 태어났다. 무과에
급제하여 충청도 병마절도사(종2품), 3도 수군통제사, 좌포도대장을 거쳐 수원
부사로 임명되면서 정조와 깊은 인연을 맺게 된다. 수원화성 축성의 현장 책
임자로 큰 공적을 남긴 뒤 한성부 판윤(정2품), 형조판서 등을 지낸 정조의 충
신이다.

피할 수 없는 미션, 수원화성의 축성

창업創業과 수성守成은 어느 쪽이 더 어려운 것일까? 당나라 태종이 재위 10년째 되던 해 주위에 있는 신하들을 보고 물었다.

"제왕의 사업에 있어서 처음 창업하는 것과 그 일을 지키는 것 가운데 과연 어느 것이 더 어려운가?"

상서성尙書省의 차관 방현령이 대답했다.

"천하가 혼란스러워지면 영웅들이 다투어 일어나겠지만, 쳐부수면 투항하고, 싸워 이기면 제압할 수 있습니다. 이런 관점에서 보면, 창업이 더 어려울 것 같습니다."

그러자 이어 간의대부諫議大夫 위징이 대답했다.

"제왕이 군사를 일으키는 것은 반드시 세상이 혼란스러워진 뒤의 일입니다. 또 그런 혼란을 제거하고 흉악한 폭도들을 진압하면 백성들은 제왕을 기꺼이 추대하고, 천하의 인심이 제왕에게로 돌아옵니다. 이렇듯 창업은 하늘이 주고 백성들이 받드는 것이기 때문에 어려운 것이라 할 수 없습니다. 그러나 일단 천하를 얻은 뒤에는 마음이 교만해지고 음란한 데로 달려가게 됩니다. 백성들은 편안한 휴식을 원하건만 각종 부역은 끝이 없고, 백성들은 잠시도 쉴 틈이 없는데도 사치스러운 일은 오히려 그칠 줄 모릅니다. 국가가 쇠락해지고 황폐해지는 것은 언제나 이로부터 발생합니다. 이런 점에서 본다면, 이미 세운 창업을 수성하는 일이 더욱 어렵다고 말할 수 있을 것입니다."

태종이 말했다.

"방현령은 과거 나를 따라 천하를 평정하면서 갖은 고생을 다하며 구사일생으로 요행히 생명을 부지하였기 때문에 창업의 어려움을 아는 것이오. 위징은 나와 함께 천하를 경영하면서 교만하고 음란한 병폐가 발생하는 조짐을 걱정하며, 이것은 곧 위태롭고 멸망의 길로 가는 것이기 때문에 이미 이룩한 창업을 수성하기가 더 어렵다고 생각한 것이오. 그러나 이제 창업의 어려움은 이미 지난 과거가 되었고, 기왕에 세워진 제왕의 사업을 수성하는 어려움만이 남았을 뿐이오."

정조 또한 다르지 않았다. 천신만고 끝에 왕위에 올라 창업의 어려움은 지난 과거가 되었다 하더라도, 궁궐에 무람없이 난입하여 국왕인 자신을 암살하려는 정적들에 둘러싸여 당장 수성의 어려움에 직면하지 않으면 안 되었다.

더구나 창업도 어렵긴 하지만 그 어려움이란 양성陽性이다. 외부로 드러나 보이는 어려움이다. 창업은 결과가 뚜렷한 어려움이기에 부단히 노력하면 성과가 눈에 보인다.

하지만 수성의 어려움은 음성陰性에 있다. 겉으로 드러나 보이지 않는 어려움일 뿐더러, 그런 과정에 힘겨운 일들이 연속적으로 출현한다. 힘겨운 일들을 끈기 있게 해결해낸다 할지라도 눈에 보이는 성과로 나타나지 않는다. 그렇다고 방심할 수도 없는 것이 수성이다.

때문에 정조는 왕위에 오르자마자 수성을 생각하지 않으면 안 되었다. '자신과 같은 처지의 선왕(연산군)이 왜 수성에 성공하지 못했는지, 어떻게 하면 그 같은 전철을 밟지 않을 수 있는지' 하는 문제의식을 항상 가져야 했다.

정조의 고뇌는 깊어만 갔다. 편안히 쉬는 바가 없고, 물러가 자취를 감출 수도 없었다. 결국 그가 들고 나온 건 선왕(연산군)과는 다른 복수, 다름 아닌 개혁이었다.

국정을 대리청정하던 왕세자를 뒤주 안에 가두어 굶겨죽이고, 궁궐에 무람없이 난입하여 국왕을 암살하려는 그들을 제거하지 않고서는 그 어떤 일도 불가능했다. 그들이 구축해놓은 세상을 개혁으로 바꾸지 않는 한 왕위는 물론 왕조의 미래조차 없었던 것이다.

수원화성의 축성은 그 같은 노론의 세상을 바꾸는 개혁의 정점이었다. 오랫동안 꿈꾸어왔던 분명하고 강력한 목적을 가진 비전이었다. 결코 피할 수 없는 미션이었던 것이다.

물론 반대의 목청이 드높으리라는 건 불을 보듯했다. 반대의 목청을 잠재울 수 있는 전략을 당장 찾아야 했다. 적벽대전에서 천하 제패를 꿈꾸는 야심만만한 조조의 백만 대군을 맞아, 누구도 생각지 못한 제갈량의 '화공火攻 전략' 과도 같은 남다른 전략을 내놓지 않으면 안 되었다.

그러나 뿌리깊은 나무는 바람에 쉽게 흔들리지 않는다. 정조는 "나에게 생각이 있다"고 말한다. 수원화성을 축성하기 위한 준비가 오래 전부터 있어왔음을 알 수 있게 한 것이다.

또 그 같은 준비는 노론에 의해 비참한 최후를 마친 아버지 사도세자를 참배하는 것으로부터 시작된다. 노론의 입장에서 볼 때에도 차마 막을 수가 없는 명분이었다.

사도세자의 묘 영우원永祐園은 지금의 서울 청량리 근처에 있었다. 정조는 해마다 4월이면 한 번도 거르는 법이 없이 영우원에 전배하고, 경우에 따라서는 그곳에서 하룻밤을 지내고 오기도 했다. 정조는 다음 수순으로 이 영우원을 천장遷葬할 생각이었다.

하지만 노론의 눈총을 피하기 위해선 분위기가 무르익을 때까지 인내해야 했다. 왕권의 기틀이 다져질 때까지는 조금 더 명분 축적이 필요했던 것이다.

정조 재위 13년, 금성위錦城尉 박명원의 상소가 신호탄이었다. 정조는 기다렸다는 듯이 천장을 기정사실화한다. 노론은 긴장하고 나섰으나, 국왕이 아버지의 묘소를 보다 나은 길지로 옮기겠다는 데 반대할 명분이 없었다. 정조는 여기서 한 발 더 나간다. 윤선도의 글을 인용하면서 스스로 길지를 수원으로 정했다. 누구도 거역할 수 없는 풍수지리에 따른 것이다.

"수원의 묏자리에 대한 논의

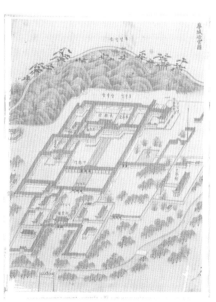

[출처 : 국립중앙박물관]

화성원행의궤도에 남아있는 화성행궁 전도

는 기해년 〈영릉의궤〉에 실려 있는 윤강, 유계, 윤선도 등의 여러 사람과 홍여박, 반호의 등 술사들의 말에서도 알 수 있다. 그러나 그 시말로 말하면 윤강의 장계狀啓와 윤선도의 문집 중에 실려 있는 산릉의山陵議 및 여총호사서與摠護使書보다 자세한 것은 없다. 내가 수원에 뜻을 둔 것이 이미 오래여서 널리 상고하고 자세히 살핀 것이 벌써 몇 년인지 모른다."

묘소를 옮기는 작업은 곧바로 시행되었다. 같은 해 9월 말에 벌써 마무리되었다. 묘소의 이름도 영우원에서 현륭원으로 바뀌었다.

10월 초엔 정조가 탄 어가가 현륭원에 닿았다. 정조는 새로 단장한 아버지 사도세자의 묘소 앞에 엎드려 큰절을 올렸다. 비참하게 죽어간 부친을 생각하며 비통하게 눈물을 흘렸다.

[출처 : 국립중앙박물관]

정조가 어머니 혜경궁 홍씨의 회갑을 기념하여 아버지 사도세자의 원소 현륭원에 행차하는 모습을 그린 화성원행의궤도 현륭원은 수원읍의 관아 바로 뒤쪽에 자리 잡았다. 묘소 앞에는 재실이나 전사청 등 제사와 관련된 여러 건물이 들어서기 마련인데, 현륭원의 경우에는 수원읍의 관아 건물을 그대로 사용할 수밖에 없었다.

결국 고을 중심부에 현륭원이 들어서면서 수원읍은 다른 곳으로 장소를 옮기지 않으면 안 되었다. 자연스럽게 수원읍의 신도시 건설이 도마 위에 올랐다. 이번에도 노론은 긴장했다. 경계의 눈초리를 보냈으나 상황이 그쯤 되자 더는 어쩌지 못했다.

정조로선 오랫동안 꿈꾸어왔던 개혁에 박차를 가할 수 있는 절호의 기회였다. 노론이 지배하고 있는 도읍 한성이 아닌, 새로운 도읍으로의 수원화성을 축성할 수 있는 명분을 가질 수 있게 되었다. 지금까지의 개혁이 국가 경영자로서의 리더십이었다면, 이 시기를 기점으로 그의 개혁은 가치 창조자로서의 새로운 리더십이어야만 했다.

여기서 정조는 다시 한 번 자신에게 생각이 있다고 말한다. 좋은 것good을 넘어 위대함great을 획득하는 낯선 도전에 들어간다.

MIT 경영대학원 교수팀에서 발표한 '훌륭한 리더십의 주요 요소 4가지'는 맥락 파악sense making, 비전 제시visioning, 관계 맺기relating, 방법 도출inventing 이라고 한다. 이는 다음과 같이 설명할 수 있다.

맥락 파악은, 앞서 설명한 것처럼 노론이 지배하고 있는 세상을 바꾸기 위한 개혁이며 새로운 도읍의 필요성이다. 노론의 반대를 아버지 사도세자의 묘소를 천장하는 것으로 물꼬를 튼다. 비전 제시는, 아버지 사도세자의 묘소를 천장하는 명분을 내세워 노론의 반대를 넘어 수원화성의 축성에 돌입한 것이다.

관계 맺기는, 리더 혼자서 모든 일을 다 할 수는 없기 때문에 반드시 필요하다. 원대한 비전과 치밀한 준비, 그리고 이를 뒷받침할 수 있는 국왕 자신의 굳건한 의지와 노련한 리더십이 조화를 이룬다 할지라도 프로젝트를 추진할 수 있는 현실세력이 뒤따라 주어야 한다. 따라서 국왕은 용인에 뛰어나지 않으면 안 된다. 천하 인재를 적재적소에 경영하는 것이야말로 제왕의 대도大道다. 인재를 알아보는 것, 인재를 선택하는 것, 인재를 가늠하여 기용하는 것 등의 관계 맺기에 나서게 된다.

이를 위해 정조는 스스로 최고 경영자Sponsor임을 자처한다. 자신과 뜻을 같이 하는 우의정 채제공을 고급 관리자Project Director로, 병조참의 정약용을 프로젝트 설계자Planner로, 수원 유수 조심태를 현장 책임자Project Manager로 각기 역할을 분담시켜 권한을 위임한다.

이제 마지막으로 실행을 위한 방법 도출만을 남겨두었다. 각기 역할을 분담시켜 관계를 맺은 계층별 리더들과의 조율이나 동력도 중요해졌다. 일반 백성들로부터 지지를 얻어내는 것은 물론이고, 여전히 상존하는 노론의 반대를 뚫고 막대한 축성 비용을 마련하는 문제 또한 반드시 해결해야 할 과제였다. 최고 경영자로서 정조는 산적한 문제 해결의 한복판에 서게 되었다. 더욱이 그 같은 문제 해결을 위한 방법 도출의 승패는 오직 그의 리더십에 달려있었던 것이다.

[수원화성 축성 주역 4인의 역할 관계도]

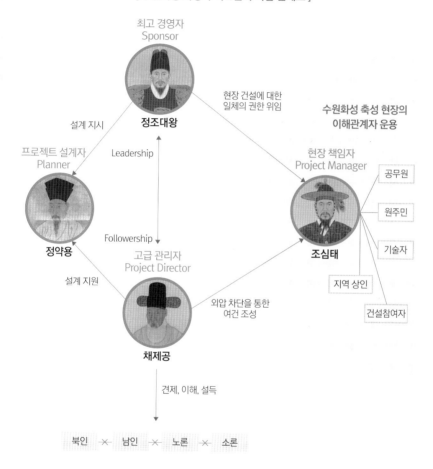

최고 경영자
Sponsor

정조대왕

현장 건설에 대한
일체의 권한 위임

수원화성 축성 현장의
이해관계자 운용

설계 지시

프로젝트 설계자
Planner

Leadership

현장 책임자
Project Manager

공무원

원주민

기술자

정약용

Followership

조심태

지역 상인

건설참여자

설계 지원

고급 관리자
Project Director

외압 차단을 통한
여건 조성

채제공

견제, 이해, 설득

북인 ✳ 남인 ✳ 노론 ✳ 소론

최고 경영자로서
정조의 리더십

천신만고 끝에 왕위에 올랐으나 아버지를 죽인 정적을 모두 다 내칠 수 없었던 정조는, 그들과 매일같이 머리를 맞대고 앉아 국정을 이끌어나갈 수밖에 없었다. 따라서 노론이 지배하는 한성에서는 왕권 중심의 새로운 개혁 정책을 펴나가는 데 한계를 보일 수밖에 없었다. 정조는 이를 극복하기 위한 중요 동력으로 수원화성 프로젝트를 추진하게 된다.

다시 말해 수원화성 신도시 건설에 따른 정조의 정치적 목적은 강력한 왕권 구축에 있었던 것이다. 그동안의 탕평 정책으로 노론 중심이 아닌 소론과 남인 정파에게도 기회를 부여해 권력 구도를 개혁한 데 이어, 그 다음 단계로 신도시 수원의 화성 건설을 통하여 왕권 강화를 실현하고자 했다.

말할 나위도 없이 18세기 정치에도 돈의 지배력은 컸다. 노론과 깊숙이 결탁되어 있는 한성의 육의전에 대항할 수 있는 새로운 상권의 거점 역시 수원의 화성이었다. 한성 남쪽의 교통 요지에 상업이 발달하고 경제적으로 부강한 신도시를 건설하여, 자신의 친위 군사력을 키우고 측근을 길러내는 데 필요한 자금을 조달하는 등 그 배후 도시로 조성하고자 한 것이다.

정조는 이처럼 자신이 추진한 개혁의 총결산으로써 수원화성 축성에 집중했다. 수원화성을 군사적 기능뿐 아니라, 자신이 개혁을 통하여 얻어진 결과를 시험하는 요충지로 삼고자 했다. 그랬던 만큼 자신의 측근을 대거 투입하여 철저한 계획 속에 자급자족이 가능할 뿐 아니라 나아가 국제적 무역도시의 역할도 가능한 수원의 모습을 꿈꾸었다. 요컨대 수원화성 축성은 곧 정조 개혁의 총아였던 셈이다.

그러나 반대 정파가 순순히 따라줄리 만무했다. 그의 저의를 처음부터 꿰뚫어본 노론의 견제와 반대가 엄청났다. 따라서 수원화성 축성에 임하는 정조의 리더십은 곧 투쟁이었다. 노론의 강고한 벽을 뚫을 수 있는 남다른 것이 아니면 안 되었다. 최고 경영자이자 비전 제시자로서 정조가 보인 리더십은 대략 다음의 일곱 가지로 요약해볼 수 있다.

수원화성, 정조가 꿈꾸던 새로운 세상

정조가 즉위한 이후 첫 일성은 '나는 사도세자의 아들이니라'였다. 14년 전에 비참히 죽어간 아버지 사도세자의 복수를 분명히 속다짐한 것이다.

그러나 정조는 치미는 분노를 직접 분출시키거나 전면에 나서 무차별적 복수의 칼날을 휘두르는 대신에 왕의 길을 간다. 오직 상소에 의해 공론화하고 율법에 따라 처단해 나간다. 무차별적 피의 복수극이 아니었다. 공공의 율법에 따라 그들의 과오를 차근차근 물어나가는 단죄였다.

한데도 반대 세력의 역풍이 거셌다. 즉위 10년이 넘도록 각종 역모와 반란이 끊이지 않았다. 정조 또한 그 점을 간과하지 않았다. 속도 조절의 필요성을 잊지 않았다. 이제 겨우 복수의 칼날을 빼어들었을 따름이지만, 그쯤에서 애써 거두어들이고 만다.

대신 '자신에게 생각이 있다'고 말한다. 전략적 사고에 들어간 것이다. 예컨대 자신의 왕권이 신권을 제어할 수 있을 만큼 충분한 역량이 길러질 때까진 다시 한걸음 물러서는 숨고르기에 들어갔다. 인내의 시간 속에서 반드시 단죄하여 미션을 완성지어 나가되, 관용과 화해를 염두에 둠으로써 중단 없는 역사를 이어나가는 왕도를 택한다.

그것은 다름 아닌 개혁이었다. 정조가 꿈꾸었던 새로운 세상이었다. 겉으로는 왕실의 도서관을 표명한 채 규장각에서 신진 세력을 길러내는가 하면 노론이 아닌 남인 정파의 채제공을 우의정에 제수하기까지, 오랜 인내와 전략적 사고에 따른 왕도였다. 그렇듯 한꺼번에 쏟아내는 것이 아니라, 하나의 개혁을 이루면 다시 그 위에서 또 다른 개혁을 이뤄나가는 행보였다.

재위 14년 만에 아버지 사도세자의 묘소를 수원으로 천장한데 이어, 수원의 화성 축성은 그야말로 개혁의 정점이었다. 노론의 반대마저 무력하게 만드는 새로운 비전 제시였다.

하기는 국정을 대리청정하던 왕세자를 뒤주 안에 가두어 굶겨죽이고, 궁궐에 무람없이 난입하여 국왕을 암살하려는 그들을 제거하지 않고서는 그 어떤 일도 불가능했다. 그들이 구축해놓은 세상을 개혁으로 바꾸지 않는 한 왕위는 물론 왕조의 미래조차 불투명했다.

수원화성의 축성은 그 같은 노론의 세상을 바꾸는 개혁의 정점이었다. 오랫동안 그가 꿈꾸어왔던 분명하고 강력한 목적을 가진 비전 제시였다.

정조는 이같이 새로운 조선왕조의 미래를 꿈꾸며 수원화성을 계획하게 된다. 수원화성은 지리적으로 한성의 중요한 길목에 자리하고 있어 전라도, 충청도, 경상도를 잇는 삼남의 교통 요지였다. 그런 수원에 신도시를 건설한다는 것은 도읍 한성을 적으로부터 방어하기 쉽고, 늘어나는 한성의 인구를 분산시킬 수도 있으며, 상업과 유통의 중심이 되어 국제 무역 도시로 발돋움할 수 있음을 의미했다. 또한 최고의 군사를 화성에 배치하여 전국에서 가장 중요한 요충지로 자리매김하게 되기를 바랐다.

수원화성 축성 4인방의 탄생

새로운 조선왕조의 미래를 꿈꾸며 개혁의 총아로서 수원화성을 축성하기 위해서는 국왕의 의지만으로는 부족했다. 리더 혼자서 그 같은 모든 일을 다 할 수는 없었다. 원대한 비전과 치밀한 준비, 그리고 이를 뒷받침할 수 있는 국왕 자신의 굳건한 의지와 노련한 리더십이 조화를 이룬다 할지라도 프로젝트를 추진할 수 있는 현실 세력이 뒤따라주어야 했다.

따라서 국왕은 용인에 뛰어나지 않으면 안 된다. 천하 인재를 적재적소에 경영하는 것이야말로 왕도다. 인재를 알아보고 선택하고 인재를 가늠하여 기용하는, 관계 맺기에 나서게 된다.

이를 위해 정조는 스스로 최고 경영자Sponsor를 자처한다. 이어 수원화성 축성에 필요한 주요 인재들에 대한 역할을 각기 분담시키고 권한을 위임했다.

먼저 자신의 측근 채제공을 화성 유수에 이어 영의정에 제수하여 화성 축성의 구상을 구체화한 데 이어, 프로젝트의 고급 관리자Project Director로 내세운

다. 그가 올린 '축성 방략'에 대해 다음과 같이 치하하며 화성 축성을 독려했다.

"경이 올린 축성 방략을 보니 늙은 재상의 정신을 쓴 것이 마음에 감동되었소. 백리를 가고자 할 때 십리가 절반이라고 말하지 않던가. 이것이 바로 시작이 반이라는 것이오."

수원화성을 설계하는 무거운 중책으로의 프로젝트 설계자Planner는 성을 쌓아본 경험도, 전쟁의 경험도 없는 31세의 정약용을 발탁한다. 일찍부터 새로운 과학 기술을 많이 접해 본 정약용이 적임이라고 판단한 것이다. 정약용은 우리 성의 장단점을 연구하고 중국성, 일본성의 장점도 받아들여 수원화성을 첨단 읍성으로 축성해낸다. 뿐만 아니라 서양의 과학 기술책도 응용하여 정조의 기대에 부응했다.

마지막으로 현장 책임자Project Manager는 수원 유수 조심태 장군이 맡아서 진행했다. 정조는 축성을 하는 데 소요되는 막대한 비용과 석재의 조달 등을 수원 지역에 대해 훤히 꿰고 있는 조심태에게 의견을 구하다 아예 그를 수원 유수로 제수했다. 초대 채제공에 이어 수원 유수로 제수된 조심태는 화성 축성과 관련된 모든 현장 실무를 진행하게 되었다. 이후에도 정조는 성터잡기에서부터 각종 시설물 등의 성제, 화성 인근 고등동洞 앞에 펼쳐진 둔전屯田의 경영은 물론 장용영의 설치 등과 같은 현장의 실무적인 중요한 일을 그와 상의하여 결정케 된다.

백성을 위한 정치를 펴다

정조는 왕위에 오르자마자 전국의 구석구석에 암행어사를 파견하여 흩어진 민심을 끌어안는 데 주력했다. 암행어사를 파견하면서 당부하던 그의 육성은 오로지 백성을 생각하는 마음이었다.

"혹시라도 백성을 감싸 보호해야 할 수령이 제 역할을 하지 못한다면 가난한 시골 백성들이 어느 누구에게 시름과 원망을 호소하겠는가? 그리하여 내 그대를 어사로 보낸다. 그대는 지극한 뜻에 따라 수고를 아끼지 마라. 굶주린 백성들 틈에 몸을 숨겨 수령의 성실함과 허위를 탐지하고, 외진 마을로 몰래 들어가 백성들의 숨은 고통을 알아내라. 잘한 자는 상을 주고 못한 자는 벌을 주는 일을 곧 거울과 저울대처럼 공평하게 시행하고, 선한자는 표창하고 악한 자는 징계하는 일은 해와 달이 대지를 비추듯이 치우침이 없게 거행하라. 왕명을 받은 어사로서 위엄을 지키되 매섭게 굴지 말고, 은혜를 베풀되 나약하게 만들지 마라. 그리하여 조정에 제대로 된 사람이 있음을 그 지역이 알 수 있게끔 만들라. 이 지시를 하나라도 거스르면 마땅한 형벌을 곧바로 내리되, 어디 수치심을 느끼게 하는 정도에 그치겠는가? 번거롭고 자질구레한 것은 빼놓고 마땅히 해야 할 갖가지 일을 따로 적어 두었으니, 그대는 명심하도록 하라!"

또 어느 해인가는 억수 같은 장대비가 달포나 지나도록 그치지 않고 길어져 곳곳에서 재해가 발생했다. 그러자 정조는 자신의 침전에 커다란 전도를 내걸었다. 침전의 동쪽과 서쪽 벽면에 재해를 입은 각 지역을 상·중·하 세 등급으로 나누어 고을의 이름과 수령의 성명, 세금의 경감과 구휼에 관련된 각각의 조목을 써놓았다. 그런 다음 한 가지 업무가 처리될 때마다 그 위에 친히 기록해 나갔다. 그러면서 대신들을 돌아보며 일렀다.

"백성들이 배가 고프면 나 또한 배가 고프오. 백성들이 배가 부르면 나 역시 배가 부르오. 가난한 백성들을 결코 눈물짓게 해서는 아니 되오. 더구나 재해를 구하고 피해를 입은 백성을 돌보는 것은 특히 그 시기를 놓치지 않도록 서둘러야 할 것이오. 이것은 백성들의 목숨이 달려있는 사안이므로 잠시라도 머뭇거려서는 아니 되오. 오늘 한 가지 업무를 보고 내일 또 한 가지 과제를 처리한다면, 비록 지금 어려운 처지에 놓여 있는 백성들이라도 힘을 얻지 않겠소? 그런 뒤라야 비로소 내 마음도 편안할 수 있을 것이오."

백성들을 위한 정조의 애민정치는 결과적으로 얼어붙은 민심을 녹여냈다. 그 같은 민심은 정조가 개혁의 총아로 수원화성을 축성하고 나섰을 때 극명하게 나타났다.

화성을 쌓는다는 소식이 알려지자 전국에서 사람들이 몰려들었다. 22가지 직종의 1,800여 명의 장인들과 일반 백성들이 찾았는데, 전에 볼 수 없는 현상이었다.

정조 역시 그들의 가상함을 외면하지 않았다. 나랏일을 할 때면 으레 품삯이라곤 없는 강제 동원의 부역이 고작이었으나, 정조는 그들에게 하루의 일이 끝날 때마다 품삯을 지불했다. 자신들이 일한 만큼 품삯을 받을 수 있도록 조치한 것이다. 또 정조는 모두 11차례에 걸쳐 장인과 일꾼들에게 호궤를 내렸다. 호궤란 군사들에게 음식을 베푸는 행사이다.

공사가 시작된 첫해 여름은 유난히 무더웠다. 정조는 무더위에도 공사에 힘쓰는 장인들에게 특별히 물품을 하사했다. 더위를 먹은 일꾼이나 더위에 몸이 기진한 일꾼들을 위해 처방한 알약 척서단滌暑丹 4천 알을 고루 나눠주었다.

겨울이 다가오자 추위를 막아줄 털모자와 무명이 화성에 도착했다. 당시만 해도 털모자와 귀마개는 당상관(정3품) 이상의 고관대작들만 착용할 수 있었던 것인데, 정조는 추운 날씨에 언 손을 비벼가며 애쓰고 있을 일꾼들을 더 걱정했던 것이다.

그런가 하면 화성의 전체 길이는 3,600보步(약 4.24km)였다. 이를 위해서는 어쩔 수 없이 일부 민가를 헐어내야 했다. 이 소식을 전해 들은 정조가 세 번을 구부렸다 펴는 한이 있더라도 민가를 함부로 허물지 말라 일러 당초 길이보다 훨씬 더 늘어난 5.7km로 최종 축성되었다.

정조의 백성 사랑은 수원화성의 축성이 완공된 이후에도 변함이 없었다. 그가 세상을 뜰 때까지 10년 동안 모두 10차례에 걸쳐 화성 행차를 거행했다. 한데 국왕의 행차가 있을 때면 지금까지는 집 밖으로 끌려나오되, 그저 얼굴을 땅바닥에 박고 넙죽 엎드려 있어야만 했다. 그렇지 않고 혹여 얼굴이라도 들었다간 죽임을 당할 수도 있었다.

하지만 정조는 자신의 행차가 백성들에게 고통이 아닌 행복한 행차가 될 수 있기를 바랐다. 그래서 모두가 나와 왕의 행차를 관광觀光(관광 = 빛을 보다 = 왕을 보다)으로 할 수 있도록 했다.

정조는 또 향교 참배와 지역 인재의 등용에도 관심을 두었다. 학문을 사랑하는 정신과 조선 문화의 발전 의지를 나타내기 위해 공자를 기리는 향교를 참배하였을 뿐더러, 화성 행궁의 우화권에서 문과를, 낙남헌에서는 무과 특별시를 실시하여 화성 인근 주민들의 사기를 높여주는 한편 지역 인재들에게 입신의 길을 열어주었다.

행차 마지막 날은 오로지 화성 주민들을 위한 날이었다. 화성행궁의 정문인 신풍루에서 화성 주민들에게 쌀을 나누어 주고, 어머니 혜경궁 홍씨와 같이 나이 많은 관리나 노인들을 위한 양로연을 열었다. 초대받은 노인들의 밥상은 국왕과 똑같이 차려졌으며, 양로연이 끝난 이후에는 지팡이와 비단으로 만든 수건을 나누어 주며 위무했다.

그뿐 아니라 화성 행차를 모두 끝마치고 한성의 창덕궁으로 돌아오는 귀경 길에도 백성들을 향한 정조의 마음은 그대로였다. 왕의 행차를 막고 억울함을 호소할 수 있도록 하여 민생의 질고疾苦를 듣고 해결해주곤 했다.

"어가가 지나가는 곳에서는 내 반드시 시혜를 베풀 것이니라. 모든 것이 만안萬安한 가운데 돌아가는 길이니 경행이 아닐 수 없잖느냐. 한데 어찌 백성들에게 인색할 것인가. 반드시 요역을 경감해 주고, 폐막을 제거하고, 자은을 널리 펴서 백성들의 소망에 부응할 것이다. 너희들은 말하고 싶은 것이 있으면 숨기지 말고 말하라."

백성들의 귀감이 된 효심

아버지 사도세자에 대한 정조의 효심은 참으로 지극했다. 그 효심이 어떠했는지를 말해주는 단적인 사례가 있다.

어느 날 오후였는지 갑자기 천둥번개가 치며 소나기와 우박이 와드등 쏟아졌다. 정조는 불현듯 아버지 묘소가 떠올랐다. '나는 아버님으로 인해 이렇게 잘 살고 있건만, 지하에 계신 아버님은 이런 궂은 날씨에 얼마나 추우실까?' 하고 생각하니, 더는 견딜 수가 없어 능행을 지시한다. 정조가 아버지 사도세자의 묘소에 도착해 보니 묘소를 지키는 능참봉(종9품)이 궂은 날씨 속에서도 사도세자의 묘소 앞에 엎드려 있는 걸 목격하고는 이에 감복하여 그 자리에서 능참봉을 한성부 판윤(정2품)으로 승차시켰다.

또 앞서 얘기한 대로 정조의 화성 행차는 모두 10차례였다. 그 가운데 가장 장엄했던 건 을묘년(1795)의 행차였다. 어머니 혜경궁 홍씨의 회갑연을 곁들인 뜻깊은 화성 행차였다.

어머니 혜경궁 홍씨를 모시고 여정에 오른 이날의 행차에서, 정조가 보인 효심은 백성들을 눈물짓게 만들었다. 새벽에 창덕궁을 나서 여정에 올라 행렬이 한강의 배다리 앞에 이르렀을 때, 화려한 융복 차림으로 좌마 위에 높이 앉아 있던 정조가 말에서 내려섰다. 거기까지 오는 길에 불편한 점은 없으신지 어머니 혜경궁 홍씨에게 안부를 묻는 모습이란 백성들의 심금을 울리기에 충분했던 것이다.

화성행궁에 당도해서 어머니 혜경궁 홍씨의 회갑연을 열었을 때도 마찬가지였다. 정조와 대신들은 차례로 어머니 혜경궁 홍씨에게 술잔을 올리고 천세를 불러 경축했다. 회갑연이 끝나자 정조와 대신들은 저마다 시를 지어 만수무강을 기원했다. 주변에 모여든 구경꾼들에게도 잔칫상이 돌려졌고, 잔치가 모두 끝난 뒤에는 수고한 이들에게 상을 잊지 않았다.

그러나 귀경길에는 발걸음을 떼지 못했다. 화성 행차를 끝내고 돌아오던 정조는, 수원 외곽의 지지대 고개에 이르면 못내 슬퍼했다고 한다. 이 고개를 넘으면 그나마 멀리서 바라볼 수 있던 아버지의 묘소를 더는 볼 수 없게 되므로, 고개의 마루턱에선 으레 행차를 멈추어야 했다. 까마득히 바라보이는 아버지의 묘소를 돌아보고 또 돌아보면서 차마 고개 넘기를 아쉬워하였기 때문에, 이 고개에 이르면 왕의 행차가 느릿느릿해질 수밖에 없었다. 때문에 느릴 지遲를 두 개 붙여 지지대遲遲臺라고 부르게 되었다고 전한다.

그러나 정조의 효심은 비단 자신의 왕가에만 한정된 것은 아니었다. 을묘년 화성 행차를 즈음하여 간행된 〈인서록人瑞錄〉에는 70세 이상의 조정 신하들이 올린 전문箋文과 함께 전국 80세 이상의 노인 7만 5천여 명의 이름을 기록하여, 효심에 대한 정조의 기본 소양을 엿볼 수 있게 하였다.

흔들림 없는 개혁

할아버지 영조 곁에서 국정을 대리정청할 때부터 정조가 생각한 것은 규장각奎章閣 설립이었다. 그는 내외척의 공세와 노론의 위협에 시달리며 그들로부터 벗어난 정치를 하겠다고 속다짐한다. 그러기 위해선 자신의 국정 운영을 헌신적으로 뒷받침해줄 신진 관리들이 필요하다고 판단했다.

하지만 처음에는 왕실의 도서관을 표명하고 나섰다. 재위 초기 규장각 설립은 그렇게 할 수밖에 없었다.

그런 뒤 탕평책 속에 각 정파의 인재들을 고르게 등용하는 한편, 신분에 관계없이 실력이 뛰어난 젊은 인재들을 규장각에 모아 청나라의 북학과 실학에도 귀를 기울였다. 젊고 때묻지 않은 유능한 인재들을 길러내어 자신의 개혁 파트너로 삼았다. 그렇게 규장각은 조선 후기 문화중흥을 이끌어가는 젊은 두뇌집단의 산실이 되었다.

초기 규장각의 주요 업무는 많은 글과 글씨를 남긴 선왕 영조의 어제御製 문서들을 보관, 정리, 연구하는 데 그 핵심 기능이 있었다. 이 같은 규장각의 설립 취지는 개혁의 방향을 설정하는 법고창신法古創新(옛 법을 본받아 새 것을 창출한다)의 정신에도 부합하는 것이었다.

정조는 이 같은 규장각에 힘을 실어주기 위해 당대 최고의 엘리트들을 이곳에 발탁하여 전진 배치했다. 뿐만 아니라 제아무리 관직이 높은 대신이라 할지라도 함부로 규장각에 출입할 수 없도록 함으로써 외부의 정치적 간섭을 일체 배제시켰다. 규장각의 젊은 엘리트들에게 학문에만 전념할 수 있도록 각별히 배려한 것이다.

정조의 개혁을 뒷받침한 인재 육성

선왕인 영조의 어제 문서들을 보관, 정리, 연구하는 기능으로 규장각을 설립했으나, 정조의 본뜻은 정작 딴 데 있었다. 세종을 본받아 인재 양성기관으로 한 단계 끌어올리려는 것이었다. 소수의 친위 세력으로 자신을 둘러싸고 있는 반대 정파를 제압해가며 자신이 원하는 정치를 펼치려면 장기적으로 친위 세력을 길러내야 한다고 보았기 때문이다.

그 구체적인 방안으로 정조는 문과 급제를 통해 관리의 길에 들어선 젊은 세대의 문신들을 자신이 직접 평가하고 가까이 하기 위한 초계문신抄啓文臣 제도를 실시한다. 초계문신이란 의정부의 정승들이 추천해서 올린 문신이란 뜻이다. 통상 37세 이하의 당하관 중에서 의정부가 선발한 문신을, 본래 직무를 면제하고 사서삼경과 국정 현안 연구에 전념케 하면서, 한 달에 두 차례 구술고사[講]와 한 차례 필답고사[製]로 성적을 평가했다. 이 과정에서 당파가 형성되는 것을 미연에 막기 위해 정조가 친히 강론에 참여하거나 직접 시험을 보여 채점하기도 했다.

기간은 대략 3년이었으며, 40세가 되면 졸업시켜 이때 익힌 바를 국정에 활용토록 했다. 1781년에 시작되어 정조가 사망한 1800년까지 19년 동안 10여 차례에 걸쳐 이루어져, 총 138명이 초계문신에 선발되었다.

이처럼 초계문신 제도는 정조의 친위 세력을 길러내는 가장 직접적인 장치였다. 이 제도를 통해 배출된 대표적인 인물이 이가환과 정약용이었다. 또한 이덕무, 박제가, 유득공, 남공철, 이서구 등과 함께 노론 바깥의 남인과 북인 계열의 젊은 인재들이 다수 배출되어 정조의 개혁을 뒷받침했다.

실력이 곧 힘임을 몸소 실천한 정조

정조는 오직 실력만이 살 길이란 생각을 일찍부터 가졌던 것 같다. 어린 나이에 아버지 사도세자의 죽음을 목격하면서 그 같은 생각은 더욱 견고해졌을 것으로 믿어진다. 그리하여 왕위에 올랐을 땐 대신들에게 실력이 없음을 질타하는 정도에 이르렀다.

"선조 임금 때 문신 이정귀가 춘방(왕세자의 교육을 맡아하는 관아)에 입직하고 있었는데, 때마침 명나라 사신이 당도했다 하오. 그러나 미처 역관을 대령하지 못했던 모양이오. 그러자 이정귀가 어전에서 중국말과 우리말로 양쪽 사이를 막힘없이 통역했다는구려. 명나라 사신이 '해동의 학사는 중국어도 잘한다'고 칭송했다 하오. 오늘날 어전에서 중국어를 공부하는 관례가 폐기된 지 오래라지만, 선조 임금 때까지만 하여도 경연의 자리에서조차 모두 중국어를 썼다 하질 않소. 삼경(시경, 서경, 주역)을 우리 정음(훈민정음)으로 간행할 수 있었던 것도 모두 그 덕분이었소. 한데 세상의 수준이 갈수록 떨어져 대신들이 중국말을 전혀 알아듣지 못하니 참으로 개탄스럽지 않은가!"

정조는 꼭 집어 대신들에게 중국어를 공부하라고 강요한 적은 없다. 하지만 아는 것이 곧 힘임을 그렇게 에둘러 강조하곤 했다.

또 어느 날인가는 정조가 손수 책장을 넘겨가며 문신들에게 공부해야 할 질문 목록을 종일토록 뽑아 적고 있었다. 때마침 국왕의 부름을 받고 중시를 따라 편전에 들었던 정약용은, 그런 국왕을 보고서 자칫 병이라도 생길까 염려된다는 말씀을 드렸다. 그러자 정조는 "내가 몸소 앞장서 부지런히 공부하지 않는다면 문신들이 공부하도록 유도할 수 있겠는가?"하고 반문하였다.

정조는 공부에 몰두하는 군주였다. 과중한 업무와 지나친 공부로 인하여 말년의 정조는 건강이 좋지 않은 상태였다. 시력마저 나빠져 안경 없이는 책을 볼 수 없었으며, 스트레스 때문인지 담배도 퍽이나 많이 피웠다고 한다.

그런데도 불구하고 공부에 쉼이 없는 정조를 보고 대신들이 지나치게 학문에 정력을 쏟지 말 것을 간언했다. 하지만 정조는 "나 역시 쉼을 생각하지 않는 것이 아니나, 힘써 공부하지 않으면 마음이 편안할 수 없으니 어쩌겠는가!"라고 반문하였다. 또 정조는 이런 말도 남겼다.

"일찍이 책을 읽다가 그대로 새벽이 되어 신기가 흐트러지고 졸음이 오려 하는데, 그때 홀연히 들려오는 닭 우는 소리에 졸음은 사라지고 청명이 되살아나 본 마음을 찾았다."

정조에게 공부란 힘든 것이 아니라 일상과 같은 것이었다. 옷을 입거나 밥을 먹을 때와 같은 자연스러운 것이었다. 학문을 넘어 자신과의 혼연일체를 뜻했다.

"학문이란 특별한 것이 아니다. 날마다 쓰는 것으로 학문이 아닌 것이 없으니, 옷 입을 때나 밥 먹을 때도 모두가 하나하나 학문이 아니겠는가? 지금 사람들은 학문이라 하면 어려운 일로 알고 있으니 참으로 이상한 일이다."

그 밖에도 정조는 자기계발에 힘써 정적으로부터 둘러싸인 자신을 지키기 위해 일찍부터 무예를 수련하기도 했다. 특히 그는 당대 손꼽히는 명사수였다. 〈어사고풍첩御射古風帖〉에 그의 활쏘기 솜씨가 기록되어 있는데, 50발을 쏘아 49발을 명중시킨 날이 10차례, 100발을 쏘아 98발을 맞힌 날이 수두룩했다고 한다. 사실 정조는 백발백중의 신궁이라 불러도 지나침이 없을 정도였다. 국왕은 신하들에게 겸양의 미덕을 보여야 한다는 예에 따라 언제나 마지막 한 발은 일부러 쏘지 않았기 때문이다.

[수원화성의 주역 4인의 계층별 리더십]

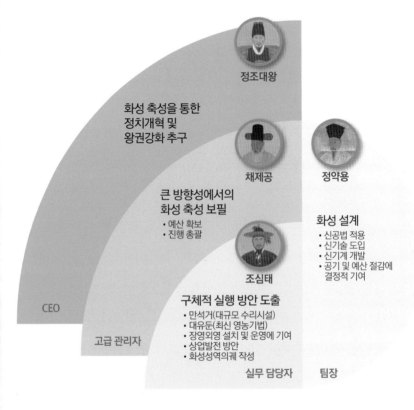

정조대왕

화성 축성을 통한
정치개혁 및
왕권강화 추구

채제공

정약용

큰 방향성에서의
화성 축성 보필
• 예산 확보
• 진행 총괄

화성 설계
• 신공법 적용
• 신기술 도입
• 신기계 개발
• 공기 및 예산 절감에
  결정적 기여

조심태

구체적 실행 방안 도출
• 만석거(대규모 수리시설)
• 대유둔(최신 영농기법)
• 장영외영 설치 및 운영에 기여
• 상업발전 방안
• 화성성역의궤 작성

CEO

고급 관리자

실무 담당자

팀장

[마인드맵으로 본 정조의 리더십 역량]

정조대왕
(CEO)

수원에 신도시를 세우고 백성들을 위해 한양에서 하지 못한 여러 가지 일을 실천하고자 했다.

→ 비전 제시

정조는 수원화성 축성에 있어 채제공을 프로젝트 총 책임자로, 정약용을 설계책임자로, 조심태를 현장 책임자로 각각 임명하였다.

→ 임파워먼트

화성의 총 길이는 3,600보, 약 4.24km로 설계되었으나 이를 위해 민가를 헐어야 한다는 이야기를 듣고 세 번을 구부렸다 펴더라도 민가를 허물지 말라고 하여 5.7km로 최종 설계되었다.

→ 공익정신

화성행궁 봉수당에서 혜경궁 홍씨의 회갑잔치가 열렸다. 정조와 신하들은 차례로 혜경궁 홍씨에게 술잔을 돌리며 천세를 불러 축하했다. 공연이 끝나자 정조와 신하들은 시를 써서 만수무강을 기원했다.

→ 윤리의식

정조는 규장각을 설치하여 신분에 관계없이 실력이 뛰어난 인재들을 모으고 신문물과 실학사상에도 귀기울였다. 또한 탕평책을 실시하여 각 당의 인재를 고르게 등용하고 왕권을 강화해 나갔다.

→ 변화 추진

정조는 젊은 관리들이 규장각에서 재교육을 받는 제도인 초계문신(抄啓文臣) 제도를 새로 만들기도 했는데 이미 과거를 거친 사람 가운데 젊은 인재를 뽑아 3년 정도 특별 교육을 시키는 제도이다.

→ 인재 육성

정조는 "나 역시 쉼을 생각하지 않는 것이 아니나 힘써 공부하지 않으면 편안할 수 없다"라고 하였다.

→ 자기계발

리더십
수원화성에 묻다

리더는 결코 초점을 잃지 않는다.
그들은 큰 그림 속에서 눈길을 떼는 법이 없다.

- 데일 카네기 -

제 4 장
채제공의
고급 관리자 리더십

- 채제공은 누구인가?
- 고급 관리자 채제공의 인적 네트워크
- 신해통공으로 경제를 널리 살찌워내다
- 사전 전략, 그 미션을 위한 첫 밑돌
- 축성을 위한 3대 방략과 원칙을 세우다
- 고급 관리자로서 채제공의 리더십

채제공은 누구인가?

채제공은 충청도 홍주(지금의 홍성)의 한미한 집안에서 자랐다. 하지만 어릴 적부터 영민하여 16세에 향시에 급제했고, 24세 이른 나이에 과거 문과에 급제하여 벼슬길에 올랐다. 그가 벼슬길에 오를 수 있었던 것은 당파를 뛰어넘어 인재를 등용하고자 했던 영조의 탕평책이 어느 정도 작용했기 때문이다. 더욱이 '노론의 독주로 일컬어지는 문벌을 타파하기 위해선 탕평책을 실시해야 한다'는 남인 정파 오광운의 제자였다. 영조의 총애를 받았던 스승 오광운의 정치적 입지를 그대로 물려받아 중용될 수 있었다.

그러나 채제공이 영조, 정조와 보다 깊은 인연을 맺게 된 것은 사도세자의 비극에서 비롯되었다. 당시 경기도 이천 부사로 나가 있던 채제공이 도승지(정3품)가 되어 조정으로 돌아왔을 때 목숨을 걸고 사도세자의 폐위를 막은 일 때문이었다.

그날 채제공은 문무과 장원 급제자들을 접견하던 창경궁의 함인정으로 달려와 영조 앞에 엎드렸다. 전날 밤 영조가 작성하라고 명한 비망기備忘記를 자신의 손으로는 도저히 작성할 수 없다고 눈물로 아뢴 것이다.

[사진협조 : 수원화성박물관]
뛰어난 경륜으로 정조의 개혁을 보필한 재상 채제공

"전하, 삼가 어제 저녁에 내리신 초책(간략하게 적은 문서)에다 기주記注할 만한 사실을 써 넣으라 명하시었는데, 전하께서 어찌하여 이와 같은 조치를 내리시나이까? 기주하지 않으면 이는 임금의 명을 어기는 일이요, 명을 받들어 기주한다면 이는 신하로서 감히 할 수가 없는 짓이옵니다. 하여 죽음을 무릅쓰고 문서를 물려드릴까 하나이다."

그 문서란 다름 아닌 기행을 일삼고 있는 왕세자를 폐위시키겠다는 영조의 명을 담은 비망기였다. 도승지 채제공은 그 같은 어명을 차마 받들 수 없다고 항명했다. 실로 목숨을 내건 항명이었던 것이다.

영조는 한동안 생각에 잠기는 듯이 보였다. 그러다 "지신사(도승지)의 말이 옳다. 내가 마땅히 이를 받아들이겠다"며 명을 거둬들였다.

영조는 죽기 얼마 전 이 일을 기억하며 왕세손(정조)에게 이렇게 말했다.

"나와 너에게 아버지와 아들로서의 은혜를 온전하게 일깨워준 이는 채제공이다. 나에게는 순신純臣이었으며, 너에게는 다시없는 충신이다. 너는 그 점을 깨달아야 한다."

이후 채제공은 영조의 배려 속에 대사간(정3품), 대사헌(종2품), 경기도 관찰사를 지내게 된다. 그러나 영조와 왕세자 사이에 돌이킬 수 없는 불신의 골이 생긴 뒤였다.

결국 임오년(1762)에 채제공이 모친상을 당하여 관직에서 물러나 있는 사이, 끝내 왕세자가 비좁은 뒤주 안에 갇혀 죽음을 맞이하고 만 것이다. 하지만 영조는 이내 왕세자를 죽인 것을 후회하고, 죽음을 슬퍼한다는 뜻으로 '사도思悼'라는 시호를 내렸다.

또 일이 이쯤 되고 보니 영조는 왕위를 이을 어린 왕세손이 걱정이었다. 사도세자의 아들인 왕세손이 노론과 대립각을 세울 것은 불을 보듯 뻔했다. 영조는 그런 왕세손을 믿고 맡길 인물이 필요했다.

그가 바로 채제공이었다. 사도세자가 국정을 대리청정하던 시절에 왕세자를 지극정성으로 보필하였을 뿐더러, 왕세자를 폐위한다는 비망기를 내렸을 때 목숨을 걸고 눈물로 호소했던 그였다. 그런 채제공이라면 누구보다 어린 왕세손을 잘 돌볼 것이며, 왕세손 또한 믿고 따르리라 여겼다. 그리하여 어린 왕세손의 교육과 보호를 그에게 맡긴다.

영조는 또한 사도세자에 대한 처분을 후회하는 내용을 담은 친필 비밀문서 '금등金縢'의 존재를 오직 두 사람에게만 알렸다. 왕세손인 정조와 채제공이었다.

정조는 왕위에 오른 이후에도 아버지를 죽인 무리들에 둘러싸여 살얼음판을 걷는 외로운 싸움을 벌여야 했다. 그런 정조에게 믿을 수 있는 이라곤 오직 채제공뿐이었다. 때문에 정조가 왕세손으로 대리청정을 할 때 채제공은 호조판서에 이어 좌참찬(정2품)이었으며, 즉위 첫해(1777) 형조판서 홍지해 등이 보낸 암살단이 궁궐의 담장을 무람없이 난입하여 위급한 상황이 벌어졌을 때엔 궁궐을 수비하는 수궁대장이었다.

그렇다고 해서 정조와 채제공 사이에 갈등이 없지만도 않았다. 정조가 즉위한 지 4년째가 되던 해, 정조의 복심이었던 홍국영의 세도가 무너지고 소론 정파의 서명선을 영의정으로 하는 정권이 들어서면서 둘 사이가 소원해지고 만다. 정조 즉위 이후 역적으로 처단한 인물들과 관련하여 병조판서 채제공이 그들과 한통속이었다는 죄목으로 집중 공격을 받아, 조정을 떠나 서울 근교 명덕산에서 칩거에 들어가야 했다.

물론 정조의 뜻은 아니었다. 역모에 이름이 연루되는 것만으로도 목숨을 부지하기 어려웠던 당시 상황을 고려해서 채제공을 보호하기 위한 배려였다. 하지만 그리 오래 내쳐지진 않았다. 2년 후 정조는 채제공을 공조판서에 복직시킨다. 한데 예상대로 이번에도 역풍이 거셌다. 공조참판 김문순이 채제공 밑에서 일을 할 수 없다며 입궐을 거부한 채 계속해서 상소를 올리자, 정조는 김문순을 파직하고 다시는 관직에 제수될 수 없는 불서용不敍用의 명을 내렸다.

사흘 뒤에는 영의정 정존겸, 좌의정 이복원, 우의정 김익 등 전·현직 정승들이 연명으로 상소를 올려 채제공을 처벌할 것을 청하였으나, 정조는 받아들이지 않았다.

정조가 볼 때 전·현직 정승들의 상소는 없는 일을 꾸며서 고해바치는 '참소'에 지나지 않는다고 생각했다. 그럼에도 전·현직 정승들의 상소는 무시할 수 없어 채제공을 잠시 일선에서 물러나게 할 수밖에 없었다.

다시 2년이 지나 정조는 채제공을 평안도 병마절도사(종2품)로 제수한다. 원래는 참모총장인 도총관(정2품)에 제수하려 했으나, 채제공이 극구 사양한 데다 역풍을 고려해 일단 지방 사령관으로 명한 것이다. 그것도 아버지 사도세자의 묘소를 참배하고 돌아오는 길에 우연히 만난 채제공을 보고 내린 결정이었다. 한데 경희궁으로 돌아오자 병조판서 이명식이 단박 간쟁(임금에게 옳지 못한 일을 고치도록 말함)을 하고 나섰다. 정조는 그런 이명식을 보고 "경은 늙었어도 발은 참으로 빠르기도 하구려"하며 웃고 말았다.

하지만 조정이 벌떼처럼 들고 일어났다. 채제공을 병마절도사에 제수할 수 없다며 좌의정 이복원, 우의정 김익 등이 탄핵하는 상소를 올렸다. 정조는 그 자리에서 이복원과 김익 등을 파직시켰다.

그러나 해마다 이어지던 반란과 역모가 어느 정도 진정되고, 정조가 국정을 조금씩 장악해 나가기 시작한 1788년(정조 12년), 둘은 다시금 의기투합하게 된다. 정조는 그해 우의정 이성원을 좌의정으로 올리고, 그동안 한직에 머물러 있던 중추부 지사 채제공을 우의정 자리에 제수한다. 〈조선왕조실록〉에도 각종 예를 갖추어 '특별히' 우의정에 제수했다고 기록되어 있을 만큼 전격적인 결단이었다.

조정은 벌집을 쑤셔놓은 듯 크게 요동쳤다. 실제로 정조의 이 같은 조처에 대해 얼마나 놀랐는지는 조정이 보인 격한 반응에서도 쉽게 짐작해 볼 수 있다. 먼저 그날 입직 승지인 조윤대와 홍인호는 국왕의 전교를 채제공에게 전할 수 없다며 정조의 전교를 다시 갖고 들어와 입대를 청했다. 승정원의 승지들이 어명을 받들 수 없다며 반기를 든 것이다.

정조는 즉석에서 두 승지를 파직하고, 무관인 오위장五衛將 안대진을 가假

승지로 명한 다음 전교를 채제공에게 전하도록 했다. 그러자 도승지 심풍지, 우승지 윤행원, 동부승지 남학문 등이 입대를 청하자 모두 파직토록 명했다. 한데도 심풍지 등이 합문 앞에서 물러가지 않고 줄기차게 입대를 청하자, 정조는 격노했다. 그들에게 불서용의 법을 적용토록 지시했다.

이어 홍문관 교리 신대윤, 부교리 이우진, 수찬 김희채 등이 입대를 청하자 그들 역시 모두 파직시켰다. 그 후에는 이조판서 오재순이 어명을 받들려 하지 않았다는 이유로 파직을 명했다. 정조는 이날 자신이 채제공을 우의정으로 제수하게 된 배경에 대해 이 같은 전교를 내렸다고 한다.

「정승을 제수하는 것이 얼마나 중한 일인데 내 어찌 한순간인들 허술하게 헤아렸겠는가. 오늘의 거조는 이미 여러 해 전부터 마음속으로 등용할 것을 결정했던 일이다. 내가 대동大同과 태화太和의 정치를 하고자 하는 일념으로 자나 깨나 마음에 맺혀있는 것은 제신들도 일찍이 알고 있는 바이고, 더구나 이 대신을 끝내 불우하게 할 수 없다는 것을 제신들도 모르는 바가 아니다. 그렇다면 오늘 승정원과 홍문관의 반기가 어찌 형식에 가깝다 할 수 있는가.」

이로써 조정은 영의정 김치인의 노론, 좌의정 이성원의 소론, 우의정 채제공의 남인 세력이 공존하면서 상호 견제하는 구도가 만들어졌다. 남인 정파로선 실로 80년여 만에 우의정(정1품)이 탄생하는 순간이다.

그러나 채제공에 대한 정조의 깊은 믿음은 이후 더 잘 드러난다. 조선왕조실록에서도 '백년 이래 처음 독상獨相으로 있는 일'이라고 쓰고 있다.

독상이란 가장 높은 관직인 삼정승, 예컨대 우의정, 좌의정, 영의정의 자리에 다른 정승 없이 홀로 국정을 살피는 것을 뜻한다. 영의정 채제공은 상당 기간 독상으로 조정을 이끌었다. 흔히 적임자가 없을 때 잠시 자리를 비워 두고 독상으로 이끌기 마련인데, 이는 국왕의 두터운 신임이 아니고선 불가능한 일이다. 조선 역사상 독상을 지낸 인물이 다섯 손가락에 꼽을 정도로 드물었다.

그가 이토록 오랜 기간 동안 혼자서 독상을 지냈다는 것은 국정을 수행하는데 탁월한 역량을 보였다는 것을 의미한다. 나아가 정조가 추진한 탕평책에 부응해 어느 당파에도 치우치지 않는 포용과 원숙함으로 조정을 이끌었다는 얘기와 다름 아니다.

특히나 채제공은 '6조 진언'이라 하여 나라를 다스리는 여섯 가지 비책을 만들어 정조의 통치 이념을 강화시켰다.

「첫째, 임금은 나라를 다스리는 도리를 바로 세울 것.

둘째, 탐관오리를 엄벌할 것.

셋째, 세상의 의리를 올바르게 세울 것.

넷째, 당파 정쟁을 없앨 것.

다섯째, 백성의 어려움을 두루 살필 것.

여섯째, 권력 기강을 바로 세울 것.」

훗날 채제공의 절친한 친구인 정범조는 그의 신도비명에서 정치적 생애를 다음과 같이 평가하고 있다.

「공은 모두가 탐탁하게 여기지 않아 관직에 끌어주지 않는 형세 속에서 몸을 일으켰으나 스스로 두 군주와 결합하였다. 온 조정이 입 다물고 신음하면서도 말 못하는 것을 깊이 깨닫고 조정에서 이를 간쟁하였고, 권력을 잡은 신하가 세력을 믿고 사납게 노하지만 건드리지 못하는 것에 힘껏 대항했으며, 수많은 무리들이 시끄럽게 참소하는 속에서도 마침내 이름과 절개를 바르게 지킬 수 있었다.」

다시 말해 소수 정파인 남인이자 명문문벌 출신이 아니면서도 두 군주의 신뢰를 얻었으며, 의리를 주장하는 강경 정파의 영수로서 탕평당과 외척을 위시한 권력자에 대항해 자신의 뜻을 이뤘다는 설명이다. 하지만 훗날 채제공이 죽은 후 반대 정파의 기득 세력들은 그를 깎아내리는데 여념이 없었다.

「채제공은 글을 쓰는 데는 소차疏箚에 뛰어났고, 직무를 만나서는 권모술수를 좋아했다. 외모는 거칠게 보였으나, 속마음이 실은 비밀스럽고 기만적이었다. 늘 연석(경연 석상)에 나아가서는 웃으며 말했다. 누구를 칭송하고 헐뜯을 땐 교묘하고 주상의 뜻을 엿본 뒤 물러나서는 주상의 총애를 빙자해 은밀하게 자신의 사적인 일을 성취시키고는 했다. … 서학에 연연해 흐리멍덩한 태도로 은근히 사당邪黨을 비호하다가 끝내 하늘에 넘치는 큰 변이 있게 만들었다.」

그러나 채제공은 일관되게 정조와 뜻을 같이 했다. 정조의 팔로워로서 자신의 철학을 끝까지 지켰다. 정조의 모든 숙원 사업과 개혁 정책에 깊숙이 동참하면서 자기 개인과 당파를 뛰어넘어 모두를 포용하고 공평무사함으로써 궁극적으로 시대를 살찌워냈다. 그렇게 누구도 따를 수 없는 역사를 만들어낼 수 있었던 것이다.

고급 관리자 채제공의
인적 네트워크

채제공은 문학적 소양이 매우 뛰어났다. 그는 이 같은 자신의 소양을 격동기를 헤쳐 나가는 정치적 수단으로 활용한다. 문학 활동을 통해 동료와 후학을 양성하고 동당同黨을 결속시켰으며, 역풍에 내몰린 정치적 시련기에는 문학을 통해 이를 극복하고자 했다.

채제공이 활약하던 영·정조의 시기는 숙종(영조의 아버지)의 친위 쿠데타였던 갑술환국을 거치면서 남인 세력이 거의 남아 있지 않았다. 이 같은 정치적 상황 속에서 그는 남인의 명맥을 이으면서, 두 군주와 뜻을 같이 하여 탕평 정치의 한 축을 담당하는 데 중추적인 역할을 해야 했다. 그의 스승 오광운이 영조의 탕평책에 적극적으로 동참함으로써 남인이 탕평 정국에 참여할 수 있는 기반을 닦았다면, 채제공이 그 역할을 이어야 했던 것이다.

그렇다고 해도 노론이 지배하는 정국에서 정치적으로 위축된 남인을 수습하고 결속을 도모하기란 결코 쉽지 않은 일이었다. 그가 시회詩會로 일컫는 문학 활동의 연대와 교류에 방점을 둔 것도 딴은 그런 이유에서였다.

하지만 그는 지방 수령으로 내려가 있으면서 좀처럼 뜻을 이루지 못했다. 그러다 1758년 대사간(정3품)에 제수되면서 비로소 남대문 밖 약봉으로 이사할 수 있었다. 그가 이사한 약봉 집은 스승 오광운이 살던 곳으로, 스승의 뜻을 이어받아 시회를 열었다.

채제공은 시회를 열어 동당의 후학들이 학문을 증진시키고 이를 바탕으로 관계에 진출할 수 있도록 길을 열어주었다. 심지어 후학들과 함께 시회에서 과시科詩를 짓도록 하는 학습으로까지 이어졌는데, 이것은 세력 결속과 확장을 위한 부득이한 방법이었다. 그러나 이 방법은 노론의 표적이 되기도 했다. 채제공이 부친상을 당하여 탈상 전임에도 불구하고 시회를 연 것에 대해 비판을 하고 나선 강지환의 상소가 그것이다.

「예조참판 채제공은 일찍이 성균관에 유학할 적에 약간의 문예가 있었으나, 집안에서의 품행도 전혀 취할 만한 것이 없었습니다. 한데 상중에 있음에도 제생諸生들을 한데 모아 상차 곁에서 과시 공부를 하였습니다. 이름하여 사백일장私白日場이라 한다 합니다. 시권試券을 받아들여 축을 만드는 것을 모두 과거 시험의 규약대로 하였고, 주필朱筆을 찍고 등급을 매겼으니, 바로 고관考官이 된 것입니다. 하물며 빙 둘러앉아 먹고 마시는 것이 거의 연회와 같았고, 서로 치켜세우는 것을 아름다운 일로 여겼다 합니다.」

요컨대 채제공이 자신의 문하생들에게 과시 공부를 시켰고, 과거 시험과 동일한 방식대로 이를 평가하고 지도했다는 지적이다. 이는 그가 시회에서 과거 시험을 위한 시 작법을 가르치고, 그 실제를 후학들에게 전수함으로써 많은 문하생들이 과거에 급제할 수 있도록 의도했다는 설명이다.

실제로 그러한 시회를 통해 문학을 수련한 결과 채제공의 문하에서 과거 급제자가 여럿 배출되기도 했다. 또 훗날 조정에서 정조에 의해 채제공이 중용되자 그들도 따라 높은 관직에 오를 수 있었던 것도 사실이다.

1770년 채제공은 병조판서에 올랐다. 이윽고 그가 조정의 6경卿 지위에 오르자 그를 중심으로 한 시회는 더욱 견고해졌다. 뿐만 아니라 이 시기에 이르면 그 결실이 벌써 눈에 띄게 두드러진다. 시회에 참석한 대다수가 과거 급제자이거나 적어도 소과 급제자들인, 사대부 문인 결사의 성격을 가진 문학 모임으로 자리잡은 것이다. 채제공은 1773년 공조판서이자 내의원 제조를 겸하면서 영조의 건강을 책임져야 했다. 한데 영조가 약제 건공탕을 하루에 세 차례씩 복용해야 했기 때문에 그는 일찍 입궐하여 밤늦게 퇴궐할 수밖에 없었다.

그런 가운데서도 시회는 중단되지 않았다. 밤이면 시 모임을 가져 새벽까지 시를 짓다 입궐하는 남인 세력을 규합하여 정치적으로 결속을 다지는 데 그 뜻을 이어나간다.

하지만 1780년대는 채제공에게 정치적 시련기였다. 1779년 정조의 복심이었던 홍국영의 세도가 무너질 때 그와 한통속이었다는 탄핵을 받고, 조정을 떠나 동대문 밖 10리 떨어진 명덕산에서 칩거에 들어가야 했다.

이때에도 남인의 문학 모임은 변함없이 이어졌다. 그가 칩거하고 있는 명덕산으로 절기마다 남인 세력이 찾아간 것이다. 비록 정치 일선에서 물러나 재야에 머물렀으나 그는 문학 활동을 통해 자신의 건재를 과시할 수 있었다. 정치적인 위기 속에서도 문학 활동을 통해 돌파해 나가고자 하였으며, 내부의 갈등을 흩어지지 않는 단합으로 이끌어갔다.

1790년대는 채제공의 만년에 해당된다. 1788년 정조는 친필 교지를 내리는 등 각종 예를 갖추어 그를 우의정에 제수하는데, 남인 정파로선 실로 80여 년 만에 우의정에 오르는 쾌거였다.

결과적으로 채제공은 노론이 지배하는 정국에서 문학 활동과 교류를 통하여 동료와 후학을 양성하고 남인 세력을 결속시켰다. 역풍에 내몰린 정치적 시련기엔 이를 통해 극복해 나갔다. 또한 문학 활동과 교류에 직접 참여하지는 않았으나 이가환과 정약용 같은 자신의 후계자를 발굴하고 길러냄으로써 고급 관리자로서의 인적 네트워크를 구축해낼 수 있었다. 그 같은 인적 네트워크는 그에게 보이지 않는 자산이자 동력이었으며, 모든 숙원 사업과 개혁 정책을 뒷받침하여 프로젝트를 완성할 수 있었다.

신해통공으로
경제를 널리 살찌워내다

'백성들은 먹는 것이 곧 하늘이다民以食爲天', 즉 왕도정치는 곧 경제에서 시작 된다는 속다짐은 조선왕조 개국 당시부터 흔들림 없는 약조였다.

개국 공신이자 조선왕조의 설계자였던 정도전의 정치사상은 윤리도덕과 매우 밀접한 관련을 맺고 있었다. 윤리도덕을 인간사회에 실현시키는 것이 곧 왕도정치의 근간이라고 보았다.

또 그 같은 왕도정치를 실현하기 위해서는 개인의 도덕수양이나 국가의 교화가 절대 필요로 한 것이지만, 그것만으로는 결코 충분치 못하다고 지적했다. 백성들의 경제생활이 안정되지 않으면 윤리도덕은 제대로 실현되기 어렵다고 본 것이다.

따라서 '백성들이 자신의 생업에 안정하여, 남자는 먹고도 남을 만큼의 넉넉한 곡식을 소유하고, 여자는 입고도 남을 만큼의 여유 있는 의복을 소유하며, 위로는 부모를 섬기고 아래로는 처자를 부양하는 데 부족함이 없게 될 때, 비로소 백성들이 예의를 알고 풍속의 염치를 숭상케 된다'고 생각했다. 그 같은 선결 조건이 충족될 때만이 왕도정치가 실현될 수 있다고 믿었다. 그러나 조선왕조는 이러한 다짐을 끝내 실현하지 못하고 있었다.

그러던 정조 2년(1778) 채제공은 통신사로 청나라 연경을 방문하게 된다. 당시 신진 관리였던 실학자 박제가와 이덕무가 그와 동행했다. 채제공 일행은 이때 청나라의 상업이 크게 번성한 것을 보고 조선왕조의 경제를 진흥시키려는 구상을 했던 것으로 보인다.

조선왕조는 국초 이래 농업을 '천하지대본天下之大本'이라 하여 널리 장려한 반면에, 상업은 백성들을 간사하게 만들고 왕조의 국시였던 성리학의 교화에도 맞지 않다 하여 극도로 부정적이었다. 다만 한성의 종루 일대에 3천 여 육의전六矣廛(비단, 무명, 종이, 모시, 생선 등의 여섯 가지 주요 상품을 거래하는 집중 시장)의 시전(상점) 상인들에게만 상업을 할 수 있도록 허락하고 있었다.

한데 당시 상계의 최대 난제는 종루 육의전의 시전 상인과 난전亂廛(무허가 상인)의 대립이었다. 육의전의 시전 상인들은 난전의 난립을 막고, 상품의 독점적 판매를 확보할 수 있게 하는 '금난전권禁難廛權'의 특혜가 처음부터 주어졌다. 정부는 육의전의 시전 상인들에게 독점권의 특혜를 주는 대신 정부에서 필요로 하는 국역을 부담하게 함으로써 재정적 어려움을 타개했던 것이다.

그러나 육의전 시전의 숫자가 점차 증가하고 이들이 모두 금난전권을 행사함으로써 문제가 발생했다. 영·정조의 시대에 들어와서도 상황은 변함이 없었다. 시장에서 거래되는 거의 모든 물품을 육의전의 시전 상인들이 독점하고 개인의 상업 활동까지 단속, 금지시키면서 백성들의 상업 활동을 전면적으로 가로막는 상황에 이르렀다. 그뿐 아니라 육의전의 시전 상인들이 폭리를 위해 물품을 매점매석하는 바람에 백성들에겐 경제적으로 이만저만 부담이 아닐 수 없었다.

영조 때 벌써 이 같은 문제가 심각했다. 때문에 한성부 부윤(정2품)들은 형조에서 난전을 직접 단속할 것이 아니라, 현장을 익히 알고 있는 한성부가 융통성 있게 난전을 단속할 수 있도록 해달라고 상소를 여러 차례 올렸다. 영조도 이 점에 대해 긍정적인 반응을 보였다. 영조 17년 한성부 부윤 이보혁이 절충안으로써 육의전의 시전이 갖고 있는 금난전권의 특권을 축소하는 방안을 내놓은 것도 그 같은 맥락에서였다.

하지만 육의전의 시전 상인들은 꿈쩍도 하지 않았다. 자신의 뒤를 보아주는 노론의 지배 세력을 등에 업고 기득권에 안주했다. 영조로서도 더는 어쩌지 못했던 것이다. 채제공은 이 같은 문제점을 일찍부터 꿰뚫어보고 있었다. 하지만 육의전의 시전 상인들이 노론의 지배 세력과 끈끈하게 결탁되어 있어 정조가 즉위한 이후에도 섣불리 나서지 못했다.

그러다 정조 15년(1791) 마침내 채제공이 좌의정에 올랐다. 정조의 정치적 기반이 어느 정도 구축될 즈음이었다. 더구나 이 무렵에는 정조가 아버지 사도세자의 묘소를 수원으로 천장한 뒤, 새로운 도읍으로의 수원화성 축성을 꿈꾸기 시작할 때였다. 채제공은 정조에게 비장한 제안을 했다.

"지금까지 난전을 금하는 법은 오직 종루 육의전이 위로 나라의 일에 수응함으로써 그들로 하여금 이익을 독차지하게 하자는 것이었습니다. 하온데 작금에 이르러 빈둥거리며 노는 무뢰배(육의전이 고용한 일종의 사병)들이 삼삼오오 떼를 지어 스스로 상점의 이름을 붙여놓고서, 백성들의 일용품에 관계되는 행

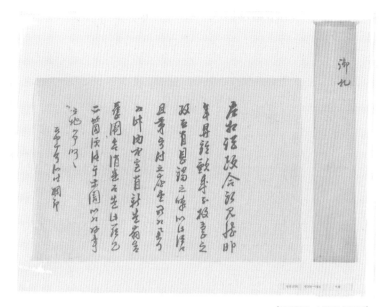

[사진협조 : 수원화성박물관]

정조가 부채와 선향을 하사하면서 보낸 편지, 정조어찰.
근래의 정치문제를 언급하며 시작한 편지의 내용은 잠시 마음 편한 시간을 가지면서
부채를 써보라고 권하는 내용이 포함되어 있다.

위를 제멋대로 주관을 하고 있다 하옵니다. ⋯ 형조와 한성부에 분부해 육의
전 이외에 난전이라 하여 붙잡아오는 자들에게는 벌을 내리지 말게 할 뿐더러
반좌법反坐法을 적용하게 하시면, 장사를 하는 소상인들에겐 서로 매매하는
이익이 있을 것이고, 따라서 백성들도 다소 곤궁에서 벗어날 수 있을 것이옵
니다. 또 이를 말미암은 원망은 신이 모두 스스로 감당을 하겠나이다."

예상했던 대로였다. 노론이 벌떼처럼 일어났다. 상업을 아무나 할 수 없다
는 국시를 뒤엎고자 하느냐며 목에 핏대를 세웠다. 종루 육의전에서 흘러나오
는 정치 자금줄은 결코 포기할 수 없는 동아줄이었던 것이다.

결국 정조가 중재에 나섰다. 노론의 반발 속에 종루 육의전을 제외한 나머

지 지역에서의 시전에 대한 금난전권을 전면 폐지시켰다. 난전에 대한 규제를 완화하여 누구나 장사를 할 수 있도록 허용하는 조치를 취했다. 이른바 '신해 통공辛亥通共'을 실시한 것이다.

신해통공은 이후 상품의 유통과 화폐 경제 발달의 기반이 되었다. 경제 근대화에 한 발짝 다가선 계기가 되었던 것이다.

채제공은 또한 경강(한강)을 무대로 하는 경강상인들을 비롯한 사상私商의 도고(도매업자)도 문제 삼았다. 자본력에서 우월한 그들이 상품 판매를 독점하여 유통 구조가 마비되는 문제점은 종루 육의전의 시전 상인들과 조금도 다를 것이 없었다.

그는 사상의 도고로 인해 풍속이 바로 잡히지 않고 민산民産이 풍부해지지 않으며, 상업이 발달하지 않고 시장이 번성하지 않는다는 문제점을 지적했다. 백성들의 경제적 안정을 위해서라도 이들 경강상인을 비롯한 사상의 도고 혁파가 우선되어야만 한다는 주장을 굽히지 않았다.

그의 이 같은 비장한 제안들은 결과적으로 '먹고사는 문제가 곧 하늘'이었던 백성들로부터 민심을 얻는 데 크게 기여했다. 이후에 진척될 수원화성 축성으로까지 민심이 이어질 수 있었던 동력이 되어준 것이다.

훗날 정약용은 채제공의 행적을 정리하면서 그가 정조에게 건의했던 통공 정책이 역사적으로 매우 뜻깊은 정책이었음을 다음과 같이 평가했다.

「신해년(1791)에 공은 시민이 도매 장사하는 법을 혁파하기를 청하였다. "국제國制에 금난전을 허락한 것은 육의전이 위로 국역에 응하고 있기 때문입니다. 따라서 그들에게 이익을 독차지하게 한 것인데, 요즈음은 의지할 데가 없이 떠돌며 놀고먹는 자들이 스스로 시전을 지어놓고 민생의 일용품을 전매하여 이익을 독차지하고 있습니다. 사사로이 장사하는 백성들을 난전亂廛이라 하여 몰아서 법사法司에 잡아들인 다음 법률로 다스려 재화를 몰수하고 있습니다. 따라서 지방의 행상은 비록 그들이 생각하는 원전에는 미치지 못하더라도 그저 본전에 팔지 않을 수 없고, 서울에 사는 백성들은 비록 그 값이 곱절이라도 본전에 사지 않을 수가 없습니다. 상인이 통하지 못해 물가가 뛰어오르므로, 지금 사람들은 그것(금난전권)을 금하는 것이 편리함을 모르지 않습니다. 하지만 오히려 입을 다물고 있는 것은 그(지배 세력) 원망이 두려워서입니다. 옛사람이 이르길 '한 집에서 곡哭하는 것이 어찌 일로一路가 곡하는 것과 같겠는가'라고 하였습니다. 지금부터 종루 육의전만 도매 장사를 허락하되, 나머지 원하는 이라면 누구나 장사를 할 수 있게 해야 합니다" 하자, 상께서 이를 따랐다.

이 소식이 전해지자 백성 가운데 공을 부르짖으며 호소하는 자가 문 앞을 채우고 거리를 메웠으며, 원망과 저주 또한 벌떼같이 일어났다. 많은 백성들은 법령이 불편하다고 말하였으나, 법(신해통공)을 시행한지 1년여 만에 물화가 모여들어 일용품이 넉넉해졌다. 백성들은 크게 기뻐하였고, 비록 이전에 원망하고 저주하던 자들도 공의 정책이 훌륭하였다고 했다.」

사전 전략,
그 미션을 위한 첫 밑돌

미션을 위해서는 먼저 사전 전략이 필요하다. 미션을 효율적으로 완수하기 위한 방법 도출이 그것이다. 그러나 사전 전략은 목적이나 해결책이 될 수 없다. 해결되고 조정되어야 할 문제가 아니다. 그것은 하나의 여정이다. 사전 전략은 간헐적이 아닌 지속적인 리더십을 필요로 하는 것이다.

따라서 훌륭한 사전 전략이란 결코 확정된 것일 수 없다. 서명과 봉인 후에 전달되는 것도 아니다. 아무리 신중하게 고안해내고 또 그래서 실행이 잘 된다 하더라도 사전 전략을 하나의 완성된 방법 도출로 단정시키고 만다면, 그렇게 실행되는 사전 전략은 대부분 실패하기 십상이다.

계획에는 반드시 명확하게 처리해야 할 부분이 존재한다. 원하건 원치 않건 간에 예상이 불가능한 우연한 사고도 발생하곤 한다. 또 그 같은 과정에서 축적된 현장의 경험과 교훈은 반드시 훗날 활용할 기회도 만들어주기 마련이다.

리더란 곧 그런 사람이다. 그처럼 지속적인 과정을 이끌어가고 계속 주시하면서 확인하고, 평가하고, 결정하고, 합당한 조치를 강구하는 일을 반복해야 하는 사람이다.

정조는 수원화성을 축성하면서 먼저 그 같은 사전 전략을 세우고 스스로 따랐다. 앞서 얘기한 것처럼 아버지 사도세자의 묘소를 수원으로 천장하는 것이 그 신호탄이었다. 뒤이어 묘소 가까이 자리한 수원의 관아를 교통이 편리하다는 팔달산 일대로 옮기는 결정을 내렸다. 노론으로서도 어쩔 수 없는 상황이었다. 그러나 정조로선 단순히 수원의 새로운 읍치邑治를 조성하는 것이 아니라 장기적인 계획 아래 자신이 추진하는 개혁의 근거지로 삼기 위함이었다.

이를 위해 정조는 자신이 가장 신뢰하던 좌의정 채제공을 수원으로 내려보냈다. 그러면서 수원 도호부를 새로 설치된 화성 유수부로 격상시켜 초대 화성 유수留守로 제수했다. 뿐만 아니라 자신의 친위 군영인 장용영의 장용외사壯勇外使와 행궁정리사行宮整理使를 겸임토록 했다. 수원화성으로 내려보내 현장의 경험과 교훈 속에서 방법 도출을 모색케 한 것이다.

화성 유수가 된 채제공은 화성 유수부의 위상을 높이기 위하여 성균관 외에는 허용되지 않았던 승보시陞補試를 정조에게 건의하여 화성에서 거행케 했다. 승보시란 생원 진사과에 해당하는 초시로 급제하게 되면 생원 진사과 복시에 응시할 수 있을 뿐더러 성균관에 입학할 수 있는 하재생下齋生이 될 수 있었다. 더구나 한성의 사부학당 유생들을 대상으로 시행하던 별시였던 터라 일반 유생들은 응시조차 할 수 없었다.

한데 그 같은 승보시를 화성 유수부에서 거행했다. 화성 유수부의 유생들에게 한성의 사부학당 유생들에게만 주어졌던 특전을 받게 한 것이다.

정조는 5개월여 동안 화성 유수부의 위상을 높였고 신도시 건설을 추진하던 채제공을 영의정으로 승차시켰다. 1793년 채제공을 영의정으로, 노론 온건파의 영수 김종수를 좌의정으로 제수하여 새로운 정국 운영을 추진하고자 했다.

정조는 장차 국왕의 지위를 아들 순조에게 물려주고, 자신은 상왕이 되어 화성 유수부로 내려와 거처하고자 했다. 이는 왕조 초기 태조 이성계가 한성과 함흥을 양경兩京 체제로 운영했던 전례를 따르고자 함이었다.

그 같은 의도를 실현하기 위해 정조는 화성 축성을 계획했다. 이 계획을 주도하기 위해 화성 유수 채제공을 영의정으로 승차시키고, 이명식을 신인 화성 유수로 제수했다. 이명식은 다섯 차례 관찰사를 지내고 세 차례 관방을 지휘한 당대 최고의 지방 행정가였다.

단박 노론의 반발이 거셌다. 남인 정파에서 영의정이 나올 수 없다는 것이 노론의 입장이었다. 그 같은 노론에게 채제공은 히든카드를 꺼내든다. 사도세자의 비극인 임오화변을 새로운 의리로 부각시켰다. 사도세자에게 씌워진 모함을 깨끗이 씻어버려야 한다고 주장하고 나선 것이다.

이는 임오화변 당시 정국을 주도했던 삼정승을 포함한 노론 전체가 의리를 소홀했기 때문에 책임을 면하기 어렵다는 의미마저 포괄하고 있었다. 또한 새로운 의리로 볼 때 당장 토역의 대상이기도 했던 것이다. 노론의 강경파는 발끈했다. 임오년 의리로 신임 의리를 뒤집어서 결국 노론의 집권 주류를 없애려는 시도라고 맞받았다. 때문에 사도세자에 대한 재평가를 통해 새로운 의리를 정립해야 한다는 채제공의 상소는 정국을 일대 파란으로 이끌었다. 정조가 중재에 나서지 않으면 안 되었다.

정조는 상소의 본뜻이 임오년 의리를 찬양하기 위해서 '하늘이 내리는 토역'을 시행하자는 데 있는 것이 아니라, 이제까지 정성왕후(영조의 왕비) 신위 아래에 숨겨져 있던 '금등金縢' 문서를 공개하는 데 있다고 해석함으로써 진화했다. 사도세자에 대한 처분을 후회하는 내용이 담긴 금등 문서를 보관했다는 사실은 영·정조와 함께 당시 도승지로 참여했던 채제공만이 알고 있었다. 이로써 영조가 채제공을 신임했던 이유와 정조가 극진하게 예우했던 까닭이 모두 밝혀진 셈이었다.

조정은 전면적인 당쟁으로 치달았다. 그러나 정조가 중재에 나서 금등 문서를 공개하지 않겠다고 천명했다. 그 대신 노론이 화성 축성을 군이 반대하지 않는 것으로 일단락되었다.

채제공의 상소로 파란을 일으킨 정국은 양측이 한 발씩 양보하는 선에서 마무리됨으로써 수원화성의 축성은 정조의 의지대로 추진될 수 있었다. 정조와 채제공의 사전 전략이 주효했던 것이다.

축성을 위한 3대 방략과
원칙을 세우다

영의정 겸 수원화성의 총리대신으로 제수된 채제공은 정조의 기대에 부응했다. 그는 이미 화성 유수로 있을 때부터 화성 축성에 대한 전반적인 축성 방략方略을 올렸다. 정조는 채제공의 축성 방략과 정약용의 성설城說을 기본으로 삼아 축성을 추진하고자 했다.

채제공의 축성 방략은 다음 세 가지였다. 첫째, 성곽이 쌓여질 팔달산 일대의 지형을 철저히 활용하여 문루門樓 등을 만들어서 성곽의 효율성을 높이자는 거였다. 또 화성 축성의 주재료는 석재를 사용하기로 결정하고 성곽 전체를 석성石城으로 쌓고자 했다.

다른 의견도 분분했다. 성곽의 동쪽과 서쪽 가장자리의 터전이 주봉主峰과 안산案山이기 때문에 모두 흙으로 쌓는 것이 좋겠다는 의견이 지배적이었다.

그러나 채제공은 석성으로 쌓아야 한다는 주장을 굽히지 않았다. 화성의 동쪽과 서쪽 성곽을 토성으로 쌓을 경우 먼 곳에서 흙을 퍼서 날라야 하기 때문에 석재를 이용하여 공사를 하는 것보다 비용도 더 많이 소요될 뿐더러, 토성이 석성보다 견고하지 않기 때문이라는 이유를 들었다.

둘째, 석성으로 쌓을 뿐 아니라 여장, 성루, 문무를 설치하여야 한다고 했다. 성벽만 쌓고 성곽의 시설물을 만들지 않는다면 성을 쌓는 의미가 없다는 것이다. 이 점에 대해 여러 학자들의 논의가 있었다. 그 같은 다양한 의견을 수렴하여 각종 시설물을 설치하여야 한다고 강조했다. 요컨대 수원화성은 지금껏 볼수 없었던 첨단 읍성이어야 한다는 주장이었다.

셋째, 화성의 설계안은 당초 광교산에서 흘러내리는 버드내를 끌어들이느냐 마느냐의 문제가 제기되었다. 채제공은 버드내를 성곽 안으로 넣어야 한다고 했다. 그는 동서의 교통과 안전을 그 이유로 들었다. 성곽 안의 물줄기 위에 돌다리를 견고하게 만들어 동서의 교통과 안전을 추구해야 마땅하다고 보았다. 또 그렇게 해야만 평지에 성을 쌓는 것이 수월할 수 있을 뿐더러, 버드내 위에 돌다리를 만드는 비용은 수문이나 홍예교를 만드는 것에 비해 힘도 덜들고 비용도 적게 든다는 것이 채제공의 주장이었다.

이러한 방략 속에 채제공은 다시 3대 원칙을 제시했다. 축성 이후 천년이 지나도 흔들리지 않도록 '서두르지 말 것', '화려하게 꾸미려 하지 말 것', '기초를 단단히 쌓을 것' 등이었다.

이 같은 3대 원칙 아래 축성을 담당한 현장의 관리들이 그때그때의 형편과 사정에 따라 적절하게 처리해 나갈 것을 주문했다. 이는 순전히 현장의 감독관들에게 융통성과 창의력을 부여하고자 함이었다.

정조는 채제공의 축성 방략을 전폭적으로 수용한다. 현장 책임자인 감동당상監董堂上 조심태에게 기초가 될 터자리를 책정하되 둥글게도 말고 모나게도 말며 이 눈치 저 눈치도 보지 말고, 형세에 따라 적절히 판단하여 최선의 방책을 강구하도록 지시했다. 또 정약용에게 운반도구와 거중기 등 과학적인 기기를 제작케 하는 한편, 미리 책정된 예산 이외에 경비를 함부로 쓰지 말며 경비를 억지로 걷거나 기부하기를 바라지도 말라고 명했다.

이윽고 수원화성의 축성은 정조 18년(1794) 1월 7일 역사적인 돌뜨기가 시작되었다. 앞서 숙지산에서 돌뜨기를 위한 고유제를 지냈다. 채제공은 자신이 작성한 고유문에서 '하늘이 물건을 만듦은 그 뜻이 나라를 위함이라. 이 봉우리의 돌이 아니면 성을 쌓을 수 없으니 원컨대 신령께서는 아끼지 마시옵소서'라고 축원하여 하늘의 도움으로 축성이 무사히 진척되기를 간절히 바랐다.

여드레 뒤 정조가 축성 현장에 행차하여 순시했다. 본격적인 축성 공사가 그 막을 올린 것이다. 처음 축성 계획을 수립할 당시에는 공사 기간 10년, 축성 비용 25만 냥이 예상되었다. 1794년부터 1804년까지 공사를 진행한 후 정조가 수원화성에서 상왕으로 거처하는 것으로 계획된 것이다. 공사 비용 역시 1년에 2만 5천 냥씩 10년간 25만 냥이 소요될 것으로 내다보았다.

하지만 이 계획은 백성들의 부역을 근거로 한 것이어서 이내 철회되었다. 일단 금위영과 어영청의 운영 비용 중 28만 냥을 공사가 시작되기 전에 화성 유수 조심태에게 내려보냈다. 그것으로 공사가 끝날 수 있을 것이라고 판단한 것이다. 그러나 축성 비용은 총 87만 냥이 들어갔다. 노론의 노골적인 반대 속에 당초 예상보다 세 배가 넘는 축성 비용을 마련하기란 쉬운 일이 아니었던 것이다.

"나라는 백성에게 부역의 참뜻을 알게 하는 것이요, 도리로 말한다면 백성은 나라를 위해 부역에 나가는 것이 마땅하옵니다."

채제공은 효율적인 축성을 진행하기 위해 승군僧軍 동원 계획도 제안했다. 승군과 백성들이 자발적으로 일정 기간 축성에 참여하는 것이 당연하다고 본 것이다. 채제공의 상소에 조정 대신들의 논의가 이어졌다. 노론의 강경파를 제외하고, 나머지 대부분이 당파를 초월해서 채제공의 의견에 동조함으로써 백성들에게 부역시킬 것을 건의했다.

그럼에도 정조는 요지부동이었다. 화성 유수부의 백성 단 한 사람도 힘들게 하지 않겠다는 당초의 약조를 지켰다. 공사에 참여하는 모든 이에게 철저히 임금을 지불하도록 명했다.

이 때문에 화성 축성에서 가장 문제가 되었던 것은 비용이다. 무엇보다 처음 축성 비용을 잘못 산정한 점이 컸다. 더구나 정조의 뜻에 따라 고용 노동이 진행되면서 인건비 부족이 심각해졌다. 결국 축성 공사를 중지해야 하는 상황에 이르고 말았다. 하늘마저 돕지 않았다. 축성 시작 직전인 1793년은 극심한 흉년이었다. 축성 당년에도 역시 흉년의 연속이었다.

정조는 그해 가을 아버지 사도세자의 묘소를 참배하는 자리에서 재상들에게 축성 공사를 중지할 것을 명했다. 하지만 채제공은 축성을 중단한다면 이후 더 힘든 상황이 전개될 것이라고 예견했다.

"지금의 공장工匠과 일꾼들은 팔도에서 모은 사람들입니다. 한데 지금 만일 이들을 돌려보내고 만다면 몇 년 후에 다시 모으기는 어려울 듯합니다. 또 자원하여 공사에 나와 입에 풀칠이나 하고 몸이나 겨우 가리던 자들에게는 명줄이나 다름이 아니온데, 공사를 중지하고 돌려보낸다면 그 낭패함이 어떠하겠습니까? 성을 쌓는 공사도 흉년을 구제하는 한 가지 방도가 될 수 있나이다. 게

다가 소를 세내어 돌을 운반하고 시설한 곳이 적지 않은데 갑자기 중단한다면 훗날 물력의 소비는 반드시 처음보다 곱절이 될 것입니다.”

현장 실무자인 화성 유수 조심태 또한 채제공과 뜻을 같이 했다. 다른 신하들의 의견 역시 축성 공사를 그대로 진행하자는 것이었으나, 정조는 끝내 공사 중지를 명했다.

결국 영의정 겸 화성 총리대신인 채제공은 공사 비용 마련에 중점을 둘 수밖에 없었다. 고뇌한 끝에 평양 병영에 비축된 2만 냥과, 금위영과 어영청의 쌀 1천 석씩을 축성 비용으로 사용할 수 있도록 변통했다. 국가 재정을 효율적으로 관리하여 조정하는 것이 그의 역할이기도 했던 것이다.

뿐만 아니라 비용 절감에도 고심했다. 목재의 운송 수단에 대한 효과적인 방안을 내놓기도 했다. 화성의 각종 문루에 들어갈 재목을 한강 상류에 있는 여러 고을에서 사들이게 되면 하루 만에 경강에 도착하여 정박할 수 있었다.

한데 경강 일대에서 다시 목재를 운송할 배는 대부분 몸체가 좁고 작아서 이용할 수가 없었다. 그렇다고 좀 더 큰 개인 소유의 배를 이용할 경우 막대한 운송 비용이 들어갔다.

채제공은 이 문제의 해결책으로 가장 큰 배를 부렸던 영남 우조창右漕倉의 조운선을 생각해냈다. 조운선이 각종 세금을 싣고 경강에 도착해서 하역을 끝내면, 돌아가는 편에 그 배에 목재를 실어 화성 접경에 있는 구포鷗浦 항구에 내려놓는 방안이었다.

또한 채제공은 화성 축성에 참여하고 있는 감독관들의 인사문제에도 관심을 두었다. 조선왕조의 사대부들 역시 과거에 급제하여 출사하고 좋은 자리로 승차하는 것이 주요 관심사였다. 채제공은 그 같은 점을 놓치지 않고 헤아렸다. 축성 공사가 중반에 들어가는 시점에서 감독관들을 승차시키는 인사를 추진시켰다.

그때까지만 해도 관원들의 승차는 대개 근무 기간에 따라 운영되는 것이 관례였다. 한데 그는 화성 축성에 정성을 다하는 관원들에겐 근무 기간을 무시하고 역량에 따라 승차시켜 고을의 수령이나 지방 병마절도영의 장수로 보내주었다.

이후 감독을 맡은 관리들의 자세가 크게 달라졌음은 물론이다. 보다 적극적으로 축성에 참여하여 축성을 효율적으로 진행하는데 큰 도움이 되었다. 지금식으로 말하면 인센티브incentive의 효과를 얻은 셈이었다.

채제공은 이같이 축성을 총감독 역할만 한 것은 아니었다. 신도시 수원화성의 도시 발전을 위해 행정 구역을 조정하기도 했다. 화성 유수부와 접경한 용인, 안산, 진위를 속읍屬邑으로 만들 것을 정조에게 상소했다. 정조는 그의 의견을 받아들여 시행을 약조했다. 화성 유수부의 위상을 높이기 위해 절목을 제정하고 별단을 갖추라고 명했다.

마침내 1796년 9월 10일, 수원화성 축성이 끝났다. 이날 창덕궁의 영춘헌에서 화성 유수 조심태와 도청 이유경이 공사를 시작한 지 3년여 만에 여장이 완성됨을 아뢰었다.

정조는 크게 기뻐했다. "공사가 마치 하늘의 도움을 받은 듯하다"라며 수원화성의 축성이 성공적으로 끝났음을 자축했다.

고급 관리자로서
채제공의 리더십

    채제공에겐 이제 수원화성에 대한 마무리가 과제로 남아 있었다. 성곽을 지속적으로 유지 관리할 수 있도록 하는 것이 자신의 마지막 임무라고 생각했다.

    그래서 수원화성의 축성이 모두 끝난 이듬해인 1797년 채제공은 황해도 안익군의 직환耀還으로 상평창의 회계에 있는 것과 창고에 남아 있는 1만 8천 석, 영남의 화산 지역에 성을 쌓기 위해 내준 쌀 5천 여 석, 남창南倉의 2만 냥, 전 도신道臣 이태영이 스스로 마련한 1만 냥, 조창漕倉의 2만 냥, 평안 감영이 별도로 준비한 돈 1만 냥, 어영청과 금위영 회계 외의 돈 5천 냥을 수원화성에 떼어주어 성을 보수하는 경비로 삼을 것을 정조에게 건의했다.

    수원화성의 첫 시작에서부터 마무리에 이르기까지 채제공의 노력이 들어가지 않은 것이란 없었다. 오늘날의 수원화성은 채제공과 함께하였던 그 충실한 실용정신과 관료, 학자, 장인, 일반 백성들의 숨은 노력이 있었기에 가능했던 프로젝트였다.

이러한 프로젝트를 완성하기 위해 고급 관리자로서 채제공이 보인 리더십은 대략 다음의 여섯 가지로 요약해 볼 수 있다.

비판적 사고와 적극적 행동의 실천가

정조는 분명 왕위에 오르기 이전부터 강력한 개혁 의지를 품고 있었던 것 같다. 그러나 개혁이란 의지만으로 되는 건 아니다. 원대한 비전과 치밀한 사전 준비, 그리고 이를 뒷받침할 수 있는 리더(국왕) 자신의 군건한 의지와 노련한 리더십 이외에도, 여기에 다시 뜻을 같이 할 수 있는 현실 세력이 합해졌을 때만이 비로소 가능한 개혁이었다.

그런 의미에서 볼 때 채제공은 현실 세력을 대표하는 더할 나위 없는 모범형의 팔로워였다. 높은 윤리관으로 조직의 가치관을 변화시키고 반대 세력을 끊임없이 설득해 나가는, 그야말로 끝까지 신뢰할 수 있는 고급 관리자로서 리더십의 전형을 보여준 인물이었다고 말할 수 있다.

우선 채제공은 소수 정파의 일원이었다. 그가 있었던 남인의 정치적 지향은 왕권을 강화해 개혁과 발전을 이루는 것이었다. 따라서 남인은 다음 국왕으로 오를 위치에 서 있는 사도세자의 폐위를 강력히 반대해야 했다. 채제공은 그런 노선의 교주이자 변함없는 신도였다.

그가 경기도 이천 부사로 나가 있다 도승지(정3품)가 되어 조정으로 돌아왔을 때 사도세자를 폐위시키려는 영조의 비망기備忘記가 내려왔다. 채제공은 이를 항명하고 나섰다. 그날 채제공은 문무과 장원 급제자들을 접견하던 창경궁의 함인정으로 달려가 영조 앞에 엎드렸다. 전날 밤 영조가 작성하라고 명한 문서를 자신의 손으로는 도저히 작성할 수 없다고 눈물로 아뢰었다. 실로 목숨을 내걸지 않으면 안 되었던 항명이었다.

영조는 한동안 생각에 잠기는 듯이 보였다. 그러다 "지신사(도승지)의 말이 옳다. 내가 마땅히 이를 받아들이겠다"며 명을 일단 거둬들였다.

채제공이 훗날 정조의 가장 중요한 신하가 될 수 있었던 까닭도 바로 여기서 기인한다. 그의 이 같은 태도와 의지가 정조에게 깊은 인상을 심어주었던 것으로 사료된다.

채제공은 정조가 보위에 있는 동안 탁월한 고급 관리자의 리더십을 보여준다. 그 대표적인 실례가 독상獨相이다. 그가 이 같은 독상을 지냈다는 것은 국정을 수행하는 데 탁월한 역량을 보였다는 것을 의미한다. 나아가 정조가 추진한 탕평책에 부응해 어느 당파에도 치우치지 않는 포용과 원숙함으로 조정을 이끌었다는 얘기다. 특히나 '6조 진언'이라 하여 나라를 다스리는 여섯 가지 비책을 만들어 정조의 통치 이념을 보다 강화시키는 탁월한 역량마저 보였다.

잘못된 것은 바로 잡아야 하는 개혁가

채제공은 정조가 즉위한 직후부터 곧바로 개혁 정책을 보좌하고 추진했다. 첫 사안은 사노비寺奴婢(각급 관아에 소속된 노비)의 폐단을 시정하는 절목을 마련하는 것이었다. 그 골자는 도망간 노비를 국가에서 추쇄(추적해 체포함)하는 제도를 없애고 사노비를 점진적으로 감축한다는 것이었는데, 이는 훗날 사노비를 전면 폐지시키는(순조 1년) 첫 걸음이 되었다.

또한 그동안 오랜 당쟁의 핵심 원인 가운데 하나로 꼽혔던 이조 전랑銓郎의 통청권(정3품 이하의 주요 문신을 추천할 수 있는 인사 권한)과 함께 자대권(후임을 자신이 직접 지명할 수 있는 인사 권한)을 혁파하자고 주청해 정조의 윤허를 얻어냈다.

〈임꺽정〉의 작가 벽초 홍명희는 조선왕조에 당쟁이 발생한 원인을 벼슬자리의 부족으로 보았다. 양반의 숫자는 점점 많아졌는데 거기에 비례하여 관직은 좀처럼 늘어나지 않았고 여기서 발생한 다툼이 바로 당쟁이었다는 해석이다. 그러다 보니 인사를 추천하는 관직인 이조 전랑을 어느 정파에서 맡을 것인가를 두고 경합이 치열해질 수밖에 없었다는 얘기다.

조선왕조의 당쟁사를 비교적 공평한 시각에서 서술했다고 평가받는 이건창의 〈당의통략黨議通略〉에서도, 이조 전랑의 자리를 둘러싼 다툼을 첫 장에서부터 할애하고 있다. 이조 전랑은 정5품의 높은 품계가 아니었음에도 벼슬을 추천하는 자리였던 만큼 과연 어느 정파에서 그 자리를 차지하느냐에 따라 권력의 인맥 지도가 바뀔 수 있었기 때문이다.

채제공은 바로 이 같은 인사 문제의 독선적 행위를 혁파시켜 당쟁을 완화하고 탕평책을 강화하고자 했다. 다시 말해 실추된 왕권을 강화시키고자 한 것이다.

문제를 합리적으로 해결하는 지혜

수원화성의 프로젝트를 시작할 때 정조는 자신의 의지를 분명히 천명한다. 단 한 명의 백성일지라도 부당하게 부역으로 동원시키거나, 희생시키지 않겠다는 거였다. 누구나 자신이 땀 흘려 일한 만큼 품삯을 받아갈 수 있게 했다.

그러나 현장의 사정이나 형편은 크게 달랐다. 신도시를 건설하고 성곽을 쌓아야 하는 현장의 전체 책임을 맡은 채제공으로선 무엇보다 예산이 문제였다. 노론의 거센 반대와 견제 속에 착수된 화성 축성은 처음부터 비용이 중요한 현안으로 대두된 터였다.

당초 25만 냥에서 무려 87만 냥으로 늘어났다. 이 같은 막대한 비용을 마련하는 것도 쉬운 일이 아닌데다, 마련한다 하더라도 축성 비용의 절감 방도를 찾아내지 않는다면 턱없이 부족할 판이었다. 결국 축성 5개월 만에 금위영과 어영청 두 군영을 비롯하여 삼남의 결전에서 빌려온 축성 비용 15만 냥 가운데 고작 8천 냥이 남았다. 당장 공사가 중단될 지경에 놓였다.

채제공은 우선 균역청에서 10만 냥을 변통하여 사용토록 해야 한다고 건의했다. 이것은 독상으로 이미 국정을 속속들이 꿰고 있는 그만이 찾아낼 수 있는 변통이었다. 더불어 채제공은 효율적인 축성을 진행하기 위해 승군僧軍 동원 계획도 제안했다. 승군과 백성들이 자발적으로 일정 기간 축성에 참여하는 것이 당연하다고 본 것이다.

그러나 정조는 채제공의 건의를 받아들이지 않았다. 나랏일이라서 백성들을 부역으로 강제 동원할 수도 있었으나, 당초 자신이 천명한 대로 백성들을 고통스럽게 할 수 없다는 의지를 굽히지 않았다. 더욱이 평지에서 성곽을 쌓는 공사는 팔달산 일대에서 성곽을 쌓는 것과는 달랐다. 성곽의 높이가 높아진 데다 안쪽으로 내탁(자갈과 흙을 두텁게 쌓음)을 해야 했기 때문이다.

따라서 축성 비용이 상대적으로 많이 소요될 수밖에는 없었다. 평지에 성곽을 쌓기 시작하면서 축성 비용이 과다하게 지출되어갔고, 비축된 예산이 부족할 수밖에 없었던 것이다.

채제공으로선 선택의 여지가 없었다. 공사 비용의 변통과 절감 말고는 달리 방도가 없었다. 그 같은 방안을 찾아내어 대안을 제시하지 않으면 안 되었다. 그는 우선 국정을 속속들이 꿰고 있는 자신의 경험을 살려, 평안도 병영의 '포흠조' 2만 냥을 변통하여 축성 비용으로 사용할 수 있도록 하자고 건의했다.

일찍이 평안도 병영에서는 '포흠조'라는 명목으로 한 해에 5천 냥씩 4년에 걸쳐 세금을 거두어 모아두고 있었다. 예비비 성격의 이 금액을 축성 비용으로 전환하자는 것이었다. 그런가 하면 절감 방도도 찾아내었다. 화성 축성에 사용될 아름드리 목재들은 황해도 장산곶에서 가져왔다.

한데 경강 일대에서 다시 목재를 운송할 배는 대부분 몸체가 좁고 작아서 이용할 수가 없었다. 그렇다고 좀 더 큰 개인 소유의 배를 이용할 경우 막대한 운송 비용이 들어갔다.

채제공은 그 같은 문제의 해결책으로 가장 큰 배를 부렸던 영남 우조창의 조운선을 생각해냈다. 영남 우조창 소속의 조운선이 각종 세금을 싣고 경강에 도착하고 하역을 끝내면, 돌아가는 빈 배편에 그 목재를 실어 화성 접경에 있는 구포 항구에 내려놓는 방안으로 문제를 해결하고 나선 것이다.

획기적 제안을 활발히 개진

수원화성 축성에는 축성 착공과 동시에 수원 도호부를 농업과 상업의 발전을 통하여 자급자족할 수 있는 신도시로 조성하기 위한 다양한 정책 수립이 뒤따랐다. 이 과정에서 채제공은 수원 도호부의 상업 발전을 위한 획기적인 묘안을 제시했다. 당시 수원 도호부는 다른 고장의 고을과 마찬가지로 재정이 여유롭지 못했다. 보잘 것 없는 초가집이 대부분이어서 상업을 활성화시키는 데 어려움이 많았다.

채제공은 거리에 건물이 즐비하게 늘어선 도회지의 면모를 갖추기 위한 타개책으로, 한성의 부유한 상인들을 수원으로 대거 이주시키는 방안을 내놓았다. 한성의 부유한 상인 30호 가량을 모집하여 이자 없이 1천 냥씩 대여해주고, 수원 신도시의 대로 좌우에 전방을 열도록 하여 대여해준 비용을 갚아나가도록 하자는 것이었다. 그렇게 되면 한성의 상인들은 이주 비용에 대한 부담 없이 신도시 수원으로 이주하여 상업을 할 수 있고, 조정 역시 예산을 고스란히 보존할 수 있을 것이라고 했다.

더불어 초가집이 아닌 기와집을 장려하기 위하여 1만 냥을 수원 도호부에 내려 보내자고 했다. 관아에서 기와를 구워 이윤을 붙이지 않고 값싸게 공급하면, 누구나 손쉽게 기와집을 지을 수 있어 기와집이 즐비한 도회지를 꾸밀 수 있다는 묘안이었다. 또한 수원 신도시와 인근에 5일장을 설치하여 신도시 수원을 중심으로 시장을 상설화하고 세금을 거두지 않으면, 도처에서 상인들이 모여들어 전주, 안성과 같이 성황을 이룰 것이며, 신도시의 면모를 바꾸어 놓게 될 것이란 구상도 피력했다. 아울러 신도시 수원화성의 도시 발전을 위해 행정 구역을 조정하자고도 했다. 수원 도호부와 접경한 용인, 안산, 진위를 속읍으로 만들 것을 정조에게 건의한 것이다.

시대의 변화를 읽은 뛰어난 식견

왕도정치는 곧 경제에서 시작된다는 속다짐은 조선왕조 개국 당시부터 흔들림 없는 약조였다. 그러나 조선왕조는 이 같은 다짐을 실현하지 못하고 있었다. '백성들은 먹는 것이 곧 하늘이다'라는 왕도정치를 끝내 보여주지 못했던 것이다.

여기에 채제공이 나선다. 원하는 이라면 누구나 장사를 할 수 있도록 하는 통공 정책을 상소한 것이다. 요컨대 종루 육의전을 제외한 나머지 지역에서는 시전의 특권인 금난전권을 박탈해, 원하는 이라면 누구나 자유로이 상업 활동을 보장하는 획기적인 조치였다. 신해통공으로 일컬어지는 이 같은 정책은 종루 육의전과 끈끈히 결탁되어 있는 노론의 자금줄을 차단시키는 한편, 민심을 얻는 데도 크게 기여하여 수원화성을 축성하는 데 밑받침이 될 수 있었음은 물론이다. 나아가 당시 활발하게 성장하던 상업과 상공업의 변화를 수용하고 촉진함으로써 조선 후기의 경제를 널리 살찌울 수 있게 하는 계기가 되었다.

한평생 2명의 국왕을 충실히 보필

남달리 두터운 포용력과 탕평으로 정조의 개혁을 앞장서 실행했던 채제공은 1799년 80세를 일기로 별세한다. 정조는 채제공의 임종 소식을 전해 듣고 깊이 탄식한다. 한평생 자신과 뜻을 같이하며 충실히 보필해온 그의 유고를 애석해하며 이례적으로 다음과 같이 긴 전교를 내렸다고 〈정조실록〉은 기록하고 있다.

「지난밤에 그가 세상을 떠났다는 소식을 들었다. 참으로 그 사람이 어찌 그렇게 되었단 말이냐. 그에 대해서는 실로 남들은 미처 알 수 없고 혼자만이 아는 깊은 계합이 있었다. 참으로 세상에 드문 인물이었다. 그가 하늘에서 받은 인품은 우뚝하고 기력이 있었으며, 일을 만나면 바로 나아갔을 뿐더러 두려워하거나 꺾이지 않았다. 시를 지으면 비장하고 강개하여 사람들은 그가 연燕나라와 조趙나라의 비가悲歌의 유풍이 있다고 말했다. 그는 젊은 나이에 벼슬을 시작해 영조께 인정을 받아 금전과 곡식을 총괄하고 세법을 관장했으며, 어서를 다듬고 내의원에서 선왕의 건강을 돌보는 데도 정성을 다했다. 내가 즉위한 다음에는 그를 내치라는 참소가 빗발쳤지만 그의 뛰어난 재능은 조금도 꺾이지 않았다. 나는 극히 위험한 가운데서 그를 재상으로 발탁했다. 그 지위는 높고 직무는 국왕과 가까웠으며, 총애와 신망이 두터워 사람들이 미처 입을 다물지 못하고 기운을 빠지게 만들었으니 '저렇게 신임을 독점한 사람은 예전에도 거의 들어보지 못했다'고 말할 만했다. 더욱이 50여 년 동안이나 벼슬을 하면서 굳게 간직한 지조는 탄복할 만하지 않은가. 그러나 이제는 다 끝난 일이로구나. 죽은 좌의정 겸 판부사 채제공 집안의 모든 일에 대해서는 마땅히 관례에 의거해서 거행하되, 승지가 치조致弔하는 일은 전 영의정 홍낙성의 전례에 의거하고, 내각의 속관을 보내어 상재를 돌봐주는 일과 호상하는 절차에 대해서는 각신과 대신의 전례에 따르라. 성복일成服日의 치재는 승지가 마땅히 거행할 것이나, 내각의 치재에 대해서는 전 좌의정 김종수의 전례에 의거하여 제문을 지은 후 거행하도록 하라. 녹봉은 3년 동안 그대로 보내주도록 하고, 장사 지내기 전에 시호를 의장하도록 하라.」

[마인드맵으로 본 채제공의 리더십 역량]

번암 채제공
(고급 관리자)

채제공은 도승지가 된 해에 사도세자를 폐위시키려는 영조의 비망기
(備忘記: 임금이 명령을 적어서 승지에게 전하던 문서)가 내려오자
죽음을 무릅쓰고 막았다.

▶ 솔선수범

채제공은 정조 즉위 직후부터 통청권, 자대권 등 잘못된 제도를 혁파
하는 등 개혁 정책을 추진했다.

▶ 변화 주도

화성 축성에 단 한 명의 백성도 부당하게 하지 않겠다는 정조의 의지,
그러나 도시를 건설하고 성곽을 쌓는 총 책임을 맡은 채제공에게 예
산은 매우 중요했다. 이에 채제공은 화성 축성의 공사비용 조달에 대
한 다양한 해결 방안을 제시했다.

▶ 문제 해결

수원화성 축성에는 축성 착공과 동시에 수원 도호부를 농업과 상업
의 발전을 통하여 자급자족할 수 있는 신도시로 조성하기 위한 다양
한 정책이 채제공에 의해 제안되었다.

▶ 분석적
사고

당시 활발하게 성장하던 상업과 상공업의 변화를 인정하고 촉진한
신해통공 정책으로 조선 후기의 경제는 크게 성장했다고 평가된다.

▶ 통합적
사고

정조는 채제공의 임종 소식을 전해 듣고 깊이 탄식한다. 한평생 자신
과 뜻을 같이하며 충실히 보필해온 그의 유고를 애석해하며 이례적
으로 긴 전교를 내렸다.

▶ 팔로워십

리더십
수원화성에 묻다

당신은 리더인가?
그렇다면 지금 어떤 독특한 일을 하고 있는가?

– 신시아 몽고메리 –

제5장

정약용의
팀장 리더십

정약용은 누구인가?

정약용은 1762년 경기도 양주에서 정재원의 막내아들로 태어났다. 국정을 대리청정하던 사도세자가 비좁은 뒤주 안에 갇혀 굶어죽어 간지 한 달여 쯤 뒤였다. 훗날 만나게 될 정조와의 인연은 벌써 그의 출생 때부터 계시적이었는지 모른다. 집안은 팔대 옥당(5대조까지 8명이 홍문관 벼슬을 한 집안)으로 이름난 가문이었다. 어머니 윤씨 또한 해남 윤선도尹善道의 6세손이었다. 친가나 외가 모두 이름난 문명 집안이었으니 좋은 핏줄을 타고 났음은 분명하다.

진주 목사(정3품)였던 아버지 정재원은 사도세자의 죽음을 계기로 벼슬을 그만두고 향리에 머물고 있었다. 당시는 사도세자의 죽음을 동정하는 노론의 온건파보다 사도세자의 죽음을 당연시하는 노론의 강경파가 득세하던 때였다.

그러다 1776년 영조가 세상을 뜨고 정조가 즉위했다. 그는 아버지 사도세자를 죽음으로 몰아넣었던 노론의 강경파를 견제하는 대신, 노론의 온건파를 중용하기 시작했다. 새로운 세상이 도래하자 정약용의 아버지 정재원도 호조 좌랑(정6품)으로 다시금 벼슬에 나서게 되면서 한성의 명례방(지금의 명동 일대)으로 이사를 갔다.

정약용은 4세 때 아버지로부터 천자문을 배웠다. 사대부의 자제들이 5~6세 때부터 배우기 시작한 것에 비하면 빨랐다.

7세가 되던 해에 처음 그의 천재성이 나타났다. 시를 지은 것이다. 아버지는 '크게 놀랍구나! 분수에 밝으니 자라면 역법曆法이나 산수에 능통하겠구나!'라고 정약용의 앞날을 점쳤다.

실학사상을 집대성한 한국 최고의 실학자이자 개혁자 정약용

그러나 정약용은 자신이 친가보다는 외가의 피를 더 많이 이어받았다고 말했다. 외할아버지인 윤두서를 닮았다고도 했다.

실제로 정약용은 어린 시절부터 어머니를 따라 전라도 해남에 자리한 외갓집(윤선도의 고택)을 자주 찾았다. 외갓집에서 귀중한 책들을 가까이 볼 수 있었는데, 중국은 물론이고 멀리 서양에서 들어온 책들도 접했다. 기존의 성리학에선 볼 수 없었던 폭넓은 지식과 과학기술을 다룬 서학의 다양한 책들을 보며, 조선왕조가 부강한 나라가 되기 위해선 실질적으로 개혁할 수 있는 실학이 뿌리내려야 한다는 신념을 갖게 되었다.

또한 실학의 대가였던 성호星湖 이익의 문집을 접하면서, 그의 학문은 나라를 바로 세우는 정치와 백성들의 삶을 위한 경제 분야로 집중된다. 귀족의 가문에서 태어나 경제적으로도 풍요로운 어린 시절을 보냈던 그가, 사대부들이 시선을 두지 않던 경제적 이슈에 눈을 뜨게 되면서 비로소 학문의 방향을 잡기 시작했다.

그러한 관심은 자연스럽게 서학을 전해주는 천주교인들과도 친밀하게 지내는 계기가 되었다. 그에게 성리학을 가르쳐준 매형 이승훈만 아니라 친형인 정약종과 정약전도 천주교 신자였으므로, 정약용도 천주교에 우호적이었던 것만은 틀림없어 보인다. 또 이 같은 사실은 지금 식으로 보자면 급진적인 개혁주의자였던 것도 부인할 수 없다.

정약용은 22세에 과거 초시에 급제하여 성균관 유생이 된다. 이때 정조의 눈에 띄어 총애를 한 몸에 받았다. 28세에 대과에 급제하여 본격적인 벼슬을 시작한 이후 약관의 나이에 암행어사, 동부승지(정3품), 형조참의(정3품), 병조참의 등의 벼슬에 올랐다.

특히 암행어사로 경기도 연천, 포천, 파주 지역 등을 돌며 가난하고 핍박받는 백성들의 고통을 생생하게 목격했다. 그러면서 목민관牧民官(고을 수령)의 의무를 절실하게 깨닫게 되었다. 또 이 시기 정조의 개혁 의지에 따라 신도시 수원화성이 축성케 되면서, 약관의 나이임에도 불구하고 수원화성 설계라는 밀명을 받았다. 정약용은 수원화성을 난공불락의 철옹성으로 축성하고 싶었다. 아울러 가장 아름다운 성으로 만들고 싶었다. 가장 아름답고 견고한 성, 이것이 그가 내세운 수원화성 설계의 핵심 가치였다.

이를 위해 수원화성에 다양한 시설과 기구를 장치했다. 매우 정교하고 입체적이었으며, 당대를 뛰어넘는 과학이 총동원된 첨단 읍성으로 축성된 것이다.

당초 정조는 수원화성 축성에 10년이 소요될 것으로 예견했다. 그러나 정약용은 공사에 필요한 사전 준비와 과학적인 새로운 기계들을 속속 만들어내어 2년 9개월여 만에 완공시켰다. 자칫 공사 기간이 길어졌다면 그 사이 불처럼 일어났을 노론의 예봉을 차단할 수 없었을 것이다.

그러나 승승장구하던 그에게 역풍 또한 없지 않았다. 36세에 노론으로부터 서학을 신봉한다는 모함을 받아 황해도 곡산 부사(종3품)로 좌천되기도 했다. 곡산 부사 시절 그가 부임하기 전에 곡산 지방은 과중한 세금 부과로 인한 소요 사태가 발생한 터였다. 그 같은 소요 사태의 주동자였던 이계심이 새로이 부임하는 곡산 부사 정약용을 가로막고 섰다.

정약용은 이계심을 추포하지 않고 관아로 데려가 소요 사태의 원인에 대해 자세히 물은 뒤 칭찬하면서 무죄 방면시켰다. 백성의 어려움을 앞서 고했다는 이유에서였다. 정약용의 관료생활은 고작 11년이 전부였다. 관료로 재직하는 동안 그는 자연과학과 기술, 특히 실제 생활에 관련된 기술 분야에 독창적인 업적을 남겼다. 북학파 박제가와 함께 종두법을 연구하고, 이가환과 수학(기하학)을 연구하였다. 또한 백성들의 삶에 도움이 된다는 생각에서 서양학 책들을 포함하여 명말청초 고염무顧炎武를 위시한 경세학자들의 저술도 폭넓게 탐구했다.

정약용은 이같이 성리학을 국시로 한 조선왕조가 가진 모순과 한계를 실학으로 극복할 수 있다고 믿었다. 부국강병과 백성들의 삶을 실질적으로 살찌우게 하는 길이 실학에 있다는 신념을 평생 버리지 않고 지켜냈던 것이다.

정조와 정약용의
첫 만남

정조와 정약용은 언제 어떻게 처음으로 만나게 된 걸까? 그 첫 만남에서 나눈 대화며 인상은 어떠했던 것일까? 후세는 이 둘의 첫 만남을 성군聖君과 현신賢臣이 조우하게 된 역사적인 순간이라고 일컬었다. 또 어떤 이는 조선시대 '가장 신하다운 신하가 임금 앞에 섰다'고 그 순간을 표현하기도 했다.

하지만 정약용은 좀처럼 임금 앞에 설 기회를 갖지 못했다. 벌써 여섯 번인지 일곱 번인지 셈하기조차 힘들 만큼 연이어 과거 시험에서 낙방만을 거듭하고 있던 터였다.

그러던 1783년 2월 성균관에서 치러진 초시初試에 가까스로 붙은 뒤 다시 두 달 여가 지나 복시覆試에서도 3등 7인으로 급제하면서, 드디어 임금 앞에 설 수 있게 되었다.

정약용은 과거 급제자들과 함께 창덕궁 인정전으로 나아가 석대石臺 앞에 나란히 부복했다. 승지가 안내하는 대로 임금 앞에 서서 네 번 엎드려 절하고 자기 차례를 기다렸다.

붉은 일산을 받쳐 쓴 임금 앞에 성적순으로 늘어선 생원과 진사進士들에게 백패白牌와 붉은 모자가 증표로 주어지고 술이 내려졌다. 그 순간에도 정약용은 잔 가슴이었다. 임금이 급제자들에게 차례대로 물어오고 있었던 것이다.

이윽고 임금 앞에 3등 7인으로 급제한 정약용이 부복하자 임금이 입을 열었다. 온화한 용안으로 나직이 묻는 임금의 말씀에 술을 마신 정약용은 정중히 대답했다. 얼굴을 들라고 명한 임금은 아직 동자 티가 나는 정약용을 보고 물었다.

"몇 살인고?"

"임오년(1762) 생이옵니다."

"임오년 생이라…. 출생한 달은?"

"6월 16일이옵니다."

임오년 여름이라면 아버지 사도세자가 비좁은 뒤주 안에 갇혀 비참한 최후를 맞이하던 때가 아니던가. 이 무슨 연분이란 말인가. 순간 임금은 말문을 열지 못했다. 까마득히 먼 데서부터 아련히 되살아나는 환청에 속절없이 빠져들었다. "할바마마, 아바마마를 살려주시옵소서! 아바마마를 살려주시옵소서!"라며 울부짖던 어린 자신의 애달픈 목소리였다.

정약용 역시 그런 임금의 용안을 놓치지 않았다. 온화함과 깊은 고뇌가 동시에 묻어나는 복잡한 감정의 용안을 힐긋 살피면서 장차 이 임금을 반드시 모시리라 혼자서 가슴에 다짐하였다.

정약용은 이날 정조를 뵙고 창덕궁을 물러나와 그 순간을 시로 지어 남긴다.

남색 도포 단정히 차려입고 대궐로 들어서자

승지가 안내하여 섬돌 아래 섰다

옥피리 소리가 바람을 따라 신선 의장대로 퍼져나가고

빛나는 일산日傘 깊숙한 곳에 임금님 앉으셨다

연회에선 은 술잔으로 은총 두루 받았고

백패에다 붉은 모자 가슴에 처음 안았다

임금님 말씀에 대답하고 뒷걸음으로 물러나

궁중의 버들과 성 안의 꽃들을 둘러보니 정말 늦봄이로구나

이때 정약용은 22세, 10년 연상인 정조가 32세였다. 둘의 인연은 처음 그렇게 이어졌던 것이다.

사실 두 사람의 첫 만남은 이때가 처음은 아니었다. 정약용이 18세가 되던 해(1779)에 이미 한 차례 이뤄졌다.

그해 정조는 여주 세종대왕의 왕릉을 참배하기 위해 남한산성으로 출궁했다. 정조는 세종대왕의 릉을 참배한 뒤 인근의 광주, 여주, 이천에 거주하는 유생들을 모아 별시를 치르도록 했다. 이때 정약용이 별시를 치렀다는 기록은 없다. 다만 정조를 호위하는 군사들의 사열이 인상 깊었던지 그 모습만이 시로 남아 있을 따름이다.

어쨌든 남한산성의 연병관練兵館에서 정조가 친히 참석한 가운데 별시가 성대히 치러졌다. 남한산성을 새로이 완공한 기념이었다.

당시 정약용의 생가가 광주부에 소속되어 있어 별시에 응시할 자격이 있었

다. 하지만 그가 별시를 치르기 위해 남한산성에 갔었는지는 알 수 없다. 또 그 먼 곳까지 가서 응시하지 않았다는 것도 이해가 되지 않는다. 어쩌면 작은 형 정약전이 별시를 치르는 데 따라갔을지도 모른다.

아무렇든 정약용은 이날 먼발치에서나마 정조를 보았음이 분명하다. 다만 너무 들뜬 나머지 그 느낌을 전하는 게 없다.

그는 이날 군사들의 사열하는 모습 이외에 화전火箭과 화포火砲 쏘는 것도 구경했다. 바로 눈앞에서 화포를 쏘는 것처럼 실감나게 묘사해 보이고 있을 뿐만 아니라, 자신의 폭넓은 서양의 군사과학 지식을 나타내 보이고 있다. 네덜란드의 호준포와 프랑스의 백자총 등 서양 무기들을 18세의 정약용이 자세히 꿰고 있다는 것이 놀랍기만 하다.

정조와 정약용의 두 번째 만남은 보다 본격적이었다. 아니 어쩌면 이때 둘의 운명이 결정되었다고 봐도 과언이 아니다.

정약용은 22세에 마침내 생원과 진사에 급제하여 성균관에 입학하게 된다. 대과를 보기 위한 전국의 수재들이 다 모였다고 말할 수 있는 조선 최고 학교의 학생이 되었다.

하지만 정약용은 성균관 학생이 된지 2년째가 되도록 장원은커녕 상위권에 단 한 번도 들지 못했다. 그저 그렇고 그런 성균관 유생 가운데 한 명일 따름이었다.

한데 같은 해(1784) 여름, 수시로 강학을 하고 깜짝 과제를 내던 정조가 작심을 한 듯 과제를 냈다. 책문(시험 제목)은 '지인知人'이었다. 정조는 성균관 유생들에게 동방의 고전인 〈중용〉을 읽고 느낀 의문점 70가지 조항에 대한 답변을 요구했다. 70가지 조항의 물음은 대체로 인간의 본성, 인간성의 선악, 군자의 의미 따위였다. 요컨대 '인간이란 무엇인가?' 하고 물은 것이다.

아울러 중용의 정신으로 살아가는 데 필요한 때를 맞추는 중용時中과 중용을 지켜내는 것執中의 의미는 또 무엇인지도 질문했다. 또한 70가지 조항 중에는 성리학의 논점이 되고 있는 이발기발理發氣發에 대한 퇴계 이황과 율곡 이이 학설의 차이점에 대해 쓰라고 묻기도 했다. 기한은 5일 이내였다.

정약용은 가장 친한 친구이자 서양학 등 폭넓은 독서를 한 이벽李檗과 의논하여 함께 답안을 만들어 나갔다. 매끄럽지 못한 문장은 집에 돌아와서도 몇 번이고 수정을 거듭하여 바쳤다고 회고했다.

이 책문에서 대부분의 남인 성균관 유생들이 퇴계의 사단四端(인, 의, 예, 지의 단서가 되는 네 가지 마음)이 옳다고 말하였으나 정약용은 다른 주장을 폈다. 율곡의 기발(기발이승으로 이이의 성리학의 기본 이론)이 옳다고 주장했다. 이 사실이 남인 학생들 사이에 알려지자 정약용을 비방하는 말들이 빗발쳤다. 그러나 수일이 지나 전연 다른 평가가 나왔다. 그것도 다른 이가 아닌 정조의 입에서 극찬이 있었다. '인간이란 무엇인가?' 라는 질문에 본질주의 정신에 입각하여 조화를 추구하는 차원에서 답변한 것이 정조의 마음에 쏙 들었던 것이다.

「도승지(정3품) 김상집이 승지 홍인호에게 "오늘 임금께서 경연의 자리에서 말씀하시길 성균관 유생들이 답변한 내용이 모두 거칠고 조잡했는데, 유독 정약용이 답변한 것만은 특이하니 반드시 식견이 있는 선비이다"라고 말씀하셨다고 전했다.」

그때까지만 하여도 정조의 입장에선 정약용이 그저 성균관 유생 가운데 한 명일 뿐이었다가, '인간이란 무엇인가?' 라고 묻는 책문에 대한 답변을 보고 그만 눈에 콩깍지가 씌고 말았던 셈이다.

이때부터 정약용은 성균관에서 두각을 나타내기 시작한다. 정조가 친히 내는 책문마다 우수한 답안을 제출하여 칭찬을 들었다. 정조는 장원을 한 성균관 유생에게 규장각에서 편찬한 서적을 친히 하사하곤 했다. 정약용은 최고 문장을 모아 놓은 〈팔자백선八子百選〉, 왕조의 법전인 〈대전통편大典通編〉, 국왕의 행적을 기록한 〈국조보감國朝寶鑑〉까지 받아 이제 더 이상 받을 서적이 없었는데, 또다시 장원을 하여 병서인 〈병학통兵學通〉을 특별히 받을 정도였다.

임금이 신하는 고사하고 성균관 유생에게 병서를 하사하는 것은 거의 전례가 없는 일이었다. 정약용은 대과 급제 이전에 이미 정조로부터 훗날 반드시 재상이 될 인물이라는 소리를 들었다. 그 역시 '채제공이 백 년에 한 번 나올까 말까 한 명재상이지만, 자신도 그런 재상이 되겠다'는 자부심으로 시를 지어 올려 정조를 함박웃음 짓게 만든 적이 있었다.

그러나 정약용은 이상하리만치 대과에서만은 번번이 이름을 올리지 못했다. 정조는 매번 성균관에서 시험이 있을 때마다 '장원한 사람의 글에 못지 않도다!'라고 탄복했으나, 벌써 네 번이나 낙방의 고배를 들어야만 했다.

"올해 네 나이가 몇이더냐?"

정약용이 28세가 되던 해 정초였다. 아직 정월의 명절 분위기가 가시지 않았건만 성균관에선 인일제 시험이 치러졌다. 다들 진지했다. 그해 첫 인일제 시험에서 그는 3등으로 부진했다. 등수에 든 유생들은 차례대로 정조 앞에 불려나가 부복했다.

"네, 스물여덟이옵니다."

"스물여덟이라…"

정조는 한동안 말을 잇지 못했다. 한시 바삐 대과에 급제하여 자신의 곁에 있어야 할 그였으나 아직도 성균관에 머물러 있는 모습이 안타까웠다.

"초시는 몇 번째였더냐?"

"네 번이옵니다."

"으음!"

정조는 한참이나 말이 없었다. 6년 전 "임오년 생이옵니다"하던 그와의 첫 대면을 회상하는 것일까? 자신의 아버지가 비참하게 죽어간 해에 태어났다는 복잡한 감정을 다시금 더듬고 있었던 것일까?

하지만 정약용은 긴장했다. 정조의 용안이 예전과 같지 않았기 때문이다. 온화한 얼굴은 온데간데없이 잔뜩 굳어 있었다.

"그리하여 어찌 대과에 급제하겠느냐!"

정약용은 당황해서 얼굴이 화끈거렸다. 처음으로 듣는 꾸지람이 차마 혹독했다. 온몸이 굳어지다 못해 가늘게 떨렸다.

"물러가거라!"

참으로 오랫동안 부복해 있어서 쉽사리 몸을 일으키지 못했다. 아니 몸이 굳어졌다기보다는 정신이 아득해져서 몸을 가누지 못했다. 지금껏 임금에게 들었던 칭찬이 물거품처럼 사라지고, 마치 망치로 머리를 맞은 것만큼 어지럽기만 했다.

그가 이렇듯 대과에 좀처럼 이름을 올리지 못한 건 다른 데 있지 않았다. 정약용의 집안이 당시 노론과 소론으로부터 집중적으로 공격을 받아 정계에서 씨가 마른 남인의 채제공과 혼인 관계(채제공의 서자 채홍근이 정약용의 누이와 혼인)를 맺고 있다는 이유에서였다.

때문에 정약용은 채제공이 우의정에 등용(1788)된 다음에야 비로소 대과에 적바림할 수 있게 된다. 정조는 우의정 채제공을 시험관에 임명하고 정약용을 급제시킬 것을 종용했다. 세 살 위인 서영보에 이어 2등으로 급제하게 된 것이다.

대과가 치러진 3월 한 달 내내 급제자들을 위한 잔치가 창덕궁과 한성의 거리에서 성대히 계속되었다. 조선시대 과거 급제란 참으로 대단한 영광이었다. 28세의 정약용도 그 같은 영광을 한 몸에 받았다.

정조, 다산의 재능을 발견하다

조선시대 과거 대과에 급제하면 대개는 종9품부터 시작한다. 장원으로 급제한 자만이 종6품부터 시작하기 마련인데, 정약용은 종7품으로 벼슬을 시작하게 되었다. 정조의 배려가 어찌 없었다 말할 수 있겠는가.

달이 바뀌어 4월 1일에는 정약용의 아버지 정재원이 한성부 서윤(종4품)에서 울산 부사(종3품)로 제수되었다. 아들 정약용이 대과에 급제한 것을 배려했기 때문으로 보인다.

정약용의 첫 벼슬은 승정원 가주서(종7품)였다. 승정원에서 국왕의 말을 글로 바꾸는 업무였다. 다시 말해 정조가 규장각의 초계문신들에게 〈대학〉을 강의하도록 해서 그 내용을 기록한 〈희정당대학강의〉 책을 만드는 일이었다. 정조가 이 업무를 담당하게 한 것은 그를 그만큼 아꼈다는 뜻이다. 정약용 또한 그 점을 자랑스럽게 생각했다.

하지만 이내 초계문신으로 선발되어 자리를 옮긴다. 초계문신이란 국왕이 왕실도서관인 규장각에서 신진 관료들을 직접 가르치고 편달하면서 재교육시키는 제도였다. 앞으로 정치를 이끌어갈 우수한 신예들을 당파와 문벌에 관계없이 함께 선발하여, 이들로 하여금 학문적으로 교류하게 하면서 동류의식을 갖게 하는 것이다. 요컨대 정조의 개혁을 뒷받침할 수 있고 탕평책을 보좌할 실력 있는 신진 관료들을 길러내는 데 그 목적이 있었다.

때문에 정조는 모두 10회에 걸쳐 138명이나 되는 초계문신을 자신이 직접 낙점하여 선발했다. 이들 중에서 절반 이상이 훗날 승지(정3품) 이상의 고위 관직에 올랐다.

특히 남인 출신 중에선 동갑내기인 정약용과 채홍원(채제공의 아들)이 주도하고 동료들이 함께 한, 죽란시사竹欄詩社의 구성원 15명 가운데 한치응, 유원명, 정약전 등 8명이 초계문신 출신이었다. 이들이 바로 채제공 이후 시대를 이끌어갈 남인의 차세대 지도자 그룹이었다.

정약용은 이때부터 노론의 눈엣가시로 떠올랐다. 그가 요직에 나설 수 없도록 견제하였음도 물론이다. 그럴수록 정조는 그를 요직에 앉혀 자신의 곁에 가까이 두고자 했다. 노론의 눈총에도 불구하고 정약용을 예문관 검열(1780)로 임명했다. 노론이 지켜보고 있었으나 관행을 깨고 밀어붙인 것이다.

남인으로서 예문관이 된다는 건 당시로는 영광이었다. 예문관은 승지와 함께 국왕을 지근거리에서 모시고 돌아가면서 숙직하며, 국왕의 정사나 행사, 회의 때에도 빠짐없이 참석하여 회의록을 기록하고 사초를 작성하여 실록 편찬의 자료로 삼았다.

한데 어쩐 일인지 정약용이 예문관에 입정하지 않았다. 매달려도 받아줄까

말까인데 국왕의 명을 어긴 것이다.

"검열 정약용에게 합격 통지를 내렸는데도 조정에 들기를 미적거리니 매우 놀랍다. 정약용은 사은배숙하고 입직하게 한 뒤 내일 아침 옥에 가두고 심문하라."

서운함을 감추지 못한 정조는 명했다. 그러다가 잠시 후 표정을 가다듬고 그를 풀어주라고 재차 명했다.

그래도 정약용은 나아가지 않았다. 자신으로 말미암아 정조가 더 큰 시련에 처할까 염려한 때문이었다. 그는 시비를 걸어오는 노론의 반칙을 막기 위해 이를 악물었다.

정조는 노론이 지배하는 아침 상참 자리에서 남인의 한계와 자신의 무기력을 동시에 절감했다. 결국 왕명에 따르지 않은 그를 충청도 해미로 유배 보내라는 명을 내리지 않을 수 없었다. 정약용은 벼슬을 시작한지 1년여 만에 첫 귀양을 떠나야 했다.

하지만 억울해 하거나 마음이 무겁지만은 않았다. 비록 귀양길에 오르긴 하였으나 정조가 자신을 그토록 믿고 챙겨주는 데 대해 가슴이 뿌듯했으리라.

정약용은 유배지 해미에서 10일 만에 해배(귀양을 풀어줌) 소식을 듣는다. 돌보아주신 임금의 용안이 새삼 떠올랐다. 돌아가면 노론의 반대 세력이 가만있을 리 만무했다. 어떻게 임금을 다시 가까이서 모실 수 있을지 걱정이 앞섰다. 유배에서 돌아온 정약용은 사간원 정언(정6품)에 제수된다. 두 달 뒤에는 사헌부 지평(정5품)으로 승차되었다.

그런 중에도 초계문신 시험은 계속되었다. 어느 날 정약용이 숙직하면서 상의원尙衣院에서 〈논어〉를 읽고 있었다. 초계문신들은 하루에 〈논어〉를 3~4편씩 틈틈이 읽어 7일 안에 마쳐야 했고, 또한 임금 앞에서 강의할 수 있어야 했다.

한데 한밤중에 편전의 내시가 찾아와 소매 속에서 쪽지를 건네며 말했다.

"이것이 내일 강독할 논어의 장章입니다."

정약용은 어리둥절하다 깜짝 놀랐다. 그런 걸 어찌 강독할 사람이 미리 볼 수 있는지 영문을 몰라 했다.

"염려하지 마십시오. 주상께서 지시한 일이오니."

"비록 그렇다 하더라도 논어의 전 편을 읽는 것이 마땅하지 않겠소."

정약용이 거절하자 내시가 웃으면서 돌아갔다. 다음날 경연의 자리에서 정조는 특별히 다른 장을 강의해 보라고 했다. 그가 한 자도 틀림없이 모두 끝내자 정조가 웃으면서 말했다.

"과연 전 편을 모두 다 읽었구나!"

정조는 신하들을 알아보기 위해 여러 가지로 떠보았다. 사람의 재능은 물론이고 보이지 않는 됨됨이까지 구석구석 시험하여 옥석을 가려 뽑았다. 정약용은 그만 아찔했을 터이다.

정약용은 이후 성균관 직강(정5품), 암행어사, 사간원 사간(종3품), 동부승지(정3품)에 올라 당상관이 된 뒤 병조참의(정3품)에 이르기까지 수직의 출세가도를 내달린다.

시점을 좀 거슬러 올라가 첫 관직이었던 승정원 가주서에서 규장각의 초계문신으로 선발되어 자리를 옮겼을 때이다. 난데없는 어명이 정약용에게 떨어졌다. 한강에 설치할 배다리를 설계하라는 것이었다.

정조가 정약용이 과거에 급제하던 해에 양주 배봉산에 있던 아버지 사도세자의 묘소를 수원의 관아 인근으로 천장했다는 건 앞서 설명한 그대로다. 사도세자의 묘소를 왕릉으로 품격을 높여 현륭원으로 옮겼다. 그리곤 현륭원을 자주 행차할 생각이었다.

이 행차를 위해서 주교사舟橋司란 임시 관아가 만들어졌다. 영의정 등의 고관대작이 도제조를 맡을 만큼 국가의 중대 사안이었다. 국왕이 현륭원으로 행차하기 위해선 한강에 임시로 주교를 놓아야 했기 때문이다. 이것은 조선왕조 사상 처음으로 시도된 프로젝트였다.

그러나 모두가 나서 배다리 계획을 반대했다. 노론의 목청은 더욱 높았다. 그들이 내세운 점은 아직 배다리 설계를 해본 일이 없다는 거였다. 더욱이 갑자기 물이 불어날 위험성도 있을 뿐 아니라, 비용이 너무 많이 들어간다는 이유였다. 실제로 이듬해 한강에 배다리를 설치하면서 그 업무를 기록해 놓은 〈주교사절목〉을 보면 동원된 군사가 1천여 명이나 되고, 1만 냥이라는 막대한 비용이 들어간 프로젝트였다.

그러나 정조의 뜻은 확고했다. "중국에서는 이미 오래 전부터 설치해온 기술인데, 우리는 아직 모방조차 하지 못하는 수준이니 중국이 우리를 경멸하는 것도 당연하다"고 개탄하면서, 왕조의 위신과 기술문화를 높인다는 차원에서 배다리 건설을 반드시 추진하라고 명했다.

그러면서 그 같은 배다리 설계를 이제 갓 벼슬에 오른 약관의 정약용에게 맡겼다. 아직은 신참이나 그만한 인재도 또 없다고 본 것이다.

정조는 그 일에 정약용이 적임자임을 알고 있었다. 일찍부터 다양한 책들을 접하였을 뿐더러, 산법을 비롯하여 서양의 과학 지식에 일가견이 있음을 알았기 때문이다.

그렇다고 해도 한강의 배다리 설계는 여간 어려운 일이 아니었다. 흐르는 강물 위에 대형 선박 80여 척을 늘어놓고 그 위에 다리를 만든다는 건 고려해야 할 문제가 한두 가지가 아니었다. 현장을 몇 번씩이나 오가고, 실측하고, 또한 지형을 두루 살펴야 했다.

무엇보다 비용을 최소한으로 낮춰 반대 세력의 목청을 막아야 했을 뿐 아니라, 대규모 병력과 수백 마리를 헤아리는 말들이 줄지어 건너야 하므로 정교하면서도 흔들림이 없어야만 했다.

설계도와 실시 계획을 받아본 정조는 만족해했으며, 정약용의 역량을 높이 샀다. 정조는 그런 젊은 정약용을 곁에 가까이 두고서 중대한 일을 함께 해나가고자 했다. 정약용도 혁신적이고 창의적인 정책들을 제기하여 정조의 기대에 부응했다.

한강 배다리 설계로
실력을 검증받다

　왕위에 오르기 이전부터 이미 숱한 위험을 이겨내야 했던 정조는, 마침내 재위 14년 만에 아버지 사도세자의 묘소를 수원으로 천장한다. 이어 수원화성을 축성하게 됨으로써 그야말로 자신의 개혁에 정점을 찍었다.

　이때부터 정조는 한 해도 거르는 법이 없이 10년 동안 아버지 사도세자의 묘소를 참배하기 위한 행차를 했다. 그리고 그 같은 행차는 수원화성 축성을 전후하여 국가 행사로 자리잡게 된다.

　따라서 국왕의 행차에 동원된 인력만도 수많았다. 국왕을 호위하는 군사들만 하여도 몇 천 명에 달했으니 그 규모가 엄청났다. 따라서 무엇보다 행렬의 중단 없이 한강을 건너는 일이 해마다 난제로 꼽혔다.

　특히 그 10년의 중간쯤이 되는 을묘년(1795)에 있었던 수원화성의 행차는 그 어느 해보다도 중요성이 강조되었다. 회갑을 맞이한 어머니 혜경궁 홍씨를 모시고 떠나는 행차였기에 더욱 규모가 커져 한강을 건너는 일이 이만저만 큰 일이 아닐 수 없었다.

정조는 한강을 건너기 위한 배다리舟橋 설계를 매번 정약용에게 맡겼다. 약관의 정약용이 벼슬을 시작한 지 불과 2년여밖에 되지 않은, 그것도 아직은 규장각의 초계문신일 따름이었을 때부터이다.

정약용의 책임은 막중했다. 을묘년의 경우 지금까지 드러난 문제점들을 모두 다 개선시키라고 정조가 명했다.

그러기 위해선 우선 한강에 배다리를 놓을 만한 지형부터 다시 찾아나서야 했다. 그동안 지형을 잘못 선택하는 바람에 낭패를 보았던 적이 한두 번이 아니었던 탓이다.

고심 끝에 세 곳으로 압축했다. 동호東湖(지금의 약수동과 압구정동 사이의 동호대교)와 빙호(서빙고동과 반포동 사이의 반포대교), 그리고 노량(이촌동과 노량진 사이의 한강대교)이었다. 이 세 곳 가운데 동호는 물살이 가장 느렸다. 강 언덕조차 알맞게 높아서 모두가 주목했던 곳이다.

하지만 강폭이 너무 넓다는 점이 문제로 지적되었다. 행차의 행렬이 창덕궁을 나서 길을 멀리 돌아야 한다는 불편함도 불거졌다. 그런 동호에 반해 빙호는 강폭이 가장 좁은 지형으로 나타났다. 더구나 지난해 행차 때에도 도강하였던 지형이기도 했다.

그러나 지난번 낭패를 다시 반복할 염려가 커보였다. 배다리를 놓을 선창에 갑자기 밀물이 들이치는 바람에 이러지도 못하고 저럴 수조차 없어 한나절 동안이나 강가에서 행차를 멈춘 채 우왕좌왕하던 그 민망함을 교훈으로 삼아야 한다는 목소리가 따가웠다.

지난번엔 미처 몰랐으나 빙호는 강 건너 언덕이 평평하고 멀어서, 강물이 겨우 1척(약 30.3cm)만 불어나도 언덕을 10장(1장은 약 3.3m)이나 물러나야 하는 지형이었다. 겨우 1척 정도 불어나는 얕은 물이었음에도 나머지 배들을 끌어 들여 당장 보충하기가 쉽지 않아 형편상 선창을 더 넓혀야만 했다.

물론 그 역시 간단치 않았다. 밀물이 들이쳐 원래 쌓아놓은 제방조차 지탱하지 못하는데, 선창까지 넓혀야 하는 일이 그리 만만찮았던 것이다.

더구나 빙호는 강물의 성질이 여울목의 흐름과도 달랐다. 보기보다 물살이 거칠었다. 거친 물살의 충격은 서로 연결되어 있는 선박에 고스란히 흡수되기 때문에 과연 배다리가 버텨낼 수 있을지조차 장담하기 어려웠다.

결국 빙호는 수위의 증감을 짐작하기 어렵고, 강물이 흘러내리는 유속이 거칠다는 점을 고려치 않을 수 없었다. 빙호 역시 동호와 마찬가지로 별반 결함이 없는 노량 나루만 못하다는 판명이 내려졌다.

이같이 배다리를 놓을 지형으로 노량 나루가 최종적으로 낙점되자, 이번에는 그곳의 지형을 마땅히 살피고 역량을 헤아려야 했다. 그러기 위해선 배가 얼마나 들어가는지 알아보기 위해 먼저 강물의 너비부터 정확히 계측하지 않으면 안 되었다.

한데 노량의 강폭은 지난해 도강 때와 크게 다름이 없었다. 대략 2백 여발(1발은 약 6척, 1척은 약 30cm)로 추산되었다. 하지만 강물이란 하루에도 진퇴가 있으므로 여유를 두어야 했다. 따라서 3백 발을 기준으로 삼았을 때 소요되는 배는, 배 1척당 5발로 계산할 때 대략 60척 정도로 추산되었다.

배의 징발 문제도 관건이었다. 공조工曹에서는 조세 운반선과 훈련도감의 배 수십 척을 가져다가 강 복판에 쓰고, 양쪽의 가장자리에는 소금 배를 충당해 쓸 복안이었다. 전라도 지방에서 올라온 소금 배를 주목한 것이다.

그러나 소금 배는 뱃전이 얕고 밑바닥이 좁아서 배다리로 쓸 용도는 아닌 것 같았다. 정약용은 공조와 공유하여 소금 배 대신 큰 강(한강을 일컬음)의 배를 모두 통괄하여 수용 가능한 숫자를 헤아려보고, 배의 높낮이를 보아 안전하고 좋은 배를 골라 대처하는 것으로 의견을 모았다.

그러자 한강에 배다리를 놓을 적마다 매번 골머리를 썩인 종량縱梁 문제가 다시 불거졌다. 배를 한데 묶어 서로 연결하는 종량에서 번번이 하자가 발생하여 난리법석을 치던 문제를 반드시 종결지어야만 했다.

정약용은 공조판서 이가환과 공조하여 문제점을 찾아냈다. 지금껏 돛대를 서로 묶어 사용해온 종량 방식에 세 가지 결정적인 결함이 있었음을 알아낸 것이다.

첫째, 돛대가 아래는 굵고 위는 가늘어서 서로 연결해 놓았을 때 자연히 울룩불룩하게 되고, 그 위에 널판자를 깔아놓을 적에도 고르지 못한 결함이 있었다.

둘째, 돛대를 서로 연결할 때 수많은 배를 한 줄로 쭉 늘어놓기 때문에 자칫 단 한 척의 배일망정 깨지거나 물에 잠기는 이상이 생기면 옆의 배가 곧바로 지장을 받게 될 뿐더러, 당장 고쳐서 보충하기가 쉽지 않다는 결함이 지적되었다.

셋째, 서로 연결해놓은 돛대가 물살의 충격을 이기지 못해 자주 부러지는 경우가 빈번한데, 돛대는 상인 개인의 물건이므로 백성들에게 민폐를 끼칠 수도 있다는 점이 그것이었다.

모두가 젊은 정약용을 주목했다. 그가 지적해낸 세 가지 결함보다 그 다음에 관심이 컸다. 과연 그 문제를 해결할 수 있는지 더 궁금해했다.

정약용의 답은 분명한 것이었다. 지금까지 사용해온 돛대의 방식을 일체 쓰지 않는 것으로부터 다시 시작한다고 밝혔다. 긴 나무를 깎아서 전량 대처하기로 생각을 전환한 것이다. 그러자면 돛대 대신 쓸 장목을 다른 데서 구해 와야 했다. 하지만 나무를 구한다는 것이 쉬운 일은 아니었다.

정약용은 그런 나무가 분명 어딘가에 있을 것이라고 믿었다. 백방으로 수소문한 끝에 결국 찾아냈다. 전라도 지역의 섬에 가면 그 같은 장목을 구할 수 있다는 소리를 들었다.

즉시 중선(큰 어선)을 띄웠다. 60척에 달하는 배를 한데 엮어 쓸 장목이라면 결코 적지 않은 수량이라서 대체 몇 척의 중선이나 띄웠는지 궁금하다. 정약용이 띄운 중선은 단 3척이었다. 불과 3척의 중선으로 가능했는지 다시금 궁금하다.

바다로 운반해올 적에는 강물과 달리 나무를 뗏목처럼 묶어 물에 떠내려 보낼 수도 없었다. 더구나 배의 선수에서 선미까지 가로지르는 긴 장목이라서 많이 실을 수도 없는 데다, 천리나 되는 먼 바닷길을 항해하여 무사히 도착하는 일 또한 쉽지 않을 터였다.

정약용이 내놓은 해결책은 생각보다 간단한 것이었다. 먼저 정확한 수요부터 산술해냈다. 국왕이 건너갈 배다리 어로御路의 넓이를 4발로 정하였을 때, 1발 사이마다 1개의 종량을 놓아야 했다. 그러자면 배 1척마다 5개의 종량이 들어갈 것이고, 60척의 배에 들어가려면 모두 3백 개 정도의 종량이 필요하다는 계산이 나왔다.

한데 전라도 지역의 섬에서 베어올 장목의 길이가 7발 정도면 충분하므로, 1척의 중선에 1백 개 정도는 실을 수 있었다. 3백 개 정도의 종량이면 중선 3척이면 충분하다는 셈법이 그렇게 해서 나온 것이다.

종량에 이어 논의된 그 다음 문제는 횡판이었다. 60척에 달하는 모든 배를 종량으로 서로 나란히 엮어놓았다면, 다시 그 위에 깔 목판의 처리 또한 간단치 않은 일이었다.

우선 지난번의 도강 때를 기준으로 참조했다. 길이 4발, 넓이 1척, 두께 3치 (1치는 약 3.3cm) 이상을 표준으로 삼았다. 그렇게 표준으로 삼았을 때 강물의 너비 1천 8백 척에 맞추려면 횡판이 모두 1천 8백 장 정도가 필요하다는 계산이 나왔다.

횡판으로 쓸 소나무는 충청도 안면도에서 베어왔다. 수송 방법은 정약용의 계산에 따라 다시금 중선 3척이 동원되었다.

이 대목에서 정약용은 그동안의 환부를 드러내는 예리한 칼날을 들이대기도 했다. 지난 몇 해 동안 배의 징발에서부터 횡판을 만들기 위해 소나무를 작벌하기까지, 관아의 아전들이며 상인들이 중간에서 농간을 부리는 폐단이 한두 가지가 아니었다. 노론은 맛있는 과일에 으레 벌레가 끄는 법이라고 푸념하고 말았으나, 정약용은 정확한 산술을 만들어 내놓았다. 이제 다시는 부정을 저지를 수 없게 만든 적간摘奸의 방도까지 마련해둔 것이다.

그렇게 60척에 달하는 배를 종량으로 서로 나란히 묶고 그 위에 횡판까지 깔았다면, 이제는 횡판 위에 다시 잔디를 깔고 또 그 가장자리엔 말뚝을 세워가는 대발을 둘러쳐 난간을 만드는 문제만이 남은 것이다.

한데 지난번의 도강 때와 달리 이번에는 잔디를 한꺼번에 모으는 일이 그리 대단한 일도, 또 별반 혼란스럽지도 않았다. 젊은 정약용이 내놓은 방법에 따라 아주 간단히 해결할 수 있었던 것이다.

우선 그는 지난번의 방식부터 깊이 들여다보기로 했다. 그랬더니 단 한 번으로 끝낼 수 있는 일을 모두가 번거롭게 중복하고 있다는 걸 어렵잖게 발견할 수 있었다. 그래서 이번에는 배 따로 잔디 따로 운송해오던 방식을 하나로 묶었다.

먼저 한강 포구를 돌며 징발하기로 한 배 60척의 선주들을 사전에 모두 불러 모았다. 노량으로 집결하는 길에 그냥 빈 배로 오지 말고, 양화진이나 서강진에서 잔디를 떼어 각자 자기 배에 싣고 오도록 한 것이다.

그뿐이었다. 그랬다가 배에 횡판이 깔리게 되면, 자기 배의 잔디를 각자 깔도록 하여 손쉽고 간단히 마칠 수 있었던 것이다.

마지막으로 배다리에 난간을 만드는 문제 역시 같은 방식에서 해결점을 찾았다. 사전에 말뚝과 가는 대발을 나누어주어 각자 자기 배의 횡판에 난간을 만들도록 하면서 일손을 크게 덜었을 뿐더러, 그간의 번거로움에서도 벗어났다.

실로 누구도 예상치 못한 결과에 감탄을 금치 못했다. 정약용의 이 같은 활약을 보고 정조를 비롯한 우의정 채제공과 공조판서 이가환 등의 개혁 세력은 주먹구구식이 아닌 배다리에 관한 계량을 가질 수 있게 되었다며 감격스러워했다. 부정의 유무를 캐어 살필 수 있다는 적간의 방도도 방도이지만, 이제는 사전에 수요를 예측 가능할 수 있게 되었다고 자평했다.

정조는 "내 가마가 배다리를 이같이 신속히 건너 나로 하여금 오랫동안 서서 바라볼 수 없게 하였으니, 어떻게 이 마음을 진정시킬 수 있겠는가!"하고 감격스러워했다.

그러나 노론의 강경 세력은 가타부타 말이 없었다. 모두가 입을 다문 꿀 먹은 벙어리였다. 그에 반해 전 좌의정이었던 봉조하 김종수와 판부사(정1품) 이병모와 같은 노론의 온건 세력은 고개를 끄덕였다. 젊은 정약용의 활약을 인정해주었다.

만일 정조가 젊은 정약용과 같은 프로젝트 설계자를 곁에 두지 못했다면, 수원화성의 축성은 고사하고 한강 배다리 건설에서부터 많은 시간과 경비를 소요하는 등 난관에 봉착했을 것이다. 또 그로 말미암아 정조의 프로젝트는 노론의 반대에 빌미를 주는 결과에 처하고 말았을 게 틀림없다.

정조 역시 자신의 기대에 부응한 젊은 정약용을 프로젝트 설계자로 주저하지 않고 낙점했다. 정약용에게 화성 축성의 설계를 맡겼다는 건 곧 정조 자신의 개혁과 생명을 같이 하겠다는 뜻이었던 것이다.

정약용, 수원화성을
설계하다

한강의 배다리 설계에 이어 정약용의 기술적 역량이 발휘된 그 다음 프로젝트는 단연 수원화성의 축조였다. 그의 나이 불과 31세였다.

그에 앞서 정약용은 사헌부 지평(정5품)으로 있던 1792년 봄, 진부 목사였던 아버지 정재원이 임지에서 별세하는 바람에 고향 광주로 내려가 여막을 짓고 거처하고 있었다. 관직을 내려놓고 아버지의 3년상을 마칠 결심이었다. 한데 같은 해 겨울, 정약용은 정조로부터 은밀히 밀명密命을 받는다. 난데없이 수원화성의 축성 설계를 맡으라는 어명이었다. 비록 성곽 축성과 같은 거대 프로젝트를 설계해본 경험이 없을지라도, 새로운 과학기술과 다양한 분야의 책을 섭렵한 약관의 정약용이 한강의 배다리를 설계해냈을 때와 같이 적임자라고 판단한 것이다.

차마 어명을 거역하지 못했다. 자신에게 화성 축성의 설계를 맡겼다는 건 정조 자신의 개혁을 같이 하겠다는 뜻임을 모를 리 없었기 때문이다.

수원화성에 성곽을 쌓아야 한다는 건의는 수원 도호부에 신도시를 건설한 해 뒤부터 제기되었다. 축성이 시작된 것은 그로부터 다섯 해가 지난 정조 18년 (1794)이었다.

수원화성의 축성 설계를 맡으라는 왕명을 받은 정약용은 먼저 탐구에 몰입했다. 조선 성제의 장점과 단점부터 널리 들여다보았다. 그런가 하면 중국 성제의 강점을 들여다보는 한편, 중국에서 들여온 서양 과학기술 책들을 탐구하면서 수원화성에 걸맞은 새로운 성곽을 구상하는 데 고심했다.

각종 문헌을 탐구하고 조선왕조의 제반 기술 여건까지 감안하여 수원화성의 설계안인 〈성설城說〉을 정조에게 올린 것은 축성 개시 1년여 남짓 앞둔 1792년 겨울이었다. 그가 올린 수원화성의 축성 설계안은 성의 규모를 적절한 크기로 줄이되, 성벽에 방어 시설을 촘촘히 설치하여 기존의 읍성과는 크게 다른 것이었다.

또한 수원화성의 성곽을 쌓기 위한 8가지 방안과 함께 성곽에 설치할 새로운 시설물도 제시했다. 그가 구상한 성의 치수, 축성 재료, 참호(성벽 아래의 해자), 기초 다지기, 돌뜨기, 길 닦기, 수레 만들기, 성벽의 제도 등에 관한 축성 방안은 다음과 같았다.

1. 성의 둘레는 3,600보(약 4.2km)로 하고, 성벽의 높이는 2장 5척(약 7.75m)으로 한다.
2. 재료는 벽돌성으로 할 것이냐, 토성으로 할 것이냐 하는 논의가 있었지만 우린 벽돌을 굽는 데 익숙하지 않다. 또 토성의 경우 겉면에 회를 바

른다고 하더라도 흙과 회는 성질이 달라서 서로 붙지 않는다. 때문에 비가 오면 물이 스며들고, 겨울에는 얼어 터져 무너지기가 쉽다. 따라서 성은 돌로 쌓아야 한다.

3. 성을 쌓을 때는 안팎을 두 겹으로 쌓는 협축이 최선이지만, 우린 이 방법에 능하지 못하다. 안쪽의 성은 산에 의지하고 평지에서는 흙을 높여야 하는데, 이 흙은 참호를 파서 얻을 수 있다.

4. 수원부 안의 냇가에 조약돌이 많으므로 이것을 캐어서 쓰기로 한다. 구덩이를 넓이 1장(약 3m), 깊이 4척(약 1.3m) 정도로 하여 겨울에도 얼지 않도록 한다. 1보마다 팻말을 세우고 사람들을 모집해서 1단씩 메워나가는데, 1단에 품삯을 얼마씩 주기로 하면 일꾼들이 알아서 힘써 일할 것이다.

5. 돌은 산에서 다듬어 무게를 덜고 실어 나르는 데 편하게 한다. 또한 돌에 등급을 매겨 깎고 자르는 데 규제를 둔다. 큰 것은 한 덩이에 한 차(수레), 중간 것은 두 덩이에 한 차, 작은 것은 세 덩이 혹은 네 덩이에 한 차로 날라서, 1보를 쌓는데 일정한 용량을 공급하도록 한다. 큰 돌은 하층부에, 중간 돌은 중층부에, 작은 돌은 상층부에 놓아 크기를 가려 석재를 알맞게 사용한다.

6. 장차 공사에 필요한 수레가 다니게 하려면 반드시 먼저 길부터 닦아내어야 한다.

7. 큰 수레는 바퀴가 너무 높아 돌을 싣기가 어렵다. 더욱이 바퀴살이 투박하고 약해서 망가지기 쉬워 비용이 많이 소요된다. 또한 썰매는 몸체가 땅에 닿아 있어서 밀고 끄는 데 힘이 많이 소비되는 점이 있다. 따라서 새로운 형식의 유형거遊衡車라는 수레를 고안해서 만들어 쓴다.

8. 흔히 성벽이 무너지는 것은 성벽의 배가 부르기 때문이므로 새로운 방법을 강구한다. 성의 높이와 두께를 3등분하여 성을 쌓을 때 아래쪽 3분의 2까지는 점점 안으로 좁혀 매 층의 차를 1촌으로 하며 비례를 좁혀나간다. 위쪽은 3분의 1부터 점점 바깥으로 넓히는 듯이 쌓아나가되 매 층의 차를 3푼쯤 한다. 이렇게 하면 성의 전체 모습은 가운데쯤이 약간 굽은 듯이 보여 마치 홀笏(대신들이 왕에게 나아갈 때 손에 쥐는 패로 가운데가 홀쭉하다)과 같은 모양이 된다. 함경도 경성 지방의 성을 이 방법으로 쌓았는데 몇 백 년이 흐른 지금도 어디 한군데 무너짐이 없다고 한다. 이 같은 사실은 반드시 본받아야 할 점이다.

정약용이 정조에게 올린 수원화성의 설계안인 〈성설〉은 뒤에 〈어제성화주략御製城華籌略〉, 곧 '임금이 지은 화성 축성을 위한 기본 방안'이란 이름으로 수정 없이 〈화성성역의궤〉 1권에 수록되었다. 신하가 지은 설계안을 그대로 받아들여 임금이 직접 글로 공표한 것으로 보아 정약용의 학식에 대한 신뢰가 얼마나 깊은 것이었는지 알 수 있다.

비단 축성 방안만이 아니었다. 정약용은 수원화성을 첨단 읍성으로 만들기 위해 방점을 두었다. 기본 설계안인 〈성설〉 외에도 〈옹성도설甕城圖說〉, 〈누조도설漏槽圖說〉, 〈현안도설懸眼圖說〉, 〈포루도설砲樓圖說〉 등을 따로 지어 새로운 방어 시설과 장비를 두루 갖추는 데도 만전을 기했다.

먼저 〈옹성도설〉은 성문 앞에 세우는 항아리 모양의 둥근 2중 성벽에 대한 설계안이다. 〈누조도설〉은 적이 성문에 불을 지르는 것을 방지하기 위해 성문 위에 벽돌로 오성지五星池라는 5개의 구멍을 내고 그 뒤쪽에 물을 저장한 수통을 만드는 방법의 설계안이다. 〈현안도설〉은 성에 접근해온 적을 감시하고 끓는 물이나 기름 따위로 공격할 수 있는 가늘고 긴 수직의 홈을 만드는 방법에 대한 설계안이다.

마지막으로 〈포루도설〉은 성벽에 치성(적을 감시하기 위해 성벽에 일정한 간격마다 내는 돌출부)을 치고 위치와 성격에 따라 여러 시설을 설치하는 설계안이다. 그 종류는 치성 위에 대포를 장착하는 포사砲舍, 성책을 설치한 적루敵樓, 성문의 좌우 감시대인 적대敵臺, 군사가 머무는 건물을 세운 포루鋪樓, 큰 활인 궁노를 쏠 수 있는 노대弩臺, 지형상 요충지에서 적을 감시하기 위해 세우는 각성角城 등이었다. 그리고 이 같은 방어 시설에 대한 위치와 숫자를 일일이 명시하고, 상세한 제도의 그림까지 그려 넣었다.

정약용은 거기서 한걸음 더 나아간다. 성곽의 기본 골격이나 갖가지 방어 시설을 제안하는 데 머물지 않았다. 효율적인 공사 방식 또한 적극적으로 제안하고 나섰다. 또한 지금까지는 볼 수 없었던 새로운 기계 장치를 직접 고안해 내기조차 했다. 특히 그는 기초 공사의 중요성을 강조했다. 기초 공사를 할 때 바닥에 구덩이를 파고 층층이 흙을 다지되, 각 층의 작업이 마무리되는 대로 품삯을 주자는 작업 방식을 내놓았다. 그렇게 되면 일꾼들을 굳이 다그치지 않더라도 품삯을 더 받기 위해 열심히 일할 수 있게 된다고 했다.

또 공사장에 미리 길을 내어, 석재를 나르는 수레를 적극 활용하자고 제안했다. 이를 뒷받침하기 위해 새로운 형식의 수레인 유형거를 고안해냈다. 유형거엔 석재를 싣는 바닥판과 바퀴 사이에 복토伏免라는 장치를 달아서, 바닥판이 항상 수평 상태를 유지하도록 했다. 무거운 석재를 운반하는 도중에 쏟아지는 것을 방지하기 위한 것이었다.

그런가 하면 〈기중도설起重圖說〉이란 별도의 설계안도 제시했다. 이 설계안에서 거중기擧重器라는 지금까지는 볼 수 없었던 매우 의미 있는 새로운 기구를 만들어냈다.

거중기란 도르래를 활용해 석재를 들어 올리는 기계로, 지금의 크레인crane쯤으로 보면 된다. 큰 나무틀 위아래에 도르래 4개씩을 매달고, 물레의 일종인 녹로轆轤를 양 끝에 부착시켜 석재를 들어 올리는 힘을 한층 배가시켰다.

이 의미 있는 새로운 기계는 몇 해 전 정조가 정약용에게 하사한 책 〈기기도설機器圖說〉에서부터 시작되었다. 영국인 터렌즈Terrenz가 중국의 예수회 선교사로 활동하고 있을 때 저술했다는 서양의 기계공학 저서이다.

책을 하사하면서 정조는 당부했다. 부단히 공부해서 무거운 돌덩이를 들어올려야 하는 백성들의 노고를 덜어줄 수 있는 기기를 만들어 내라고 일렀다. 그날 이후 정약용은 터렌즈의 〈기기도설〉을 품고 살았다. 밤낮없이 씨름한 끝에 마침내 적은 힘으로도 크고 무거운 물건을 운반할 수 있는 거중기를 만들어낼 수 있게 된 것이다.

그리고 이 새로운 기계들은 공사 시작과 함께 곧바로 현장에 투입되었다. 정약용이 고안한 과학적인 기계들은 일꾼들의 노고를 크게 덜어주었을 뿐더러 축성 기간까지 앞당기어 국고 4만 냥을 절감할 수 있었다. 결과적으로 정조가 31세 약관의 정약용에게 수원화성의 축성 설계를 맡긴 건 주효했다.

프로젝트 설계자로서
정약용의 리더십

비즈니스 현장 경험이 많은 리더들은 MBA에서 리더십 교육을 받다가 문득 이런 회의감에 빠질 때가 많다고 한다. '비즈니스 경험도 없고 연구실에만 처박혀 있는 교수가 비즈니스 세계에 대해 도대체 뭘 가르친다는 것일까?' 혹은 '위대한 리더들에 관한 이야기를 많이 들을 수 있을까? 그들처럼 할 수 있는 방법을 가르쳐줄 수 있을까?' 하는 의구심이 그것이다. 이런 생각이 드는 것은 어쩌면 당연하다. 누구나 충분히 그런 의문을 품을 수 있다.

더구나 오늘날은 멀티시대다. 과거에는 한 분야의 지식만 갖고 있어도 성공할 수 있었으나, 지금은 전혀 다른 분야에서도 다양한 전문성을 개발하여 능력을 발휘해야 한다. 한마디로 지식의 대통합이다. 아니 단순한 대통합이 아니라 융복합이다. 경계를 넘나드는 새로운 탄생이라는 창조성에 그 특징이 있다.

정조 연간에 정약용은 여기에 가장 근접한 리더였다. 앞서 얘기한 대로 그는 당시 지식인들이 잡스러운 학문이라 하여 천시하고 외면하던 천문, 기상, 물리, 화학, 농학, 의학, 지리학 분야에 일찍부터 깊은 관심을 보였다.

그리하여 정약용은 CEO(정조)의 적극적인 지지와 고급 관리자(채제공)의 변함없는 지원 아래 융복합(실학을 일컬음)의 정신이 깃든 수원화성의 설계를 정교하게 완성해냄으로써 신기술이 집약된 수원화성의 축성에 결정적으로 기여할 수 있었다. 정조가 꿈꾸었던 개혁의 밑돌이 된 것이다.

그 같은 프로젝트를 완성하기 위해 프로젝트 설계자로서 정약용이 보인 리더십은 대략 다음의 다섯 가지로 요약해 볼 수 있다.

자기계발에 힘쓴 비범한 독서광

정약용이 독서광이었다는 일화가 있다. 그는 9세에서 10세 무렵 아버지를 따라 경기도 연천에서 생활했다. 아마도 인근에 있던 절에 공부하러 다녔던 모양이다.

당시 이서구(열하일기의 저자 박지원의 제자)도 연천 옆 포천에 살았다. 18세의 이서구가 한양으로 공부하러 다니던 때였다.

하루는 한양 가는 길에 키 작은 꼬마가 여러 권의 책을 나귀에 싣고 북한산 절로 가는 것을 보고 의아해했다. 한데 열흘 후 다시 고향으로 돌아오면서 보니까 전에 보았던 키 작은 꼬마가 책을 나귀에 싣고 돌아오고 있었다. 이상하게 생각한 이서구가 비아냥거리며 물었다.

"쪼그만 녀석이 책도 읽지 않으면서 자랑하고 다니는 거냐?"

"아니요. 다 읽었어요."

"무슨 책을 말이냐?"

"강목綱目을요."

"뭐, 강목을?"

꼬마는 그렇다고 고개를 끄덕였다.

"네가 '자치통감강목'을 열흘 만에 다 읽었다고? 이런 허풍쟁이가 있나?"

〈자치통감〉은 1,400년의 중국 역사를 기술한 방대한 책으로 당시 모든 유생들의 필독서였다. 원래는 250여 권 분량이었으나 줄여서 59권의 〈자치통감강목〉으로 만들었다.

"허풍쟁이라뇨? 외울 수도 있는 걸요."

"이 녀석이 누굴 놀리려구!"

"아니에요. 정말이에요."

꼬마의 대꾸에 깜짝 놀라 이서구가 책 한 권을 뽑아 시험해 보았다. 놀랍게도 꼬마는 줄줄 외웠다.

이 일화는 조선의 마지막 선비로 알려진 황현의 〈매천야록梅泉野錄〉에 실린 글이다. 키 작은 꼬마는 물론 정약용이었다. 읽기조차 어려웠던 중국의 역사서를 그 사이에 줄줄 외웠다는 것은 정약용이 일찍부터 얼마나 자기계발에 힘 썼는지를 알 수 있게 하는 대목이다.

당파를 초월한 소신있는 의견 표출

정약용이 생원 진사시에 급제하여 성균관 학생이었을 때다. 수시로 강학을 하던 정조가 작심을 한 듯 깜짝 과제를 냈다.

정조는 성균관 유생들에게 동방의 고전인 〈중용〉을 읽고 느낀 의문점 70가지 조항에 대한 답변을 요구했다. 정약용은 대부분의 남인 성균관 유생들과는 다르게 율곡의 기발이 옳다고 주장했다. 이 사실이 남인 학생들 사이에 알려지자 정약용을 비방하는 말들이 빗발쳤다.

그러나 며칠 뒤 경연의 자리에서 정조는 다른 평가를 내린다. 다른 유생들의 답변은 내용이 모두 거칠고 조잡했는데 유독 정약용이 답변한 것만은 특이하니, 반드시 식견이 있는 선비가 될 것이라고 했다.

정조는 왜 그런 평가를 내린 것일까? 정조는 〈중용〉과 관련해 퇴계 이황과 율곡 이이의 학설을 둘 다 인정했는데, 사실상 율곡 이이의 학설이 더 옳다고 생각해오던 터였다. 한데 한낱 유생이 정조 자신과 생각을 일치하는 논제를 써낸 것이다. 놀라운 일이었다.

게다가 유생 정약용은 남인 출신이었다. 남인은 대대로 퇴계 이황의 학설을 따랐던 탓에, 어떠한 일이 있어도 율곡 이이의 학설을 인용하거나 옳다고 인정하지 않았다. 또한 이것이 당쟁의 뿌리 깊은 원인이기도 하였던 것인데, 정약용이 이를 극복하고 소신을 펼친 것이다. 그때까지만 해도 정조의 입장에선 정약용이 그저 성균관 유생 가운데 한 명일 뿐이었다가, 책문에 대한 답변을 보고 그만 눈에 쏙 들어오고야 만 것이다. 이때부터 정약용은 성균관에서 두각을 나타내기 시작한다.

수원화성의 치밀한 설계

수원화성은 정조 개인을 넘어 조선왕조의 국운을 좌우할 거국 프로젝트였다. 한데 이 막중한 과업이 31세 약관의 정약용에게 맡겨졌다. 성을 쌓아본 경험이 없는 정약용이었으나 정조는 확신했다. 천문, 기상, 물리, 화학, 농학, 의학, 지리학 분야에 일찍부터 깊은 관심을 보인 그가 적임자라고 점친 것이다.

정약용 또한 그 중대성을 익히 알았다. 때문에 우리 성의 장단점은 물론이고 이웃나라 성의 장점을 취했을 뿐 아니라, 서양의 책들도 두루 탐구했다.

그렇게 완성된 축성의 설계도는 정교하였다. 성곽의 설계도가 어찌나 정밀했는지 축성 공사가 끝났을 때 공사에 쓰인 석재는 설계도와 딱 1개의 차이가났을 뿐이었다.

그렇다고 해서 설계도에만 따랐던 건 아니다. 당초 설계도에는 성벽 아래쪽에 참호를 파야 한다고 되어 있었으나 실제로는 참호를 파지 않았다. 성이 산을의지하고 있어 참호를 팔 수 없을 뿐만 아니라, 참호를 파더라도 쓸모가 없다는유연한 판단 때문이었다. 이웃나라와 자연의 조건이 다르기 때문에 우리의 실정에 맞게 바꿔야 한다는 현장의 소리에도 귀를 기울일 줄 알았던 것이다.

또 당초 석재로만 성을 쌓겠다는 설계안을 변경하여 벽돌을 적극 활용한 점은 새롭게 변화한 전쟁 방식을 고려한 것이었다.

임진왜란 이전에 일어난 전쟁은 주로 멀리서 활을 쏘아 상대를 제압한 다음, 칼과 창을 세워 성벽을 타고 넘어와 성 안을 점령하던 전투 방식이었다. 한데 임진왜란 이후 화포를 쓰기 시작하면서 화포로 성벽을 부순 뒤 점령하게 되었다.

따라서 화포 공격에도 끄떡 없으려면 성벽이 두꺼워야 했다. 그러자면 석재보다는 벽돌이 효과적이었다. 벽돌과 벽돌을 회로 이어 붙이면 돌보다 튼튼한데다, 화포 공격으로 구멍이 생기더라도 쉽게 무너지지 않았기 때문이다.

또한 지금 식으로 말하면 '공사 실명제'를 채택했다는 점을 들 수 있다. 수원화성의 동쪽 대문인 창룡문에는 2백여 년이 흐른 지금도 축성 공사 담당자의 이름을 확인해볼 수 있다. 공사 담당자의 존재감을 인정해줌으로써 책임을지고 부실 공사를 막을 수 있었던 상징 같은 것이었다.

수원화성 동문인 창룡문에는 화성 축성 공사 담당자의 이름이 남아있다.

유배의 시기에도 변화 관리에 주력

정치란 어차피 이긴 쪽이 다 갖기 마련이다. 정조가 갑작스레 죽은 이후 남인 정파는 순식간에 풍비박산이 나고 만다.

정조가 죽자 그의 아들 순조가 왕위를 이어받지만, 순조는 이제 갓 10세의 어린 아이였다. 제아무리 적통이 우선한다 할지라도 10세의 어린 보령으로 왕조를 경영할 순 없는 일이었다.

조정은 관례에 따른다. 왕실의 가장 웃어른인 정순왕후(영조의 계비)에게 수렴청정(왕대비가 어린 임금의 정사를 돌보는 일)을 요청할 수밖에 없었다. 정조의 탕평에 이은 주도면밀한 개혁에 밀려나 숨죽여야 했던 노론이 다시금 정권을 되찾은 셈이다.

어린 순조를 대신하여 정권을 잡게 된 정순왕후와 노론 강경파를 이끈 영의정 심환지는 곧바로 백성들의 입부터 틀어막는다. 공포정치를 내세워 노론의 세상으로 되돌려 놓는다. 그것이 곧 천주교 탄압으로 이어진 신유사옥辛酉邪獄이었다. 정약용은 천주교인으로 지목되어 전라도 강진으로의 유배형에 처해진다.

그러나 강진의 외딴 바닷가로 유배된 그는 신념을 지킨다. 자신의 처지를 낙담하거나 무위도식하는 대신에 실학사상의 산실로 삼는다.

정약용은 유배지에서 제자들을 길러내는 한편 학문 연구와 저술 작업에 몰두했다. 기나긴 유배 생활 동안 지방 수령인 목민관을 중심으로 하는 향촌 통치의 운영 개선을 목표로 삼은 〈목민심서〉 48권 16책, 행정 기구와 법제 및 경제 제도를 개혁하고자 한 〈경세유표〉 44권 15책, 사람의 목숨을 다루는 형법 연구서인 〈흠흠신서〉 30권 10책 등 폭넓은 분야에 걸쳐 600여 권에 달하는 방대한 양의 저술을 남긴다.

어찌나 많은 글을 썼는지 나중에는 팔목이 마비되어 붓으로 쓸 수 없게 되자, 왼손으로 오른손의 팔목을 잡아끌며 글을 썼을 정도였다. 실로 실학을 집대성한 학자로 추앙받는 데 부족함이란 없었다.

이 같은 정약용의 삶에 깊은 영향을 끼친 멘토로 두 사람을 꼽곤 한다. 일찍이 정약용을 남다른 인재로 알아보고 끝까지 배려를 아끼지 않았던 국왕 정조와 그의 둘째 형이자 지기知己이기도 했던 정약전이었다.

정약용은 어린 시절부터 정약전을 유난히 따랐고, 고적한 유배 생활 중에도 심정적으로 의지를 했던 사이였다. 일찍이 그가 과거에 급제하여 병조 좌랑(정6품)에 올랐던 정약전은 신유사옥 때 흑산도로 유배를 떠났었다.

하지만 둘은 끝내 다시 재회하지 못했다. 정약전이 유배지 흑산도에서 세상을 떴다는 비보를 접하였을 때 정약용이 애통해하며 남긴 글에서도 두 사람이 각별한 사이였음을 짐작케 하고 있다.

「외로운 천지 사이에 우리 손암巽菴 선생만이 나의 지기였는데, 이제는 그마저 잃어버렸구나. 앞으로는 비록 깨달은 점이 있다 하더라도 어느 곳에 입을 열어 말할 사람이 있겠느냐? 나를 알아주는 이가 없다면 차라리 진작에 죽는 것만 못하다. 아내도 나를 알아주지 못하고 자식도 나를 알아주지 못하며, 형제 종족들이 모두 나를 알아주지 못하는 처지에 나를 알아주던 우리 형님이 돌아가셨으니, 이 어찌 슬프지 않으랴?」

국가의 앞날을 생각한 진정한 애국자

불혹의 마흔이 되던 해에 강진의 외딴 바닷가로 유배되었던 정약용은, 57세가 되던 해 가을에야 해배되어 고향으로 돌아갈 수 있었다. 유배를 떠난 지 무려 18년여 만이었다.

그러나 고향으로 돌아온 이후에도 그의 저술 작업은 쉼 없이 계속되었다. 미완으로 남아 있던 〈목민심서〉와 〈흠흠신서〉를 완성한 데 이어, 〈국조전예고國朝典禮考〉와 〈아언각비雅言覺非〉 등의 저작을 연이어 내놓았다. 저술 작업의 상당 부분은 국가와 관료, 백성들에 대한 책임감에서 우러나오는 충언으로 이루어져 있었다.

정약용은 고향으로 돌아와 남은 여생을 사는 동안 두 차례 춘천 여행을 다녀온다. 고향 능내리 집에서 제자들, 지인들과 어울려 배를 타고 이틀 동안 북한강을 거슬러 올라가 춘천에 닿는 여행이었다.

예순 살 먹은 늙은이가 일흔 살 형(흑산도에서 죽은 정약전)을 따라

괴피선(조각배)으로 수월하게 강을 오른다

해마다 이 즐거움 어찌 적으랴만

연못가에 새 풀 돋아나자 그리움 더해라

　그는 이 여행에서 춘천 가는 뱃길의 풍광과 함께 인생에 대한 자신의 생각을 숨김없이 드러낸 〈천우기행권穿牛紀行卷〉과 〈산행일기山行日記〉 두 권의 기행문을 남기기도 했다.

　정약용의 노년기는 유배지에서 쇠약해진 심신을 추스르며 자신의 생애와 학문을 부단히 정리한 기간이라고 볼 수 있다. 그는 고향으로 돌아온 지 18년여 만인 1836년에 75세를 일기로 세상을 떠나 자택인 여유당與猶堂 바로 뒤 언덕에 묻혔다.

[마인드맵으로 본 정약용의 리더십 역량]

다산 정약용
(팀장)

남들은 읽기도 어렵다는 〈자치통감강목〉을 짧은 시간에 외웠다. 이는 정약용이 천재적인 머리를 갖고 있다고는 하나 얼마나 치열하게 공부했는지를 알 수 있는 대목이다. ▶ **자기계발**

남인은 대대로 퇴계 이황의 학설을 따르는 집안이었기에, 어떠한 일이 있어도 율곡의 학설을 인용하거나 그것이 옳다고 인정하지 않았다. 이것이 조선 당쟁의 가장 큰 문제였지만, 정약용은 이를 극복하고 소신을 펼쳤다. ▶ **자기주도력**

정약용은 우리 성의 장단점을 연구하고, 중국과 일본 성의 장점도 받아들였을 뿐 아니라 서양의 책도 응용하였다. 공사가 끝났을 때 공사에 쓰인 석재(돌을 이용한 재료)는 설계도와 딱 한 개밖에 차이가 나지 않을 정도로 치밀한 설계도를 완성하였다. ▶ **실행력**

정약용은 고통스러운 유배 생활을 학문 연구와 저술 활동으로 승화시켜 600여 권의 책을 저술하였다. ▶ **변화관리**

유배가 끝난 후 미완으로 남아있던 〈목민심서〉를 완성하였으며, 〈흠흠신서〉와 〈아언각비〉 등의 저작을 내놓았다. 저술 활동의 상당 부분이 국가와 관리, 백성에 대한 책임감에서 우러나오는 조언으로 이루어져 있다. ▶ **책임감**

리더십
수원화성에 묻다

리더십은 곧 예술이다.

- 허먼 밀러 -

조심태는 누구인가?

　　정약용이 수원화성을 설계했다면, 조심태는 그 축성의 현장 책임자였다. 정조의 절대적인 신임 아래 수원화성 축성의 현장 감독관을 맡아 열정적으로 건설 과정을 챙겨나갔다. 뿐만 아니라 수원화성 축성의 전 과정을 철저히 기록한 〈화성성역의궤華城城役儀軌〉를 남겼다.

　　1740년 경기도 김포에서 출생한 그는 정조보다 열두 살 위였다. 앞서 살펴본 채제공이나 정약용과 달리 그는 무장武將이었다.

　　고조 조정익은 병자호란 때 강화도에서 순절하여 좌승지(정3품)로 추증되었고, 증조 조유는 전라 수사, 경기 수사(종3품) 등을 지냈다. 아버지 조경은 전라 병사, 곡산 부사, 통제사, 평안도 병사 등을 역임한, 집안 대대로 무반의 집안이었다.

　　그러나 조심태는 유장儒將이라 불릴 만큼 문무겸장이었다. 그가 궁궐을 호

위하는 훈련대장(종2품)으로 있을 때
정조는 규장각 제학(정2품) 정민시 등
의 규장각 신료들을 비롯하여 새로이
선발된 초계문신들과 함께 시회詩會
자리에도 곧잘 참석시키고는 했다. 초
계문신은 정조 연간에 모두 138명을
선발한 인재 중의 인재들로, 당대의 사
상과 문화를 이끌어갈 핵심 인물들이
었다. 이들을 격려하기 위한 시회 자리
에서 조심태는 최고 문장가들과 더불
어 시구를 지어 문장을 뽐내는가 하면,
특히 큰 글씨를 잘 써 왕명을 받고 편
액의 글자를 많이 썼다고 한다.

[사진협조 : 수원화성박물관]

무인임에도 불구하고 도시계획 전문가로서
화성 축성 시 실질적인 업무를 도맡아 한 조심태

그는 어릴 적부터 매우 총명하여 한

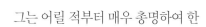

번 본 것을 즉시 기억하였으며, 특히 활쏘기에 능했다. 성격은 과묵하고 장중
해서 말을 빠르게 하거나 자기 감정 표현을 드러내는 일이 드물었다. 친구를
대할 때에도 예의를 지켰으며, 교만한 기색이라곤 없었다고 한다.

28세 때 대대로 무관 집안이었던 음보蔭補로 궁궐의 선전관이 되었다. 하지
만 이듬해 무과에 급제하여 정식으로 벼슬에 올라 무관직을 두루 거쳤다.

46세 때 홍충도 병마절도사에 오른 이래 총융사, 수원 부사, 훈련대장, 포도
대장, 금위대장, 어영대장 등을 거치면서 정조를 지근거리에서 보위했다. 정
조에게 발탁되어 수원화성에 주둔한 장용영의 대장을 거쳐 채제공에 이어 수

원부 유수가 되면서, 수원화성의 축성을 현장에서 진두지휘하기도 했다. 이렇게만 보면 무장으로서 그는 엘리트 코스를 밟은 것이며, 정조의 눈에 띄는 행운을 누린 몇 사람 되지 않는 인물처럼 보인다.

그러나 조심태 역시 관직의 환로가 순탄했던 것만은 아니다. 그는 한때 무관 선발과 훈련에 대한 책임을 지고 옥에 갇힌 적이 있었다. 훈련도감 군사들의 훈련 상황이 안일하다고 추고되는가 하면, 야간 통행 금지가 해이해졌다는 이유로 죽산 땅으로 유배를 갔다. 또 정조에게 곧은 말을 했다가 곤장을 맞는 치욕을 겪기도 했다.

그 같은 우여곡절 속에서도 조심태는 자신의 관직을 변함없이 성실히 수행했다. 더욱이 군제 개혁에 관한 상소를 잇따라 올리면서 국왕의 개혁에 동참한 이후 그는 정조의 개혁에서 빼놓을 수 없는 중요 인물로 떠오른다. 특히나 정조의 개혁에 분수령이 되었던 수원 도호부의 이주를 비롯하여 신도시 수원읍의 상업 진흥책이며 조선 최정예 군사로 길러낸 정조의 친위 군영인 장용영과 수원화성의 축성에 관련된 업적은 눈부시기만 하다.

정조를 보좌하는 팔로워로서 조심태의 역할은 크게 두 가지로 요약된다. 수원 장용영의 대장과 수원화성 축성의 현장 책임자이다. 장용영이 정조의 개혁을 뒷받침하기 위한 친위 군사력이었다면, 수원화성은 왕권을 강화하기 위한 개혁의 정점이었다. 바로 이 두 지점에 팔로워로서 조심태가 서 있었던 것이다.

정조는 수원화성의 축성 훨씬 이전부터 자신의 친위 군대를 꿈꾼다. 왕위에 오르던 첫해부터 끊임없이 다가오는 암살 위협 때문에 더욱 절실하게만 느꼈으리라.

그리하여 암살과 역모의 태풍이 한차례 휩쓸고 지나간 정조 6년(1782) 숙종

때의 제도를 빌어 그 실현에 들어간다. 무예 출신과 무예별감으로 장교를 지낸 30명을 가려서 번을 나누어 창경궁의 정전인 명정전明政殿 남쪽 회랑에 입직케 한 것이다. 이것이 곧 장용영壯勇營의 시초였다.

3년 후에는 이것을 장용위라고 호칭하고, 인원을 50명으로 늘렸다. 이후 장용영은 한성의 도성에 내영을 두는 내영제, 도성 바깥의 수원화성에 외영을 두는 외영제로 일대 확대 개편되었다.

한데 이 시점에 이르자 문제가 발생한다. 당시 장용군으로 급제한 자는 대오 출신이라고 딱지를 붙여 말천未薦당하는 피해 때문에 장교들의 자제가 갖가지 방법을 동원해서 빠져나갈 궁리만 했다. 지금 식으로 말하면 군대 내부에서 왕따를 당한 셈이다.

이때 지방의 병마절도사에 불과했던 조심태가 건설적인 비판을 내놓았다. 궁궐을 호위하는 장용군의 특수성을 감안해서 한성의 각 군영에서 대오를 선발하여, 추천에 구애됨이 없도록 하자는 거였다. 그가 정조와의 인연을 맺게 되는 첫 순간이었다.

정조는 조심태의 상소에 따른다. 장용군이 한성 군영의 대오들과 동등하게 추천될 수 있도록 아무런 구애됨이 없어야 한다고 전교했다. 장용군으로 하여금 애써 궁궐 가까이 번을 세우도록 한 것은 장용군의 위엄에 힘을 실어주어, 군정을 개혁하고자 했기 때문이다.

정조가 남양에 방어사 진영을 설치하고자 했을 때도 다시금 조심태가 등장한다. 그는 남양에 불리한 지정학적 특성을 지적하는 한편, 현재 장용영의 외영이 주둔하는 수원이 요충지로써 그 소중함이 더욱 강화되었기 때문에 남양에 방어영을 따로 설치할 필요가 없다고 주장했다.

그런가 하면 조심태는 장용영과 관련된 군제 개혁에도 참여하게 된다. 정조가 수원의 장용영 군제를 개혁하되 반드시 백성들 입장에 서서 시행할 것을 강조한 것이다.

이때 정조는 정예화와 숙련도가 군정의 요체임을 주지하면서 병력의 수보다는 정예 군사 위주로 선발할 것을 명했다. 그러면서 수원 장용영의 기마병을 장별대壯別隊로 개명하고, 이 기마부대를 운영하는 데 있어서 질적인 변화를 꾀할 수 있게 되었다.

이때 다시 조심태는 장용영의 군제를 보다 강화하는 상소를 올린다. 수원화성 인근의 3개 고을 수령이 동·서·남쪽 성의 협수장協守將으로서 그 고을이 수원 도호부의 속읍으로 정해졌고, 병권의 명령도 수원화성에 있는 이상 그들을 한데 묶는 것이 바람직하다는 내용이었다.

그는 과천·시흥·용인·안산·진위의 다섯 고을을 수원의 장용외영에 소속시키고, 이 지역의 군정軍丁 역시 한성의 각 군영이나 각사各司에 소속된 자 역시 장용외영에 소속시켜 통제할 수 있는 방도를 찾고 군령도 일체시키자는 거였다.

이런 그의 상소는 수원의 장용외영을 강화시켜 승격된 수원 유수부의 위상을 보다 높이는 데 있었다. 이것은 수원 유수부를 둘러싸고 있는 군현이 마치 '물고기 비늘 같고 머리빗 같이' 되어, 수원 중심의 환상협수環狀協守 체제를 구축하고자 한 것이었다.

더욱이 그의 이 같은 수원 장용외영의 강화책은 정조의 왕권 강화를 위한 군제 개혁과 부국강병과도 일치했다. 정조는 집권 초기의 위기를 가까스로 넘긴 뒤 군제 개혁을 통해 왕권에 저해되는 요인을 제거해 나가면서, 기존의 5군영에 대한 지배 세력의 정치적, 경제적 지배력을 약화시키고자 애쓴다. 결과적으로 자신의 뜻과 조심태의 생각이 합치되었던 것이다.

조심태는 이때부터 정조의 개혁에 필요한 중심 인물로 부상하게 된다. 정약용이 정조의 배려 속에 승승장구할 수 있었던 것처럼 그 역시 이후 한성의 포도대장, 수원 부사, 훈련대장, 금위대장, 어영대장 등을 거치면서 정조의 지근 거리에서 군 참모 역할을 다하게 된다.

그러나 정조와 조심태 두 사람 모두의 중요 관심사는 단연 수원의 장용영에 모아졌다. 우선 장용영이 성공해야만이 그 다음 수원화성 프로젝트 또한 가능할 수 있었기 때문이다.

마침내 정조 13년(1789) 아버지 사도세자의 묘소를 수원으로 천장하면서 그 꿈이 현실화되기 시작한다. 정조는 수원 도호부를 이전하면서 '5초(哨)'를 우선 주둔시켰다. '초'란 부대 단위를 말하며 1초는 127명이었다. 이어 정조는 수원 도호부를 유수부로 승격시키면서 25초(3,175명)의 대규모 친위 군사

[사진협조 : 수원화성박물관]

조심태에게 보낸 정조의 편지를 모아 놓은 정조어찰첩.
화성 건설과 관련한 정조의 지시사항이 담겨 있다.

를 배치했다. 군사들은 수원과 평양 출신으로 조직되었다. 향토 지역인 수원 이외에 평양 출신을 선발했던 건 그럴 만한 이유가 있었다. 평양은 예부터 압록강을 건너온 여진과 거란 등의 적과 싸운 요충지였다. 따라서 여느 지역의 군사보다도 용맹하기로 이름이 높았다.

거기다 장용영의 군사를 상징하는 '무예24기'가 있었다. 다른 군영과 달리 〈무예도보통지〉에 따른 기술과 진법을 모두 익혀야 비로소 장용영의 군사가 되었다. 무예24기는 사도세자가 만든 '무예18기'에 '말을 탄 채 활쏘기' 등 주로 말을 타고서 펼치는 무예 여섯 가지를 더한 것으로, 이것을 정리한 것이 〈무예도보통지〉였다.

정조는 수원화성이 완공(1796)되면서 한숨을 돌리자마자 장용영에 대한 마지막 개편 작업에 돌입한다. 수원 지역 백성들의 세금으로 운영되는 군대가 아니라, 독자적인 군비가 마련될 수 있어야 한다고 믿었다. 이를 위해 장용영의 군사들에게 급료를 지불할 수 있는 대규모 둔전을 만들기로 한 것이다.

대규모 둔전을 실시함과 더불어 수어청 소관으로 선혜청에 떼어둔 쌀 1,000석과 3,000냥을 화성 유수부의 장용영 군사들의 급료로 쓸 수 있도록 조치했다. 이어 가평과 파주 등 경기도 일대의 각 고을에 둔전을 설치, 그 세입을 장용영의 군사들이 왕래할 때 양식과 의복 비용 등으로 쓰게 했다.

이 밖에도 재정을 추가 지원하기도 했다. 화성 인근의 다섯 읍에서 거둬들이는 세금을 화성 유수부에 배정한 데 이어, 호조로 납부되는 세금의 일부를 가져다 쓸 수 있게 하여 장용영 군사들의 급료를 안정적으로 책임질 수 있게 했다.

또한 장용영의 군사들로 하여금 성곽의 방어 체제를 제도화하기 위한 새로운 수성 제도를 만들어냈다. 수원화성은 장안문을 비롯한 대문 네 곳과 동북각루를 비롯한 각루 여덟 곳으로 이루어져 있었다. 이곳 모두 성곽을 방어하는 주요 거점으로 지휘관이 주둔하는 곳이기도 했다. 정조는 수원화성의 전체 구역을 열여섯 곳으로 나눠 소속 부대의 통제가 일사불란하게 이뤄지게 했다. 이것은 병가의 사두팔미四頭八尾에서 나온 것이었다.

아울러 4대문을 지키는 성장城將 네 명은 장용영의 정3품 당상관 이상의 무장으로 선발하게 했다. 각루를 지휘하는 치총雉摠은 여덟 명으로 당하관의 전직 관원을 차출하고, 초관哨官 열여섯 명은 과거 무과에 급제한 출신으로 궁궐의 선전관이나 수문장 후보로 추천될 수 있도록 했다.

한편 군사들의 몸을 보호할 수 있는 성벽 위에 설치한 담장인 '타垜'가 모두 913곳이었는데, 한 곳마다 군사 다섯 명씩을 배치시켜 전체 군사 4,556명이 수성에 대비하게 했다. 또 5타마다 타장垜長 한 명을 두도록 해 타장이 180명이고, 다시 타장을 지휘하는 수첩군관守堞軍官으로 47명을 두게 하여, 성곽 전체에 군사들과 장교들이 배치되지 않은 곳이 없을 정도였다.

장용영은 이처럼 조선왕조 최고의 정예군사로 현륭원을 비롯하여 수원화성을 수호했다. 또한 8천여 명이 동원되는 정조의 수원화성 행차를 호위하는 임무도 수행했다. 하지만 무엇보다 중요한 미션은 정조의 친위 군영으로서의 역할이었다.

조심태는 이처럼 장용영의 상징과도 같은 인물이었다. 그는 장용영이 출범할 때부터 산파였으며, 그가 수원화성 완공 이후 한성부 판윤을 거쳐 형조판서에 올랐으나, 이듬해 세상을 뜨기(1799) 직전의 마지막 관직은 장용영의 대장이었다. 정조와 조심태 모두 장용영을 얼마나 중요하게 여겼는지를 알 수 있게 하는 대목이다.

신도시 수원읍을
조성하다

정조 13년(1789) 궁궐의 호위를 책임지는 훈련대장으로 있던 조심태가 수원 부사로 제수된다. 과거 무과에 급제한 이래 지금껏 군영에만 몸담아오던 그가 처음으로 고을 수령이 되었다. 그것도 다름 아닌 정조가 개혁의 성지로 삼고 있는 수원이었다. 정조의 깊은 생각이 따로 있었음을 짐작해 볼 수 있는 인사였다.

그런데 수원 부사로 부임해 가자마자 조심태는 뜬금없는 왕명을 받았다. 수원 도호부 읍내에 살고 있는 백성들은 모두 집을 헐고 살림살이를 챙겨 북쪽으로 10리가량 떨어진 팔달산 아래로 옮겨가 살라는 거였다. 수원 도호부 가까운 곳으로 사도세자의 묘소를 천장하기 때문에 불가피하다는 이유였다. 왕명은 새로이 고을의 수령이 된 조심태나 수원 도호부 백성들 모두에게 청천벽력이 아닐 수 없었다. 수원은 온통 세상의 마지막 날을 맞이한 듯 난리였다.

그러나 며칠 뒤 정조는 수원 부사 조심태로부터 올라온 장계를 받았다. 고을의 백성들을 모두 관아로 불러 팔달산 아래로 옮겨가는 데 철거하는 집값과 함께 이주비를 보상해 준다고 하자, 뛸 듯이 기뻐하며 성은에 감읍(감격하여 목메어 욺)했다는 것이다.

실제로 철거하는 집값과 이주 비용이란 명목으로 보상이 뒤따랐다. 초가 세 칸이었던 이는 보상비로 6냥을 받았고, 초가 네 칸이었던 이는 집값 5냥에 이주비로 11냥을 더 받았다. 22칸이나 되는 큰 집에서 살았던 이에게는 집값 56냥에 이주비 35냥을 더해 90냥에 가까운 거액이 주어졌다. 수원 읍내에서 유일하게 기와집이었던 아전衙前에게는 집값 무려 400냥에 이주비 120냥이 지급되었다. 그같이 저마다 보상을 받고 이주를 해야 하는 집은 244채에 달했다.

문제는 두 달 안으로 서둘러 이주를 마쳐야 했다. 두 달 후에는 국왕이 직접 수원까지 내려와 새로이 마련될 아버지 사도세자의 묘소인 현륭원에 참배하기 때문이었다. 당장 발등에 불이 떨어진 이는 수원 부사 조심태였다. 보상비를 주겠다는 데도 추수를 끝내지 못한 상태에서 전답을 버리고 멀리 떨어진 새 고을로 이주하기를 꺼려하는 이가 적지 않았다.

하지만 사전에 그 같은 점을 고려하여 수원 부사로 내려보낸 정조의 기대에 조심태는 어긋나지 않았다. 짧은 기간 동안 성실하고 책임감 있는 태도로 새 고을 건설을 헌신적으로 추진해 나갔다. 팔달산 아래 새로운 터전을 살펴 길을 내고 관아를 짓는 데 심혈을 기울였다.

덕분에 두 달이 지났을 때에는 새 고을에 향교와 사직단이 들어서고, 수백 칸에 달하는 관아가 자리잡게 되었다. 특히 국왕이 사도세자의 묘소를 참배하기 위해 행차했을 때 머물 행궁行宮이 함께 마무리되어 새로운 고을로 모양새를 어느 정도 갖추었다.

이주한 집들도 그 모습을 속속 드러냈다. 관아 앞 남북방향으로 길이 나 있고, 길가에는 상점들이 즐비하고 그 뒤쪽으론 일반 살림집들이 들어서기 시작했다. 이윽고 두 달 뒤 현륭원 참배를 마친 정조는 새 고을을 둘러본 뒤 치하를 아끼지 않았다. 또 새 고을로 이주한 백성들에게는 1년간의 세금을 면제해 주도록 명해 사기를 북돋워주었다.

국왕이 다녀간 이후에도 수원읍은 새 고을의 모습을 갖추기 위한 공사가 연일 이어졌다. 뒤늦게 이주한 백성들의 살림집이 들어선 데 이어, 이듬해 봄에는 관아 건물이 모두 완성되면서 수원읍은 새로운 고을로 탄생하게 되었다.

한편 조정에선 후속 대책이 논의되었다. 채제공의 건의로 새 고을 수원읍에 상인들과 백성들을 모아들이는 방안이 개진된다. 그가 내놓은 구체적인 방안은 앞서 얘기한 것 그대로이다. 한성의 상인들에게 이자 없이 1,000냥씩을 빌려주어 수원읍에서 장사를 할 수 있게 하자는 것과 수원 인근에 5일장을 상설화하고 세금을 거두지 않는 내용이었다. 아울러 수원 도호부에 1만 냥을 내려보내 관아에서 기와를 공급해 기와집을 짓게 하자는 방안이었다.

하지만 채제공의 방안은 반대 세력을 설득시키지 못했다. 상업을 진작시키기 위한 필요한 방안이라는 데는 동의하면서도 현실성이 없다고 본 것이다.

그러자 수원 부사 조심태가 보다 구체적인 방안을 제시했다. 그는 우선 수원읍에 한성의 상인들을 모아 시전을 설치하는 것은 위험성이 크다고 보았다. 차라리 수원읍의 지역 주민들 가운데 여유 있고 장사를 아는 이들을 택해서 자본금을 빌려주고 이익을 얻게 하여 정착시키는 것이 상책이라고 건의했다.

이를 위해 조정에서 6만 냥 정도를 내놓아 자본금을 빌리기 원하는 이들에게 대여해주되, 매년 이자를 쳐서 3년 기한으로 돌려받는 방안을 조심태가 내놓았다. 그러면 상인들이 모여들 것이고 상업도 일어날 수 있는 방도가 될 것이라며 조정에서 논의를 거쳐 합의가 이뤄졌다. 조정에서 6만 5,000냥이 내려와 수원읍 상업 진흥에 밑받침이 될 수 있었던 것이다.

이 같은 적극적인 진흥책에 힘입어 새 고을 수원읍은 빠르게 번성해 나갔다. 팔달산 아래로 이주를 시작한 지 불과 2~3년 만에 몰라보게 달라져 경기도 내에서도 굴지의 읍지로 발돋움할 수 있었다. 애당초 정조가 꿈꾸었던 자급자족이 가능한 상업 도시로써의 풍경을 갖출 수 있게 된 것이다.

이 같은 풍경은 1792년에 펴낸 〈수원부읍지〉에 생생히 기록되어 있다.

「진남루 앞쪽의 대로 좌우에 여덟 종류의 시전이 늘어섰다. 도로 북쪽에는 비단을 파는 입색전立色廛과 생선 따위를 파는 어물전이, 도로 남쪽에는 무명 옷감을 파는 포목전과 일용 잡화를 파는 상전床廛이, 도로 동쪽에는 쌀과 잡곡 따위를 파는 미곡전과 함께 관과 궤 따위를 파는 관곽전과 종이와 신발류를 파는 지혜전紙鞋廛이, 조금 떨어져 북쪽에는 놋쇠와 쇠로 만든 물건을 파는 유철전이 즐비하게 늘어서 완연한 대도회의 모습이었다.」

어느새 한성의 종루 육의전에 못잖은 시전이 수원읍에 자리잡게 된 것이다.

이쯤 되자 정조는 수원 도호부의 명칭을 화성華城으로 고치도록 명했다. 새 명칭에서 벌써 화성 축성의 의지가 물씬 났다.

아울러 화성을 유수부留守府로 승격시킨다. 부사의 지위도 지방 관직에서 경관직京官職인 유수로 격상시켰다. 유수는 도읍 한성부의 수령인 한성 판윤과 같은 정2품이었다. 당시 전국 8도의 관찰사가 지방직의 종2품이었던 것을 생각하면 수원화성의 지위가 어떠했을지 짐작이 간다.

수원화성 축성의
현장 책임자

이처럼 새 고을 수원읍이 순탄하게 연착륙하자, 정조는 자신의 개혁을 뒷받침해줄 수 있는 거점으로써의 수원화성 축성을 꿈꾼다. 정조는 채제공, 조심태 등과 논의를 거쳐 축성에 따른 예산 염출 방법, 축성 설계자와 현장 책임자, 자재 조달 등에 대해 심도 있는 중지를 모았다. 축성에 따른 예산은 국정을 꿰고 있는 채제공의 건의에 따라 금위영과 어영청 두 군영에 속한 정번군停番軍이 납부하는 예산을 적용하기로 했다. 설계는 누구도 예상치 못한 약관의 정약용에게 맡기기로 했으며, 현장 책임자인 감동당상監董堂上에는 수원 부사로 새 고을 수원읍을 만드는 데 실력을 보인 조심태가 낙점되었다.

정조는 부친상을 당하여 향리에 내려가 있던 정약용에게 밀명을 보냈다. 정약용은 밀명에 따라 여덟 가지 축성 방안과 함께 성곽에 설치할 새로운 시설물들은 물론, 지금껏 보지 못한 과학적인 기계들까지 고안해냈다. 한편 축성에 소요될 자재는 정약용의 성곽 설계안에 따라 석재로 정하고, 팔달산 건너편의 숙지산에서 조달하기로 했다. 축성 현장과의 거리가 3리(약 1km)에 지나지 않고 석재가 풍부하면서도 그 품질이 우수했다.

더욱이 공사 작업을 효율적으로 하기 위한 새로운 방안도 고안되었다. 축성에 필요한 석재 규격에 따라 미리 품삯을 정해놓은 뒤, 일꾼들이 돌을 떠오면 거기에 따라 품삯을 지급하는 방식이었다. 덕분에 석재를 일정한 규격으로 제어할 수 있었을 뿐더러, 일꾼들을 다그치거나 재촉할 필요가 없어졌다. 일꾼들이 한 푼이라도 더 벌어가기 위해 알아서 했기 때문이다.

기와와 벽돌은 화성 축성을 위한 임시 관아인 성역소城役所에서 직접 가마를 만들어 구워냈다. 대들보나 기둥에 쓸 큰 목재는 충청도 안면도에서 갖다 썼으며, 부족한 것은 강원도에서 베어다 썼다. 문루에 쓸 큰 느티나무는 전라도 지역의 산간에서 구해왔으며, 철물은 각 지방의 감영이나 특산물로 공납을 받았다.

그 밖에 직접 조달이 어려운 나머지 상당 부분은 건축 자재만을 취급하는 민간 상인들로부터 매입했다. 예를 들면 목재나 송판이랄지, 단청에 필요한 천연 물감 따위였다.

수원화성은 비록 지방의 읍성에 불과했으나, 그 축성 공사는 왕조의 모든 역량이 동원된 국가 프로젝트였다. 동원된 장인들 또한 당대 내로라하는 최고급 전문 인력이어야 했다. 그렇게 전국에서 불러 모은 수많은 장인들은 소문난 석공에서부터 목수와 와벽장瓦甓匠, 화공, 대장장이, 톱장이, 회장(석회 굽는 장인) 등 모두 22직종의 1,840명이었다.

정조는 백성들에게 고통을 줄 수 없다며 반드시 그들에게 품삯을 지급하도록 명했다. 본래 국가에서 벌이는 큰 공사가 있을 때 백성들은 마땅히 강제로 부역의 의무를 져야 했다. 백성들은 자신이 먹을 음식까지 준비해서 일정 기간 동안 의무적으로 강제 노역을 해야만 했던 것이다.

한데 작업의 비중에 따라 품삯을 지급하는 제도가 정착되었다. 품삯 제도가 정착되면서 장인세계에 일대 변화가 일어났다. 이제 장인들은 자신의 기술을 인정받기 위한 노력을 게을리하지 않으면 안 되었던 것이다.

마지막으로 수원화성의 축성에서 빼놓을 수 없었던 건 일찍이 보지 못한 벽돌 성곽이었다. 정조의 수원화성에 앞서 영조 때 이미 강화성을 보수하면서 벽돌을 구워 쌓은 적이 있었다. 그러나 강화성은 바닷물이 들고나는 지형상의 문제와 벽돌 제작의 미숙으로 실패로 끝났다.

이러한 실패에도 불구하고 벽돌의 효용성 때문에 정조 연간에 들어 다시 시도되었다. 남한산성의 전체 여장을 벽돌로 다시 쌓은 것이다. 수원화성은 이같은 경험을 거울삼아 축성 재료로 벽돌을 적극 활용하기로 했다.

그러기 위해선 가마부터 뜯어고쳐야 했다. 종래의 벽돌은 경사진 지면을 따라 길게 내뻗은 기와를 굽는 일반 가마에서 제작되었다. 그러던 것을 고쳐 수직식의 가마를 만들어 제작 기술을 크게 개선시켰다.

이러한 기법은 중국 송나라 때 씌어진 과학 기술서 〈천공개물天工開物〉의 가마 기술을 응용한 것인데, 수원화성 축성 때 처음으로 도입한 것이다. 처음 한동안은 낯선 가마 방식에 익숙지 않았으나, 점차 벽돌을 구워내는 솜씨가 익숙해지면서 비용을 크게 줄이면서 일도 어렵잖게 진척시킬 수 있었다고 한다.

그렇듯 성역소에서 구워 축성에 쓰인 벽돌은 모양과 크기가 제각기 달랐다. 가장 많이 쓰인 반방전半方甎은 가로 1자 2치(약 37.2cm) 세로 7치(약 21.7cm)에,

두께가 1치 8푼(약 5.58cm)이었다. 반방전 외에도 크기가 다소 작은 소방전, 반방전보다 더 큰 대방전, 삼각형 모양의 귀벽돌, 여장의 꼭대기를 마무리하는 데 쓰이는 종벽宗甓, 개벽蓋甓과 같은 특수한 모양의 벽돌 등 모두 일곱 가지나 되었다.

성역소 감동당상의 조심태는 연인원 70만 명이 동원된 축성 공사장에서 정조의 현장 에너지를 실천하는 데 현장 책임자로서 자신의 역할을 다했다. 으레 사람이 많이 모여들면 말들도 많아지는 법이었으나 조심태는 특유의 성실함과 헌신적인 자세로 자신에게 주어진 무거운 과업을 완수하는 데 한 치의 흐트러짐이 없었다.

그리하여 정조 18년(1794) 정월에 터 닦기를 신호탄으로 공사를 하기 시작해서 1796년 9월에 마침내 수원화성이 완공되었다. 당초 10년이 걸릴 것으로 예상하고 내다봤던 것에 비하면 불과 2년이 조금 지난 34개월 만에 마친 그야말로 속전속결의 성과였다.

그렇다고 어느 한구석 소홀한 데라곤 없었다. 그것은 현장 책임자 조심태의 면모를 유감없이 보여주고 있는 〈화성성역의궤〉에서 고스란히 입증된다. 이 책은 그가 기록하여 지금껏 전하고 있는, 당시 수원화성 축성의 종합 건축 보고서라고 말할 수 있다.

우선 이 종합 건축 보고서는 그 내용의 방대함에 놀라움을 준다. 다시 말해 축성의 전 과정을 빠짐없이 기록하고 있다는 점이다. 예컨대 공사에 소요된 일정은 물론이고 자재 운반용 기구에서부터, 그림을 곁들인 공사 건물에 대한 세부 설명까지 철저히 담고 있다. 공사 현황을 한눈에 구석구석 들여다 볼 수 있도록 상세히 만들었다.

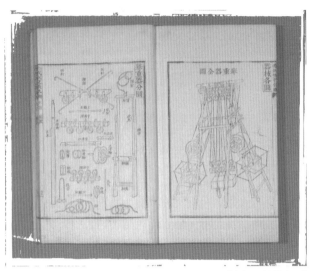

화성 축조 공사 전 과정을 자세히 기록한 건축 보고서, 화성성역의궤에
정약용이 화성 축성 당시 발명한 거중기의 설계도도 실려있다.

그런가 하면 공사 수행 중에 오간 공문서와 국왕의 명령, 건물의 상량식이나
고유식告由式 등의 의식뿐만 아니라 공사에 참여한 감독관부터 장인의 인적 사
항과 각 건물별로 소요된 자재 수량에 이르기까지 꼼꼼히 기록되어 있다.

심지어 전체 공사 비용의 수입과 지출 내역에서부터 각 건물별로 집을 짓는
데 들어간 못의 규격과 수량, 못의 단가까지도 일일이 명시되어 있을 정도이
다. 〈화성성역의궤〉는 공사 내용에 한 점 숨길 것이 없도록 자신의 이름을 건
공사 실명제와도 같은 것이었다.

이 밖에도 조심태는 공사가 거의 끝나갈 무렵에 이르자 평소 자신의 의견
한 가지를 개진하기도 했다. 당초 설계안에는 들어가 있지 않았으나, 군사 전
문가로서 봉수대를 설치하자는 독창적인 제안을 내놓은 것이다.

봉수대는 봉화 연기를 피우는 돈대를 뜻한다. 평상시에는 다섯 개 굴뚝 가운

데 남쪽 끝의 한 개만 연기를 피우다, 위급한 상황이 발생했을 때에는 정도에 따라 다섯 개 굴뚝 전체에서 연기를 피울 수 있게 되어 있었다. 국토의 끄트머리인 백두산과 한라산에서 도읍인 남산의 봉수대까지 서로 연결된 정보 체계였다. 그런데 산성이 아닌 읍성에 봉수대를 설치하자고 나섰다. 한성에 자리한 궁궐의 정면인 남산에 봉수대를 설치한 것과 같은 이치였다.

정조는 조심태의 건의를 받아들여 수원화성에 봉수대를 설치하도록 명했다. 수원화성의 봉수대는 서쪽으로 서해 바닷가까지 살펴볼 수 있는 흥천대와 동쪽으로 용인 석성산의 봉수대와 연결이 가능해지면서, 읍성으로선 보기 드물게 철옹성으로써의 만전을 기할 수 있게 되었다.

수원화성은 이같이 정조가 비전을 제시하고, 채제공이 축성 방안을 찾아냈으며, 정약용이 축성을 설계하고, 조심태가 현장에서 축성을 실현한 19세기 조선왕조의 정수였다. 정조 20년(1796) 이후 220년이 흐른 오늘날까지 변함없이 그 위용을 뽐내고 있는 것이다.

실무 담당자로서
조심태의 리더십

조심태는 모범형 팔로워의 전형을 보여준 인물이다. 첫째, 그는 정조의 친위 군사인 장용영이 출범할 때부터 산파였으며, 마지막 관직이 장용영의 대장이었다. 둘째, 새 고을 수원읍을 성실함과 책임감 있는 태도로 조성함으로써 수원화성 축성의 밑돌을 놓았다. 셋째, 수원화성 축성의 현장 책임자로 현장에서 헌신적으로 축성을 실현해냈다.

그는 이 모든 과정에서 스스로 생각하고 알아서 실천하는 매우 이상적인 팔로워십을 보여주었다. 정조의 개혁 현장에서 빼놓을 수 없는 가장 중요한 위치에 선 인물이었던 셈이다.

따라서 이 같은 팔로워는 독립심이 강하고 헌신적이며, 리더가 꿈을 이룰 수 있도록 지원하고 돕는다. 장애물이 있더라도 자신과 조직의 이익을 위해 자신의 역량을 유감없이 발휘한다.

무엇보다 열정이 없다면 자신이 완수해야 할 임무를 수행할 수 없다. 현장의 실무 담당자에겐 반드시 다른 점이 있어야만 한다. 때문에 그는 솔선수범했으며, 주인의식이 투철했다. 자신에게 주어진 일보다 더 많은 일을 해내어 조직과 리더를 돕는 데 기여코자 하였던, 모범형 팔로워의 전형을 보여주었던 것이다.

남다른 사명감으로 화성성역의궤를 완성

정조는 수원화성을 축성하는 데 조심태를 통해 현장에 접근해 나갔다. 축성에 따른 비용과 석재 조달 등의 현지 사정을 훤히 꿰고 있는 그를 화성 유수로 임명하여 축성에 관련한 현장 진행을 맡겼다.

그리고 이후에도 정조는 현장의 상황을 조심태와 상의하고 결정해 나갔다. 성터잡기부터 각종 시설물 등의 성제는 물론 수원화성의 자립경제를 위한 둔전의 경영과 장용영의 군제에 이르기까지, 조심태는 곧 정조의 현장 에너지였던 셈이다.

조심태는 그 같은 과정을 〈화성성역의궤〉라는 책으로 남겼다. 그것은 단순히 화성 축성의 전 과정을 빠짐없이 기록한 몇 권의 책으로 그치지 않는다. 그의 남다른 사명감을 엿볼 수 있게 하는 것이다.

더욱이 그 내용이 방대하고 매우 상세할 뿐더러, 심지어는 건물 공사에 들어간 못의 크기며 소요된 개수, 단가까지 일일이 기록으로 남겼을 만큼 투명했다. 축성 비용에 한 점 숨길 것이 없도록 철저히 관리함으로써 비리와 부정이 싹틀 수 없는 공사로 마무리될 수 있었다.

수원의 발전을 위한 치밀한 계획

새로운 고을 수원읍이 팔달산 아래에 정착되면서, 자급자족이 가능한 신도시로 활성화시키기 위한 논의가 조정에서 시작되었다. 어떻게 하면 신도시로 상인들과 백성들을 모아들일 수 있을까 하는 방안 찾기에 나선 것이다.

수원 유수 조심태는 수원 백성들의 의견을 수렴했다. 수원이 삼남으로 통하는 길목이긴 하여도 생산되는 물품이 적어 상인들을 불러 모아 시전을 설치하는 것이 쉽지 않다고 파악한 것이다.

결국 고심 끝에 그는 지역 사정을 고려하여 새로운 의견을 개진했다. 조정에서 논의되고 있는 것처럼 한성의 상인들을 유도하여 정착시키기보다는, 수원의 지역 주민들 가운데 여유 있고 장사를 아는 이들을 택해서 자본금을 빌려주고 이익을 얻게 하여 정착시키는 것이 상책이라고 건의했다.

이를 위해 조정에서 6만 냥 정도를 내놓아 자본금을 빌리기를 원하는 이들에게 대여해 주자고 했다. 대신 매년 이자를 쳐서 3년 기한으로 돌려받으면 원금도 보전할 수 있을 뿐더러, 상인들이 모여들어 상업도 일어날 수 있다는 방도였다.

또한 특정 시전의 이름을 붙이지 말고 물가에 따라 자유롭게 상업을 할 수 있게 하자고도 했다. 예컨대 물건의 값이 싸면 사들이고, 비싸면 되팔도록 하여 적정한 물가가 형성될 수 있도록 유도하자는 것이었다.

아울러 조심태는 수원읍의 관아에서 용주사의 승려들에게 자금을 빌려주어, 특산품인 종이와 신발을 만들어 팔 수 있도록 장려할 것도 제안했다. 이것은 현륭원의 비보사찰이었던 용주사의 승려들에 대한 배려로, 지역 수공업의 진흥에까지 눈길을 준 것이다. 수원 지역의 수공업 분야도 관아의 지원 아래 시전 상인들과 밀접한 관계가 형성될 수 있도록 하자는 방안이었다.

조심태의 새로운 방안은 조정에서 논의를 거쳐 전격 채택되었다. 좌의정 채제공은 물론이고 노론의 한 축이었던 우의정 김종수마저 전폭 지원한 결과, 조정에서 6만 5,000냥이 내려와 수원읍 상업 진흥에 밑받침이 될 수 있었다.

이 같은 진흥책에 힘입어 새 고을 수원읍은 빠르게 번성해 나갔다. 팔달산 아래로 이주를 시작한 지 불과 2~3년 만에 경기도 내에서도 굴지의 읍지로 발돋움할 수 있었다. 애당초 정조가 꿈꾸었던 자급자족이 가능한, 상업 도시로써의 모습을 갖출 수 있게 된 것이다.

조심태는 수원 부사에서 물러난 이후에도 수원 지역에 대한 관심을 놓지 않고 그 결과를 정조에게 알렸다. 예를 들면 밀과 보리의 파종 작황, 전답의 농사 현황, 모내기 등과 같은 수원 지역의 농업 관련 사항들을 파악하여 수시로 정조에게 보고했다.

그가 이처럼 수원 지역에 지속적이고 구체적으로 관심을 기울였던 건 다름 아닌 열정 때문이다. 수원 지역의 성장이야말로 곧 자신의 성장이라 여기고 있었던 까닭이다.

축성 현장 최대의 현안 돌파

수원화성의 축성은 한때 중단의 위기를 겪기도 했다. 해마다 반복되는 가뭄이 주요 요인이었다. 채제공은 중단 없는 공사를 주청했으나, 정조는 끝내 백성들에게 고통을 줄 수 없다며 공사 중단을 명하지 않으면 안 되었다. 때문에 수원화성은 축성과 동시에 수리水利 문제가 또 다른 현안으로 떠올랐다.

정조는 어머니 혜경궁 홍씨를 모시고 현륭원을 찾았던 을묘년 행차를 마치고 귀경하던 중에, 장안문에 이르자 조심태를 불렀다. 지난번에 언급한 성 밖의 너른 땅을 개간할 수 있다던 곳은 어디쯤인가 물었다.

조심태는 성 바깥의 서북 방면을 가리키며 일일이 설명했다. 또 이를 계기로 성 바깥에 버려진 넓은 대지를 관개하기 위한 저수지 만석거萬石渠가 조성되기에 이른다.

그는 조정에서 내려온 2만관貫의 예산을 적절히 활용하여 버려진 대지를 매입하고 다른 한편으론 새로 개간하기도 하였다. 두 항목의 논에 1백석을 파종하는 것을 기준으로 관계 수리를 하기 위한 대대적인 제방 공사를 벌여 둔전을 완성시켰다. 저수지 만석거가 축조됨으로써 장안문 밖에 버려져 있던 넓은 대지가 수전지대로 바뀌었으며, 극심한 가뭄에도 물 걱정 없이 농사를 지을 수 있게 되었다.

물론 이때에도 그는 축조 비용에 한 점 숨길 것이 없도록 철저히 관리하고 기록에 남겼다. 대지를 매입하는 비용부터 새로 개간하는 데 따른 물력이며, 도랑을 파고 제방을 축조하는 데 소요된 전체 비용을 낱낱이 기록 정리하여 장용영 내영內營으로 올려 보냈다.

뿐만 아니라 둔전의 경영책도 마련하고 나섰다. 둔전 건설에 참여했던 장교에서부터 군졸에 이르기까지 일정하게 토지를 나누어주어 농사를 지을 수 있도록 배려했다. 다시 말해 수원화성에 장용영 외영을 두어 병농兵農이 일치하는 둔전법을 실현하고자 했던 정조의 의도를 조심태가 정확히 헤아려보고 실행한 것이다.

한편 이 같은 성과를 바탕으로 수원화성 주위에는 만년제萬年堤와 축만제祝萬堤가 잇따라 축조되었다. 수리 시설의 축조와 함께 새로이 개간된 둔전에서 얻은 소출은 이후 수원화성을 유지 보수하는 비용으로 쓰일 수 있었다.

장용영의 위상을 떨친 팔로워십

정조는 왕위에 오른 이후 암살과 역모의 위협에 끊임없이 시달려야 했다. 자신을 내치려하는 반대 세력에 둘러싸여 숨죽이지 않으면 안 되었다. 그나마 이미 영조 때 구축된 탕평책 속에서 극히 제한된 자신의 세력을 조금씩 키워 나갈 수 있었다.

그렇듯 재위 13년의 인고 끝에, 정조는 아버지 사도세자의 묘소를 수원 도호부로 천장하면서 개혁의 물꼬를 트는 일대 결단을 내리게 된다. 아버지 사도세자에 대한 존숭은 곧 정국을 지배하고 있던 노론을 자극하는 일이었기 때문에, 그동안 그토록 염원하였음에도 감히 공론화하지 못하고 망설이다 마침내 승부수를 띄운 것이다.

하지만 개혁의 물꼬는 국왕 혼자서 열어갈 순 없었다. 단 몇몇의 소수일망정 의기투합하지 않으면 안 되었다. 더구나 그러한 의기투합은 목숨을 내건 신념이 아니고선 건너갈 수 없는 험로였다. 조심태는 그 같은 험로에 스스로 동참하고 나선다. 정조를 적극적으로 호위하고 돕는 길을 선택한 것이다.

채제공에 이어 화성 유수로 제수된 조심태는 수원화성 축성에 열정을 다한다. 또 장용영의 대장도 겸임하면서 정조의 친위 군영을 길러내는 데 소홀함이 없었다. 정조 19년(1795)이면 화성 축성이 절반쯤 이루어져 저마다 한창 분주할 때였다. 그런 와중에도 장용영은 조심태에 의해 갖가지 군사 훈련이 체계적으로 이루어졌다.

그런가 하면 해마다 이루어지는 국왕의 원행 행차에 어가를 호위하는 군사

규모를 3배에서 5배로 늘리고, 보군과 기마부대가 임금의 어가를 철통같이 호위하게 했다. 그같이 전보다 많은 군사를 원행 행차에 배치함으로써 장용영의 위상을 강화시켰다.

또한 정조의 밀명을 받고 화약을 이용한 신무기 개발에도 착수한다. 어머니 혜경궁 홍씨의 회갑연을 핑계 삼아 청나라의 감시를 피해 신무기 매화포埋火砲 실험을 화성행궁의 득중정에서 실시하기로 한 것이다.

한데 하필이면 당일 날이 궂었다. 금방이라도 빗줄기가 쏟아져 내릴 것만 같았다. 정조는 크게 염려되었다. 이런 날씨에도 과연 매화포를 쏠 수 있는지 조심태에게 물었다. 그는 정조를 안심시켰다. 새로운 화약무기인 매화포는 어지간한 비에도 견딜 수 있어 폭발이 가능하다고 자신감을 나타냈다.

정조는 그의 자신감을 신뢰하면서 신무기 성능 시험을 명했다. 조심태는 국왕의 명에 따라 그동안 비밀리에 개발해온 신무기 매화포를 궂은 날씨에도 불구하고 시험 발사하여 성공시켰다.

조심태는 수원화성이 완공되면서 화성 유수를 그만두게 된다. 하지만 그 뒤에도 장용영 대장으로 제수되어 정조가 꿈꾸었던 조선왕조 최강의 정예인 장용영을 만들기에 주력했다.

셀프 리더십, 자신을 뛰어넘는 자기계발

조심태는 집안 대대로 무관이었다. 군제에 밝았을 뿐더러 율령에도 정통하였으며, 나아가 농정을 잘 보살핀 목민관이기도 했다. 특히 그는 큰 글자를 잘 써 편액을 많이 쓴 것으로 알려져 있다. 그럼에도 불구하고 그는 학문의 정예였다. 자기계발이 부단했음을 보여주는 또 다른 면모다.

그가 궁궐을 호위하는 훈련대장(종2품)으로 있을 때 정조는 규장각 제학(정2품) 정민시 등의 규장각 신료, 새로이 선발된 초계문신들과 함께 시회詩會 자리에도 곧잘 참석시키곤 했다. 초계문신은 당대의 사상과 문화를 이끌어갈 핵심 인물들이었다. 이들을 격려하기 위한 시회 자리에서 조심태는 최고 문장가들과 더불어 짓는 시구에 국왕에 대한 충성과 조선왕조를 지키고자 하는 의지를 담아내곤 했던 것이다.

현장을 종횡무진한 열정과 헌신

조심태의 마지막 관직은 앞서 얘기한 대로 수원화성의 장용영 대장이었다. 수원화성이 완공된 이후 한성 판윤에 오르는데 이어 마침내 육조六曹의 장관인 형조판서에까지 올랐던 그가, 다시 한 번 수원화성의 장용영 대장으로 제수된다. 자신의 뜻이었는지 아니면 정조가 원했기 때문이었는지는 알 수 없어도, 분명한 건 두 사람 모두가 수원화성의 장용영을 그만큼 중요하게 보고 있었다는 점이다.

하지만 다시금 수원화성의 장용영 대장이 된 지 1년 여 뒤 조심태는 임지에서 사망한다. 향년 59세(1799)였다.

정조는 조심태 장군의 부음을 전해 듣고 "말을 타고 달리며 병사들을 지휘하는 수고를 놓고 말한다면 전 시대의 인물을 꼽아 본다 할지라도 그와 견줄 만한 장수는 드물었다"고 애통해했다. 아울러 특별히 교지를 내린 데 이어 그를 좌찬성(종1품)에 추증할 것을 명했다. 다음은 조심태 장군에게 특별히 내린 정조의 교지 전문이다.

「이 장신將臣은 임금으로부터 인정을 크게 받았기 때문에 중요한 직무를 전적으로 맡았다. 일찍이 관서 지방의 방어사부터 시작하여 북도와 남도의 병사兵使를 역임하다가 몇 해 사이에 마침내 장수로 승진하였다. 돌이켜 보면 수원화성을 건설하는 공역에 처음부터 정성을 쏟아 지대한 공을 세웠고 드높은 간성처럼 그를 크게 의지하고 믿어왔다. 삼군三軍의 생살권을 모두 맡고 판서의 품계에 오를 정도로는 그 노력에 보답하고 공적을 표창하기에 차마 충분치 못하였거늘, 큰 나무가 그리도 빨리 시들 줄을 어찌 알았겠느냐. 너무도 슬픈 나머지 나도 모르게 목이 메는구나. 죽은 판서 조심태의 집에 성복成服하는 날 제사를 지내주도록 하라.」

정조는 같은 해 자신의 분신과도 같았던 채제공과 조심태를 연이어 잃는 슬픔에 빠졌다. 이때 정약용 역시 노론의 집요한 무고에 의해 형조참의(정3품)를 끝으로 사직을 하고 향리에 머물고 있었다.

[마인드맵으로 본 조심태의 리더십 역량]

조심태
(실무 담당자)

조심태는 공사 내용을 빠짐없이 기록한 〈화성성역의궤〉의 저자이다. 화성 축성의 전말을 빈틈없이 기록하여 〈화성성역의궤〉를 남긴 것은 우리 역사에서 그의 위치를 확고하게 하는 데 결정적인 역할을 했다.

▶ **사명감**

조심태의 제안은 당시 좌의정 채제공과 우의정 김종수의 전폭적인 지원에 힘입어 실시되었다. 수원에 균역청의 돈 6만 5천 냥이 내려와 장사 경험이 있는 부유한 수원 사람들에게 돈이 대여됨에 따라 시전이 개설되었으며 이들이 운영한 시전은 이후 수원이 대도시로 발전하는 초석이 되었다.

▶ **업무전문성**

매년 발생하는 가뭄의 피해가 커짐에 따라 수리문제는 최대의 현안으로 논의되기 시작하였다. 조심태는 이를 만석거로 해결하였다.

▶ **추진력**

정조는 자신의 생부인 사도세자의 묘소를 수원도호부로 옮기기로 큰 결단을 내렸으며, 조심태는 이런 험로에 스스로 동참하고 나선다. 정조를 적극적으로 호위하고 돕는 길을 선택한 것이다.

▶ **팔로워십**

조심태는 화성유수로 임명되면서 정조의 친위군영인 장용영의 대장도 겸임하면서 왕정 개혁을 뒷받침할 친위군영으로서 위상을 떨치게 된다.

▶ **실행력**

그는 무관답게 군사 제도에 밝았을 뿐만 아니라 율령에도 정통하였고 농정을 잘 보살핀 목민관으로 글씨도 잘 썼다고 한다.

▶ **셀프리더십**

정조는 조심태를 일컬어 "말을 달리며 병사들을 지휘하는 수고를 놓고 말하더라도 전 시대의 인물을 꼽아 봄에 그와 견줄 만한 사람이 드물었다"라고 하였다.

▶ **열정**

리더십
수원화성에 묻다

리더십은 사람들의 사고방식을 바꾸고,
그들이 행동을 취할 수 있도록 용기를 북돋워주는 것이다.

– 노엘 티치 –

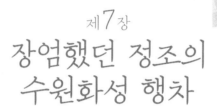

제 7 장
장엄했던 정조의
수원화성 행차

행차 첫째 날,
을묘년 음력 2월 9일

수원화성의 완공을 바로 눈앞에 둔 을묘년(1795)의 화성 행차는 그 어느 해보다 뜻깊었다. 정조가 어머니 혜경궁 홍씨를 모시고 왕복 2백리가 넘는 길을 백성들이 지켜보는 앞에서 좌마에 앉아 행차하는 일이란, 일찍이 찾아볼 수 없던 일대 사건이었다. 국난이 아니고선 국왕의 행차를 볼 수 있다는 게 도저히 상상할 수 없는 일이었다. 마침내 행차 당일이었다. 조선왕조 역사상 유례를 찾아보기 힘든 날이 끝내 움터 올랐다.

을묘년(1795년) 음력 2월 9일 새벽, 초엄을 알리는 나발소리가 아직 잠들어 있는 궁궐의 여명을 깨웠다. 저마다 무기와 깃발 따위를 챙기느라 부산했다. 병사들은 말에게 먹이를 먹이고, 행여 빠진 마구는 없는지 두루 살폈다. 나발소리가 두 번 울리자 궁궐 안은 더욱 부산해졌다. 각자 할 일을 마친 뒤 무기며 깃발, 가마, 악기, 말 등을 챙겨 자신이 행군해야 할 진영으로 서둘러 이동해갔다. 책임자는 저마다 맡은 소임별로 일일이 점검하여 행차에 차질이 없도록 세심한 주의와 엄중한 환기를 잊지 않았다.

정조 또한 만반의 준비를 마쳤다. 머리엔 공작 깃 상모를 꽂은 검은 전립을 쓰고, 양 어깨엔 붉은 융을 단 겉감 위에 다시 황금색 용 문양을 단 임금의 갑옷인 융복을 입었다. 보는 사람으로 하여금 화려함의 극치를 이루도록 한 장식이었다. 국왕을 수행할 인원은 행차 총리대신인 우의정 채제공을 비롯하여 모두 1,779명이었다. 하지만 실제로 참여한 인원은 6천여 명이 넘었으며, 동원된 말도 799필이나 되었다.

무엇보다 이날의 행차는 국왕의 권위를 안팎으로 널리 알리고자 하는 중요한 의식이었다. 그런 만큼 행차를 보다 웅장하게 보여서 권위를 한껏 높이기 위한 장치가 없지 않았다.

우선 350여 명의 취타부대를 행차의 중간중간에 배치시켜 때론 장중하게, 때로는 신명나게 연주하여 행렬의 보조를 일정하게 유지시키는 역할까지 맡았다. 그런가 하면 바람에 펄럭이는 갖가지 깃발을 보며, 위압적이거나 딱딱하지 않은 자유로운 분위기가 연출되도록 주의를 기울였다. 백성들에게 행차를 친근하게 보이고 싶어 하는 정조의 뜻이기도 했다. 한편 궁궐의 바깥에서도 부산하기는 마찬가지였다. 생전에 한 번이나 볼까말까 하다는 장엄한 행차도 행차이거니와, 국왕을 직접 볼 수 있다는 사실 때문에 아직 여명이 움트기 전인데도 길가엔 벌써부터 구경나온 백성들로 새하얗게 뒤덮였다. 좋은 자리를 잡겠다고 밤을 꼬박 지새우는가 하면, 도처에서 자리다툼마저 심심찮게 벌어지곤 했다.

이윽고 나발소리가 세 번 울리면서 기나긴 행렬이 꿈틀거렸다. 날이 처음

밝아올 즈음에 맞추어 마침내 행차가 시작된 것이다. 먼저 둔중한 나발이 길게 울렸다. 그것을 신호로 일제히 주악이 울리면서 새벽 공기를 갈랐다. 주악에 따라 끝 모를 기나긴 행렬이 드디어 창덕궁의 돈화문을 나섰다. 화려하고 웅장한 모습을 비로소 궁궐 밖으로 드러내기 시작한 것이다.

행차의 선두엔 특수병사인 군뢰가 나섰다. 험상궂은 인상에 다부진 체격을 자랑하며 좌우측에 각기 2명이 앞길을 선도했고 다음은 순수기와 영기를 든 순령수들이 나란히 뒤를 이었다.

좌우로 국왕의 갑옷을 실은 갑마甲馬와 국왕의 직인을 실은 인마印馬를 말몰이꾼이 이끌고 나갔다. 국왕의 갑옷과 직인은 호랑이 가죽으로 정성스럽게 쌌다. 그 뒤로 군졸을 앞세운 채 말을 탄 경기도 관찰사(종2품) 서유방이 행차의 선두에 나섰다. 전투복 차림을 한 그는 전동에 화살을 가득 채워 메고 왼손엔 활, 왼 허리엔 장검을 찬 채 맨 앞쪽에서 행차를 선도했다.

그 뒤로 이번 화성 행차를 총괄하는 총리대신을 맡은 우의정 채제공이 나섰다. 말몰이꾼을 앞세우고 백마 위에 높이 앉아, 왼쪽에는 장검을 차고 공작 깃 상모를 꽂은 전립을 써 한껏 위엄을 드러냈다. 총리대신 뒤에는 그를 보좌하는 녹사 1명과 장교 1명이 말을 탔다. 그 뒤로 북소리도 요란하게 커다란 사각 깃발이 나섰다. 인기認旗였다. 이 커다란 사각 깃발은 각 지휘관의 지위를 나타내고 휘하 부대에 명령을 내릴 때 사용하는 것으로, 깃발의 색은 소속 부대의 방위 색깔에 따르도록 되어 있었다.

그 뒤로 또 보병이 따라나섰다. 조총을 어깨에 메고 패검을 한 보병이, 4명씩 3열 평행으로 저마다 오만한 표정을 지으며 84명의 별기대가 무리지어 뒤따랐다. 그같이 다섯 개의 별기대 부대가 발자국 소리도 요란하게 지나가자 이번에는 집단을 이룬 수많은 깃발이 행렬을 가득 메웠다.

그 다음으로 길거리 군악대였다. 모두 말을 타고 가면서 연주하는 취타부대였다. 맨 앞줄의 행렬은 일종의 휴대용 대포인 호총을 멘 병사와 징을 치는 병사, 좌우 병사는 나발을 불었다. 둘째 열은 두 명의 북과 좌우측에 각기 작은 바라를 치는 병사가, 셋째 열은 놋쇠로 만든 요령의 일종인 솔발과 금속 타악기인 자바라와 함께 좌우측엔 태평소를 불어대는 병사가, 넷째 열은 좌측부터 일명 깽깽이라 부르는 해금, 대나무로 만든 피리, 한쪽 편을 떼어서 두 개를 맞붙인 피리의 일종인 관을, 장구와 북을 치는 삼현육각의 병사들이 말 위에서 흥을 돋웠다.

취타부대를 이어 행렬의 중앙에는 다시금 인기를 든 마상의 기수와 함께 군졸이 끄는 갑마와 인마가 나란히 등장했다. 그 뒤쪽 좌우측에 사형수를 처형할 때 표시 깃발이 되는 관이貫耳와 영전令箭을 높이 받쳐 든 군사들과 함께, 칼날의 모양이 초승달을 닮은 월도를 어깨에 걸친 특수병사인 군뢰가 따라나섰다. 그 뒤로 행렬의 중앙에 완전무장을 한 채 말을 탄 훈련대장(종2품) 이경무가 위세도 당당하게 나섰다. 좌우로 차지장교 2명과 뒤쪽에 장교 3명이 중무장을 한 채 말을 타고 그를 호위했다.

그 다음으로 군영의 장수인 중군中軍이 완전무장을 한 채 말몰이꾼을 앞세워 나가고, 뒤로 말을 탄 악사들이 따랐다. 그 뒤로 행렬의 중앙에 다시금 말을 탄 인기와 함께 좌우로 갑마와 인마를 말몰이꾼이 선도했다. 또다시 관이와 영전을 높이 받쳐 든 군사가 나란히 서고, 그 뒤를 따라 육모 방망이를 손에 든 포졸들이 쫓아갔다. 좌우측엔 군뢰, 순시, 영기를 든 군졸들이 지나갔다. 여기까지가 행렬의 선발대였다. 뒤이어 비로소 본진의 행렬이 시작될 차례였다.

정조가 부친 사도세자
묘소 참배를 위한
행차의 주요 장면을 그린
화성능행도병풍 중
정조의 명륜당 참배 모습을 그린
화성성묘전배도(華城聖廟展拜圖)

이윽고 맨 앞줄에 말몰이꾼을 앞세워 완전무장을 한 금군별장禁軍別將이 도도한 표정을 지으며 등장했다. 금군별장이라면 궁궐에서 국왕의 신변안전을 책임지는 종2품의 막중한 자리로, 이날의 행차에서도 국왕의 신변안전을 지키는 일을 직분으로 삼았다. 금군별장 뒤에는 장교 2명이 그림자처럼 바짝 뒤따랐다. 이어 완전무장한 금군청 기병 25명이 5열 평행으로 무리를 지어 말발굽 소리도 요란하게 지나갔다.

뒤이어 좌우측에 칼을 차고 말을 탄 결속색서리 장교 2명이 뒤를 따랐다. 결속색서리란 왕이 거둥할 때 소란스럽게 떠들어대는 것을 금하는 임무를 맡은 장교를 일컬었다. 그 뒤로 다시 좌측엔 총당(총융청 당상관)이, 우측엔 병당(병조의 당상관)이 말몰이꾼을 앞세워 지나갔다. 무언가 중요한 행렬이 곧 뒤따라올 것만 같은 생각을 들게 했다.

아니나 다를까. 붉은 두건을 머리에 쓰고 길을 안내하는 인로 2명 사이로, 국새國璽를 실은 어보마를 말몰이꾼 2명이 조심스레 끌고 나섰다. 그 뒤쪽 좌측에는 통례원 소속으로 각종 의식을 행할 때 식순에 따라 사회를 맡아보는 인의(종6품) 김동람, 최정, 허숙, 조덕부 등이 섰다. 우측에는 조회나 제사 등을 맡아보던 통례원 소속의 통례(정3품) 이주현이 섰다. 이들 5명은 제각기 공작 깃을 상모에 꽂은 전립을 쓰고 말을 탄 채 어보마를 호위하며 따라갔다.

그 뒤 중앙에 유서차비가 섰다. 유서차비는 전립을 쓰고 말을 탔다. 그는 국왕이 교지를 내릴 때 그 교지의 내용을 문서로 변조할 수 없도록 큰 대나무 통에 넣은 뒤 잠금 장치를 한 유서통을 어깨에 멨다.

길 좌우측으론 너울로 얼굴을 가린 나인들이 말몰이꾼이 끄는 말을 타고 줄을 지어 따랐다. 나인들의 뒤에는 검칙장관 3명이 따라나섰다. 검칙장관이란 행렬을 바르게 하도록 검속하고 단속하며 주위를 경계하는 장교들을 말한다. 다시 그 뒤쪽에 말몰이꾼 4명이 끄는 2필의 말이 등장했다. 국왕의 어머니인 혜경궁 홍씨의 옷궤를 실은 자궁의롱마였다. 뒤에는 차지장교 2명이 말을 타고 두 눈을 부릅뜨고서 엄호하는 가운데, 그 뒤로 다시 갑마와 인마를 군졸이 몰고 나갔다.

이젠 드디어 목이 빠져라 기다리던 국왕의 행차가 그 모습을 드러내기 시작할 차례였다. 본진의 행차 가운데서도 가장 중요한 행렬이었다. 그만큼 장엄하면서도 화려함으로 수를 놓았다. 먼저 정리사 겸 수어사인 병조판서 심환지가 맨 앞에 나섰다. 심환지의 뒤엔 아전인 서리와 완전무장한 장교가 말을 타고 호위했다. 또 그 뒤쪽에는 가전별초 50명의 기병이 위엄 넘치는 말발굽 소리로 바짝 붙어 뒤를 쫓았다. 또 그 좌우측으론 다시금 커다란 깃발 행렬이 늘어섰다. 국왕의 거둥 때 의장용으로 사용하는 붉은 홍개紅蓋를 비롯하여, 덕망 높은 국왕의 치세에 나타난다는 상상의 동물인 백택을 그린 백택기, 천마를 그린 삼각기, 하루에 만 리를 달린다는 각단角端을 그린 각단기, 주작을 그린 주작기, 푸른 봉황을 그린 벽봉기 등 형형색색의 깃발을 바람에 휘날리며 지나가 구경나온 백성들로부터 탄성을 자아내게 만들었다.

바로 그 뒤를 이어 국왕이 탄 가마[正駕轎]가 그 위용을 뽐내며 나타났다. 국왕의 가마는 네 모서리에 용을 그린 둥근 기둥을 세우고, 둥근 기둥 사이에 각 기둥을 세운 후 아랫부분만 난간을 둘렀다. 그런 뒤 빨갛게 주칠을 한 후 난간 부분에 황금색으로 백택, 기린 등 다양한 상상의 동물들을 그려 넣었다. 또 네 면에 주렴을 드리우고 다시금 휘장을 내려 열고 닫을 수 있도록 하였으며, 지붕의 네 모서리에는 봉황 장식에 고리를 달아 예쁜 술을 고정시켜 내려뜨렸는

가하면, 가마채의 끝 부분엔 도금한 용머리 장식을 얹어 마감했다. 국왕의 가마는 2필의 말이 앞뒤에서 이끌었다. 앞뒤에서 말을 끄는 11명의 견마부는 가마가 조금도 흔들리지 않도록 힘을 주어 누른 채 나아갔다.

이제나 저제나 하며 국왕의 가마가 나타나기만을 눈이 빠져라 기다렸으나 정작 국왕의 모습은 소맷자락조차 볼 수 없었다. 실망스럽게도 국왕의 가마는 빈 가마였다. 이번 거둥은 어머니 혜경궁 홍씨를 모시고 가는 행차이기 때문에 어머니가 탄 가마 뒤쪽 좌마坐馬를 타고서 배행하고 있었던 것이다.

그런가 하면 길 좌우측으로 보다 엄숙한 풍경이 이어졌다. 말을 탔을 때 두 발로 딛게 되는 제구를 나무로 만들어 은칠을 한 은등자와 금칠을 한 금등자, 은칠을 한 의장용 철퇴인 은입과와 금칠을 한 금횡과, 깃대 끝에 새의 깃으로 꾸며 장목을 늘어뜨린 정旌, 금칠한 도끼를 장대 끝에 꿴 금월부, 연꽃 위에 화려한 날개를 편 두 마리의 공작을 그린 의장용 부채인 작선, 두 마리의 봉황을 그린 의장용 부채인 봉선, 용을 그린 용선과 의장용 청개靑蓋를 든 군졸이 좌우 11명씩 양편으로 늘어서 국왕의 가마를 호위하며 지나가는 광경이란 화려하다 못해 엄숙했다. 아무나 범접할 수 없는 신성한 행렬임을 보여주었다.

그 뒤로도 행군은 계속 되었다. 다시 중앙에 말몰이꾼이 끄는 말을 탄 채 완전무장한 첨정(종4품)이 선도하는 가운데, 그 뒤에 말을 탄 장교가 의장용 붉은 둑을 양손으로 단단히 쥔 채 말 뒤로 벌이줄을 늘어뜨리면 2명의 군졸이 양쪽에서 받들어 잡고서 따라갔다. 그 뒤쪽으로 지금까지 본 수많은 깃발 가운데 가장 커다란 황룡대기[龍旗]가 나섰다. 황룡대기는 황색 바탕에 용틀임하고 있는 두 마리의 용과 구름을 채색한 뒤, 깃발 가장자리에는 화염을 상징하는 붉은 헝겊을 길게 매달았다.

그 다음엔 지금껏 보지 못한 대규모 취타부대로 이어졌다. 저마다 말을 타고 왼 허리에 칼을 찬 채 앞줄 4명은 대각을, 둘째 줄과 셋째 줄 8명은 나발을, 넷째 줄 4명은 북을, 다섯째 줄 좌우엔 타악기로 북채를 들고 치는 점자點子를, 여섯째 줄은 자바라를, 일곱 여덟째 줄은 피리와 비슷한 호적을, 아홉째 줄은 해금을, 열째 줄은 피리보다 큰 적을, 열한 번째 줄과 열두 번째 줄은 관을, 열세 번째 줄은 장구를, 열네 번째 줄은 북을, 마지막 열다섯 번째 줄은 징과 패두, 라鑼에 이르기까지, 모두 51명의 연주자가 울려대는 우렁찬 소리가 신명났다. 그때까지 가만히 앉아 있던 백성들마저 자리에서 벌떡 일어나게 만들었다.

대규모 취타부대 뒤에는 선전관청 소속의 계라선전관(정3품) 유성규가 완전무장을 하고 말을 탄 채 뒤따랐다. 그는 군악을 시작할 때나 마칠 때 국왕에게 아뢰는 직무를 맡았다.

계라선전관과 나인들이 잠시 묵묵히 지나가자, 다시 한 번 고조된 분위기로 연이어졌다. 갖가지 깃발의 행렬이 바람에 펄럭이며 백성들의 눈앞을 화려하게 수놓았다. 맨 앞쪽의 중앙에 검칙장교를 필두로, 좌우 3열씩 줄지어선 군졸이 형형색색의 깃발을 들었다. 뒤이어 좌우측에 취타수들을 지휘하는데 쓰이는 커다란 군기인 금고기가 바람에 나부끼며 나섰다. 중앙에는 5방기 중의 하나로 진영의 중앙에 세워 중군, 중영, 중위를 지휘하는 등사기가 지나갔다.

바로 그 뒷줄 좌측으로 국왕의 지시나 명령에 대기하는 대령교련관이, 우측으로는 전배차지교련관이 완전무장을 하고 말을 탔다. 그 중앙에는 진중에서 방위를 표시하는 깃발들을 관장하는 소임을 맡은 대기치차지교련관이 말을 탔다. 또한 그 사이로 말을 탄 군졸이 황금색의 커다란 장용영의 초요기를 들고 따랐다. 장용영의 초요기는 정조가 수원화성에 설치한 친위 군영인 장용영

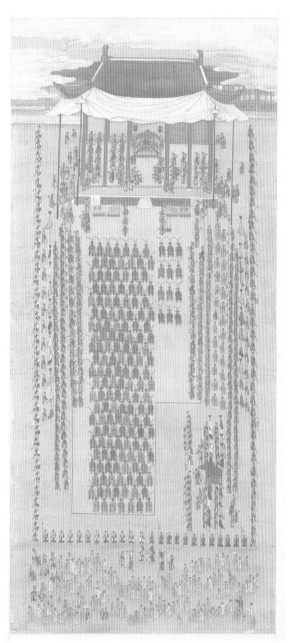

화성능도병풍 중
화성 내의 학문 진작과
문예진흥을 위해
과거시험을 치르는 모습을 그린
낙남헌방방도(洛南軒放榜圖)

에서 대장이 장수들을 부르고, 지휘 호령하던 신호기였다. 이들 뒤론 흡사 행렬의 한 가닥을 정리하는 것처럼 보였다. 마치 길바닥에다 선명한 선을 그어놓듯이 6명의 연주자가 1열 횡대로 촘촘히 말을 타고 지나갔다.

그 다음은 음식을 실은 수라가자 수레가 등장할 차례였다. 수라가자는 4명의 말몰이꾼이 조심스레 이끌었다. 수라가자 앞에는 말을 탄 차비선전관이 선두에 섰다. 수라가자 뒤에는 정리낭청의 홍수영이 말몰이꾼을 앞세워 완전무장을 하고 나타났다. 홍수영은 국왕의 어머니인 혜경궁 홍씨의 조카로 수라가자를 감시하며 따라갔다. 그 뒤를 이어 총융청의 총융사(종2품) 서용보가 완전무장을 한 채 말몰이꾼을 앞세워 위풍당당하게 나섰다. 총융사의 뒤엔 서리 신재원과 장교가 좌우에 섰다.

그처럼 음식을 실은 수라가자 수레 행렬이 비교적 소박한 풍경으로 지나간 뒤, 이번에는 말발굽소리도 요란한 수많은 기병들이 길거리를 가득 메운 채 열지어 나타났다. 기병들이 요란스럽게 지나가고 나자, 드디어 혜경궁 홍씨의 가마 행렬이 시작했다. 먼저 길 좌우측에 하나같이 붉은 복장을 한 채 큰 칼과 창, 조총으로 무장한 훈련도감의 특수부대인 협련군 180명이 두 줄 혹은 세 줄로 빽빽이 늘어서 걸음걸이도 당당하게 나선 가운데, 그 한복판엔 좌우로 8마리의 말이 노란 복장을 한 말몰이꾼의 선도 아래 나아갔다.

그 뒤 중앙에 검칙장교가 말을 타고 지나가면, 푸른 복장으로 무리를 이룬 군장군사 12명이 배를 불쑥 내밀어 거드름을 피운 채 나아갔다. 또 그 뒤쪽에 말몰이꾼을 앞세운 신전선전관인 김진정과 이석구가 좌우측에서 따랐다.

바로 여기까지가 혜경궁 홍씨의 가마와 정조의 좌마가 등장하기 전의 행렬이었다. 이후 곧바로 혜경궁 홍씨와 정조의 좌마가 연이어졌다. 하지만 10리

길이나 이어진다는 장엄한 행차 행렬은 거기까지가 꼭이 절반에 불과했다. 혜경궁 홍씨의 가마와 정조의 좌마가 모두 지나간 이후에도 또다시 그만한 규모의 행차 행렬이 백성들 앞으로 끝도 모르게 이어졌던 것이다.

이같이 창덕궁의 돈화문을 나선 기나긴 행차 행렬은 파자전 돌다리(지금의 종로 3가)를 건너 통운동 돌다리(종로 2가), 종루 앞길(보신각 앞길), 대광통 돌다리(서린동), 동현(명동) 앞길, 송현(한국은행 본점) 앞길, 수각水閣 돌다리(옛 서울경찰청)도 지나, 이윽고 숭례문 바깥으로 나섰다. 도성을 나서 도저동(서울역 부근)과 청파교(숙명여대 앞)를 지나, 야트막한 언덕인 용산방坊의 밤울재 앞길에 다다르자 골목마다 사람들이 우르르 쏟아져 나왔다. 동리 사람들이며 인근 지방에서 모여든 관광민인들이었다. 눈이 빠져라 기다리던 정조의 행차를 보고는 지화자 좋다며 덩실덩실 어깨춤을 추었다.

그것은 실로 또 다른 환호였다. 돈화문 앞에서부터 인산인해를 이룬 도성 안의 백성들이 정조의 행차를 엄숙한 형식으로 맞았다면, 도성 밖 용산방의 백성들은 다소 무질서하게 보일 만큼 어떤 절실함이 묻어나는 환호 속에서 정조의 행차를 맞이했다. 누구 한 사람 입 밖에 꺼내어 설명하는 이도 없었건만, 임오화변을 겪은 그의 아픔을 누구보다 이해하고 있었기에 모두가 감격스러워했다. 노론은 하나같이 모르는 줄 알고 있었으나, 백성들은 그처럼 정조의 아픔을 속속들이 꿰고 있었다. 정조 또한 알고 있었다. 그들의 절실함과 맞닿아 있었다. 도성 밖 용산방의 백성들이 그렇듯 열렬히 희구希求하는 것이 그 어떤 것임을.

그러나 국왕의 행차를 호위하던 군사들은 당황하는 기색이 역력했다. 국왕의 행렬 앞으로 꾸역꾸역 몰려드는 인파에 어쩔 줄을 몰라 했다. 정조는 대령

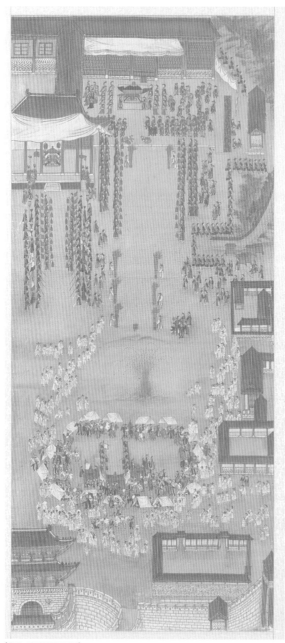

화성능행도병풍 중
정조대왕이 득중정에서
친히 활을 쏘고 불꽃놀이를
즐기는 모습을 그린
득중정어사도(得中亭御射圖)

교련관에게 일렀다. 백성들이 몰려들어 행차를 구경하는 것을 거칠게 경호하지 말라는 분부를 내렸다. 그 때문인지 도성 밖 용산방의 백성들과 관광민인들은 국왕의 행차를 줄지어 뒤따르기 시작했다. 밤울재를 넘어 노량 나루에 도달할 때까지 줄곧 행렬을 뒤쫓아 왔다. 국왕의 행차가 배다리를 건너 한강을 도강한 뒤, 노량진 언덕 너머로 끝내 사라져 보이지 않게 될 때까지 좀처럼 흩어질 줄을 몰랐다.

그보다 앞서 행렬의 선발대가 한강 배다리 입구에 세워진 홍살문 앞으로 들어서자, 주사대장舟師大將이 곧바로 나서 국왕을 맞이할 채비를 서둘렀다. 한강의 배다리 설치를 현장에서 지휘한 주사대장은, 전장에서 군사들을 통솔하고 명령하는데 사용하는 커다란 깃발과 북을 두들기는 것으로 어가의 행렬을 영접했다. 이윽고 혜경궁 홍씨의 가마가 홍살문 앞에 다다르자, 화려한 융복 차림으로 좌마 위에 높이 앉아 있던 정조가 말에서 내려섰다. 여기까지 오는 길에 불편한 점은 없으신지 어머니에게 안부를 묻는 모습이란 백성들의 심금을 울리기에 충분했다.

"이보게, 저길 보게나. 우리 임금님의 효성은 하늘이 내리신 것일세."

"어느 임금, 어느 사대부, 어느 필부가 과연 우리 주상전하만 할까?"

하지만 그가 어디 어머니에게만 안부를 물은 것이었으랴. 실은 하늘에 계신 아버지 사도세자를 또한 그렇게 뵈었던 것은 아닐까.

이어 기나긴 행렬이 이윽고 배다리 위로 올라섰다. 한강 이쪽의 용산과 저쪽의 노량진 언덕으로 구경나온 수많은 백성들의 입에서 연신 감탄사가 그칠 줄 모르는 가운데 어가의 행렬이 푸른 강물 위를 건너가기 시작했다.

강바람이 생각보다는 거셌다. 행렬 속에서 펄럭이는 형형색색의 갖가지 깃발이며, 배다리 양편에 꽂은 150여 개의 깃발이 강바람에 나부끼기 시작하면서, 배다리는 이내 일곱 빛깔의 무지개다리로 변신했다. 기나긴 행렬이 마치 푸른 강물을 박차고 하늘로 비상하는 봉황처럼 비치기도 하고, 눈앞의 용처럼 그려지기도 했다. 무려 8백여 필에 달하는 말의 행렬은 하늘로 이끌어 올리는 천마天馬가 된 것처럼 황홀해서 숨이 막힐 것 같았다. 한도 끝도 없이 이어지는 장엄한 행렬은 배다리의 홍예교 너머 하늘로 오르고 있었던 것이다.

그건 실로 믿기 힘든 감격스러운 순간이었다. 멀찍이 떨어져서 관망하고 있는 백성들의 눈엔 마치 기다란 용이 푸른 강물 위를 날아 하늘로 오르는 착각을 불러일으키게 했다. 눈앞의 현실이 아니라 천상의 세계를 목격하는 것만 같았다. 상상조차 할 수 없는 놀라운 광경에 사로잡혀 마냥 입을 다물 줄 몰랐다. 정조 또한 상기된 용안이었으리라. 좌마에 올라 푸른 강물 위를 건너가면서 북받쳐 오르는 감정을 애써 제어하느라 몇 번이나 말고삐를 힘주어 움켜잡았는지 모른다.

'나는 지금 아버지에게로 간다. 아버지를 찾아가고 있다. 아버지 사도세자를 찾아가는 이 길이야말로 바로 저 백성들에게로 가는 길이리라.'

실로 눈부신 행렬이었다. 몇 번을 다시 보아도 장엄하기 이를 데 없는 행차였다. 마치 꿈이라도 꾸고 있는 듯 자신의 눈을 의심할 수밖에 없었다. 세상에 태어나 처음으로 목격하는 신비하고 장쾌한 풍경이었다. 기나긴 배다리를 한 길처럼 지나 한강의 푸른 강물 위를 모든 행렬이 도강하였다. 국왕은 노량행궁에 먼저 도착하여 어머니 혜경궁 홍씨를 맞아들였다. 묘시 초각에 창덕궁의 돈화문을 나서 이제 10리 길을 행차한 셈이었다.

행차는 그곳에서 일단 멈춰섰다. 저마다 오반(점심)을 들면서 잠시 휴식을 취했다. 그러다 11시 반경인 오초午初 2각에 나발소리가 세 번 울리는 삼취를 신호로 다시금 행차가 시작되었다. 노량행궁에서 13리 바깥에 자리한 시흥행궁을 향해 일제히 출발했다. 노량행궁을 나선 행렬은 먼저 만안현 고개를 넘었다. 지금의 노량진 본동 입구에서 서남쪽의 매봉산을 향해 올라가는 야트막한 고개였다. 어가는 다시 장승백이 고개를 지나, 지금의 상도동 길을 따라 널찍한 들판이 눈앞에 아스라이 펼쳐지는 번대방평(대방동)으로 들어섰다. 거기서 서남쪽으로 방향을 조금 틀어 시흥현 문성동 앞길로 향했다. 지금의 남부순환도로와 시흥대로가 만나는 지점이다. 지금도 독산동으로 가는 이 길을 문성동길이라 부르고 있다.

정조는 문성동 앞길에서 잠시 행차를 멈추도록 했다. 시흥행궁을 목전에 앞두고 행차를 멈추게 한 건 노량행궁을 출발하여 다시 10리길을 행차한 어머니 혜경궁 홍씨를 위해서였다. 혜경궁 홍씨의 가마 주변에 청포장青布帳을 둘러치게 한 뒤, 정리사 윤행임이 건네준 간식을 들고 가 어머니에게 올렸다. 대추를 고은 미음이었다. 문성동에서 중간 휴식을 취하며 한숨을 돌린 행차는, 이내 첫날밤의 유숙지인 시흥행궁으로 마저 향했다. 정조는 혜경궁 홍씨의 가마보다 먼저 도착해서 시흥행궁 안을 두루 살펴보았다. 그런 다음 뒤이어 도착한 어머니를 모시고 안으로 들어섰다.

행차 둘째 날,
을묘년 음력 2월 10일

행차 둘째 날 역시 전날과 크게 다르지 않았다. 행차의 연속이었다. 첫날밤을 유숙했던 시흥행궁을 출발하여 목적지인 수원화성에 도착하는 여정이었다. 수원화성에서 정조는 모두 엿새 동안 머물 예정이었다. 행차 셋째 날은 행사가 여럿 기다리고 있었다. 우선 화성향교의 대성전에 참배한 뒤 행궁에서 문과와 무과의 과거시험을 시행한데 이어, 행궁의 봉수당에서 어머니 혜경궁 홍씨의 회갑잔치를 예행 연습하는 진찬습의進饌習儀를 거행할 예정이었다.

행차 넷째 날은 아버지 사도세자의 묘소인 현륭원에 전배하고, 오후와 야간에는 화성의 장대將臺에 친림한 가운데 장용영 군사 3,700여 명이 참여하는 대규모 군사훈련인 성조(성을 지키는 군사훈련)와 야조(야간 군사훈련)가 예정되어 있었다. 국왕의 친위부대인 장용영의 대규모 군사훈련은 한성에 있는 반대 세력들에겐 엄청난 시위 효과를 안겨다줄 것이 확실했다. 다섯째 날은 이번 행차

화성능행도병풍 중
정조의 어머니 혜경궁 홍씨의
회갑잔치인 진찬례를
열었던 모습을 담은
봉수당진찬도(奉壽堂進饌圖)

의 정점이랄 수 있는 진찬례進饌禮, 곧 어머니 혜경궁 홍씨의 회갑연이 열리는 날이었다. 그동안의 행사가 화성의 사대부와 무인들을 다독이는 행사였다면, 이날은 순전히 왕실을 위한 행사라고 볼 수 있었다.

여섯째 날은 이른 아침에 신풍루新豊樓에서 화성의 주민들에게 쌀을 나누어 줄 예정이었다. 오전 동안에는 낙남헌洛南軒에서 화성 지역의 나이 많은 노인들을 위한 양로연을 열도록 되어 있는 등 국왕의 인정이 화성을 중심으로 전국 방방곡곡에 미칠 수 있게 되기를 기대했다. 이 뒤에는 화성의 방화수류정訪花隨柳亭으로 거둥한 다음, 득중정得中亭에서 활을 쏘는 행사가 예정되어 있었다. 일곱째 날은 마침내 귀경길에 오른다. 한성으로 돌아오는 길은 화성으로 내려갈 때의 여정과 똑같았다. 화성의 행궁을 나서 시흥행궁에 도착하여 하룻밤을 지내도록 되어 있다.

행차 마지막 날인 여덟째 날은 시흥행궁을 떠나 한강의 배다리를 건너, 저녁참에 창덕궁으로 환궁토록 되어 있었다. 하지만 정조는 궁으로 돌아가기에 앞서 백성들을 직접 만나 민생의 질고疾苦를 듣고자 했다. 아직 구체적으로 정해지진 않았으나, 연로(국왕의 거둥 길)의 백성들에게 무언가 소망을 들어주고 시혜를 베풀어준다는 구상을 하고 있었다.

시흥행궁을 나서 중간 기착지인 사근참행궁까지는 전날의 기착지보다 더 멀었다. 여정은 시흥행궁을 출발해서 대박산 앞길을 지나 염불교念佛橋(안양유원지 입구)를 건넌 뒤 만안교, 안양참, 군포천교(안양교도소 뒷길), 서원천교, 청천평, 서면천교, 원동천(성나자로 입구), 사근평(고려병원 입구)을 지나, 마침내 사근참행궁(의왕시 왕곡동 골사그네)에 도착해서 휴식을 취하며 오반을 들 예정이었다.

구경 나온 백성들과 관광민인들 또한 연로마다 이틀째 바글바글했다. 마을에 혼인잔치만 있어도 모두가 나와서 보고, 사대부의 꽃상여만 나가도 큰 구경거리였다. 한데 살아생전에 한 번이나 볼까 말까하다는 어가의 행차가 자신들 앞에 장엄하게 펼쳐지자 백성들의 탄성이 연신 그치지 않았다.

어가의 행차는 순조로웠다. 충직한 군사들과 연로에 몰려든 백성들의 열띤 호응 속에 군포천교를 건넜다. 오래지 않아 서원천교를 건너 과히 높아 보이지 않은 장산을 왼편에 끼고 야트막한 언덕을 마저 넘어서자, 한순간 시야가 탁 트였다. 눈앞에 너른 들판이 저 멀리까지 아스라이 펼쳐져보였다. 맑은내벌로 더 알려져 있는 청천평으로 미끄러지듯 들어서기 시작했다.

그런 가운데 행차의 중간쯤에 위치한 어가의 행렬마저 어느덧 청천평 안으로 단번에 들어갔다. 청천평의 너른 들판 안으로 꾸물꾸물 행차해 들어섰다. 그 같은 시각이 얼마나 흘렀는지 방금 전까지만 하여도 길거리 군악대인 취타부대가 거뜬거뜬 연주를 하고 있었다. 연로의 백성들이 어가의 행렬에 여전히 열띤 환호를 보내고 있었다.

한데 불현듯 그 모든 소리가 귓전에서 사라지고 말았다. 한순간 주위가 온통 적막했다. 눈앞의 행렬과 백성들은 그대로였으나, 마치 눈앞의 모든 것이 한순간 깊은 물속에 빠진 것처럼 어떤 소리도 들리지 않았다. 하지만 알 수 없는 서늘한 침묵도 지극히 짧은 순간이었다. 그러한 침묵도 이내 여지없이 박살나고 말면서 난데없는 돌풍이 일시에 휘몰아쳤다. 거센 돌풍이 거칠게 휘몰아치면서 어가 주위를 마구 헝클어놓았다. 왕의 좌마 곁에 바짝 붙어 서서 높이 받쳐 든 붉은 일산이 난데없이 휘몰아치는 돌풍에 크게 흔들리기 시작한 것도 바로 그 순간이었다. 왕의 좌마 위에 머물러 있어야 할 붉은 일산이 그만 부지부식 간에 부서지고 말 것 같았다. 뒤이어 하늘과 땅을 우르릉 쿵쾅 찢어

댔다. 천둥소리였다.

천둥소리에 뒤이어 굵은 빗줄기가 마침내 쏟아져 내리기 시작하면서 저마다 놀라 제 우구를 찾느라 한동안 우왕좌왕했다. 병조참의(정3품) 정약용이 재빨리 사태를 수습하고 나섰다. 훈련도감의 으뜸 장수인 보행지구관을 보고 소리쳤다. 그런 다음 승전선전관 이동선을 부르도록 일렀다. 정조가 수원화성까지는 앞으로 얼마나 더 남았는지 하문했다.

"대략 22리 거리이옵니다."

"비가 멎질 않고 계속 내리는구나. 중간에 있는 사근참행궁이 비좁아서 밤을 지내는데 어려움이 있을 것이다. 문무백관과 군병들이 억수비를 맞는 것이 걱정이 되긴 하나, 여기서 화성이 22리 거리라니 서둘러 가면 저물녘엔 도착할 수 있지 않겠느냐."

"알겠나이다, 전하!"

왕명을 받은 승전선전관 이동선이 즉시 말을 몰았다. 행렬의 앞쪽에 선 행차 총리대신인 우의정 채제공에게로 득달같이 내달려갔다. 오래지 않아 행렬도 재정비되었다. 청천평을 뒤로 하면서 하늘과 땅을 찢어댈 듯이 울어대던 천둥소리도 잠잠해져갔다.

그렇듯 행차를 얼마나 하염없이 앞으로 계속 나아갔는지 억수같이 쏟아져 내리는 굵은 빗속을 뚫고 서면천교를 건넜다. 다시 원동천, 사근평을 예정대로 지났다. 마침내 사근참행궁도 뒤로 한 채 한참 지지대 고개를 힘겹게 넘어서자, 곧 너른 들판이 펼쳐졌다. 누군가 억수같이 쏟아져 내리는 굵은 빗줄기 소리를 단숨에 걷어내었다. 국왕의 좌마 우측에 선 보행지구관의 우렁찬 음성이다.

"화성이 보이기 시작하옵나이다, 전하!"

굵은 빗줄기 속에 어느새 수원화성의 관문이 눈앞에 신기루처럼 어릿어릿 그려지기 시작했다. 장안문이었다. 오래지 않아 정조는 굵은 빗줄기 속에 수원화성의 장안문 안으로 들어섰다. 뒤이어 상궁과 나인들이 둘러싼 혜경궁 홍씨의 가마도 무사히 수원행궁에 닿았다. 혜경궁 홍씨는 수원행궁의 장락당에, 정조는 유여택에 여장을 풀었다.

49세의 죽음,
끊이지 않는 독살 의문

　을묘년 화성 행차를 마치고 돌아온 지 5년이 지난 경신년(1800)이었다. 그 새해 첫날, 정조는 종묘와 경모궁을 배알하고 돌아왔다. 이어 달포 넘게 자리가 비어 있던 새 영의정을 내정했다. 그동안 좌의정(노론 영수) 심환지, 우의정 이시수 등 노론의 강경파가 자리를 대신하고 있던 영의정 자리에 새로이 이병모를 제수했다. 정조의 사람으로 분류되는 노론의 중도파였다.

　그같이 자신이 신임하는 이병모를 영의정에 영입하면서 한층 자신감에 차있던 정조는, 드디어 5월 말경엔 '오회연교五晦筵教'를 선포했다. 오회연교란 5월 그믐날 국왕과 신하가 함께 공부하는 경연의 자리에서 하교를 내렸다는 줄임말로, 정조의 통치이념을 완벽하게 담은 것이다. 정조는 이 오회연교에서 정치의 원칙은 시대에 따라 얼마든지 달라질 수 있다고 천명한다. 다시 말해 즉위한 이래 처음으로 할아버지 영조가 옳다고 처분한 정치적 (아버지 사도세자를 죽인) 원칙도 바꿀 수 있음을 암시한 것이었다. 나아가 다음번 재상은 노론의 반대 정파인 남인 정파에서 나올 수 있음을 암시하기도 했다.

그뿐 아니라 아버지 사도세자가 뒤주 안에 갇혀 죽은 임오화변의 잘못을 반드시 바로 잡되, 관련자는 관용을 베풀어 굳이 처단하지 않을 것이라고 밝힌다. 아울러 임오년의 잘못에 대해 멋대로 논리를 조작해서 자신과 맞서는 일이 있어서는 안 될 것이라고 엄중히 경고했다.

돌아보면 왕위에 오른 지 24년 만이었다. 아버지를 무참히 죽인 원수들을 눈앞에 두고도 복수의 칼날을 거둬들여야 했던 정조였다. 그런 뒤 뼈를 깎는 오랜 절치부심 끝에 마침내 자신의 역량만으로도 그들 세력과 맞설 수 있게 되었다. 드디어 노론의 심장을 정면으로 겨눈 복수의 칼날을 다시금 빼어들 수 있게 된 것이다.

조정은 발칵 뒤집혔다. 왕권이 강화되면 신권이 와해되는 것은 물론 파당의 이해마저 당장 물 건너갈 판이었다. 더구나 사도세자를 죽음으로 몰아넣고 왕세손 시절 정조에게 위해를 가했을 뿐더러, 왕위에 오른 이후에도 사사건건 정조의 발목을 붙잡았던 노론으로선 더 이상 피할 수 없는 하교였다.

"이는 말할 것도 없이 우리 노론을 모조리 때려잡겠다는 선포가 아니겠습니까! 그렇다면 우리도 가만 앉아서 당하고 있을 수만은 없는 일이지요."

노론이 발끈하고 나섰다. 노론의 울타리 역할을 자임해온 영조의 계비 정순왕후까지 나서서 격노했다. 하지만 24년을 기다린 끝에 다시금 복수의 칼날을 빼어든 정조는 결심을 굽히지 않았다. 노론의 영수인 좌의정 심환지의 때늦은 화해마저 거부하고 만다. 노론은 이제 스스로 신권을 내려놓고 개혁을 받아들임으로써 살기를 도모하든가, 아니면 왕권에 맞서 최후의 저항을 시도할 수밖에 없는 기로에 서게 되었다. 그러나 정조의 시간은 안타깝게도 거기까지였다. 자신에게 주어진 운명을 더 이상 거스를 수 없었던 것이다.

왕위에 오른 이후 처음으로 노론보다 우위를 선언하는, 오회연교를 하교한 지 불과 열흘 남짓한 경신년 6월 14일이었다. 정조는 돌연 시름시름 앓기 시작했다. 평소처럼 집무하던 정조가 머리 부분에 난 종기腫氣에 관해 대신들에게 고통을 호소한 뒤, 그만 자리에 드러눕고 만다. 그동안 원수지간의 노론과 머리를 맞대고 앉아 나랏일을 함께 논의하지 않으면 안 되었던 씻을 수 없는 굴욕이며, 마음의 화병이 주된 원인이었다.

처음에는 대수롭지 않게 생각했던 것 같다. 예조판서 겸 내의원 제조(정2품) 서용보 등을 편전으로 불러 치료를 받았다. 약에 관해서는 정조도 이미 상당히 정통한 편이었기 때문에, 치료 과정은 내의원들의 처방에만 따르지 않았다. 대신들과 내의원들 간에 토론 형식을 거친 다음에야 이뤄졌다.

"두통이 심할 땐 등 쪽에서도 열기가 많이 올라오니 이는 다 가슴 속의 화기火氣 때문이다."

하지만 정조는 또 다른 증상도 토로하곤 했다. 병의 원인을 자신이 더 정확히 알고 있었던 것이다. 이날 정조는 내의원에 분부하여 가감소요산加減逍遙散을 지어 올리게 했다. 몸의 열기를 다스리는 처방이었다. 또 이날 예조판서 겸 내의원 제조 서용보를 우의정 겸 내의원 제조 이시수로 전격 교체한다. 서용보를 믿지 못한 정조의 문책성 인사였다. 그러나 후임 역시 노론의 강경파가 내의원의 제조를 겸하게 된 셈이다.

6월 28일, 마침내 운명의 날이 밝았다. 정조는 병이 위중해져 정신이 혼미한 상태였다. 하지만 이날 창경궁 영춘헌까지 손수 거둥했다. 새로이 제수된

좌부승지(정3품) 김조순 등의 알현을 받기 위해서였다. 그러나 정조는 이미 위독한 상태였다. 창경궁 영춘헌에서 그만 의식을 잃고 쓰러졌다. 소식을 전해 듣고 어머니 혜경궁 홍씨가 한달음에 달려왔다.

"동궁(훗날 순조)이 소리쳐 울면서 나아가 안부를 묻고 싶어 하므로, 지금 함께 나아가려 하오. 그러니 제신들은 잠시 물러나 기다리도록 하시오."

혜경궁 홍씨의 요청에 따라 좌의정 심환지 등 대신들이 영춘헌 문 밖으로 물러났다. 이윽고 혜경궁 홍씨와 어린 동궁이 정조를 문안한 뒤 돌아가자, 병조참판 겸 내의원 부제조 조윤대가 들여온 성향정기산星香正氣散을 이시수가 숟가락으로 떠 올렸으나 넘기지 못하고 토해냈다. 다시 인삼차와 청심환을 올렸으나 마시지 못하자, 제신들이 정조 앞에 둘러앉아 소리 내어 흐느끼기 시작했다. 이때 또 다른 여인이 정조를 찾아온다. 정조의 독살설과 관련하여 문제가 되고 있는 영조의 계비 정순왕후였다.

"인삼차에 청심환을 개어서 끓여 들여보냈지만, 이제는 아무것도 드실 길이 없습니다. 천지가 망극할 따름입니다."

대비(정순왕후)가 영춘헌에 나타나 정조의 차도를 묻자, 우의정 겸 내의원 제조 이시수는 그렇게 대답했다. 그러자 정순왕후는 뜻밖의 분부를 내린다.

"이번 병세는 선왕(영조)의 병술년 증세와 비슷하오. 당시 성향정기산을 드시고 효험을 보셨으니 의관들과 논의하여 올리도록 하시오."

아울러 자신이 직접 받들어 올리고 싶으니 경들은 잠시 물러가 있으라고 분부했다. 좌의정 심환지 등 제신들은 잠시 문 밖으로 물러나 있을 수밖에 없었다. 한데 얼마 지나지 않아 영춘헌의 방 안에서 곡하는 소리가 터져 나왔다. 노론의 영수인 좌의정 심환지와 우의정 겸 내의원 제조 이시수가 문 밖에서 서둘러 아뢰었다.

"대비 전하! 지금 4백 년 종묘사직이 위태롭나이다. 하여 신들이 우러러 믿는 곳이라고는 대비 전하와 자궁(정조의 왕비) 저하뿐이옵니다. 동궁 저하께서 아직 나이가 어리므로 감싸 안고 보호하는 책임이 마땅히 두 분께 있사온데, 어찌 그 점을 생각지 아니하고 이처럼 감정대로 행동하시나이까? 게다가 왕조의 예법 또한 지극히 엄중하오니 즉시 대내로 돌아가소서."

두 재상의 얘기는 지극히 옳았다. 비록 대비나 왕비라 할지라도 국왕의 임종을 지킬 수 없도록 되어 있는, '지극히 엄중한 왕조의 예법'을 들먹인 것이다. 다시 말해 대신들을 죄다 물리치고 정순왕후 혼자서 병석을 지키는 건 국법에도 어긋난다는 지적이었다. 하기는 정조의 병세가 위중하다고 해서 목을 놓아 통곡할 그녀도 아니었다. 할아버지 영조가 66세였을 때 겨우 15세의 어린 나이로 계비가 된 정순왕후는, 그녀의 아버지 김한구와 함께 사도세자를 죽이는데 누구보다 앞장섰던 인물이다. 정조 또한 그 같은 사실을 잘 알고 있었기 때문에 그녀의 오빠 김구주를 유배지에서 죽게 한 것이다. 그렇듯 정조가 즉위하자마자 그녀의 친정이 몰락의 길을 걷게 되었으니, 원한이 없다고 볼 순 없었다. 법적으로만 보자면 고작 여섯 살의 나이 차이밖에 나지 않은 할머니와 손자 사이이긴 하였으나, 정치적으론 원수지간인 두 사람이었다.

더구나 동궁이 아직은 10세의 어린 나이이기 때문에 정조가 죽고 나면 조정의 관례에 따라 왕실의 가장 웃어른인 그녀가 섭정할 차례였다. 그렇게 되는 날엔 정조가 즉위하면서 몰락의 길을 걸었던 친정 집안을 다시금 살릴 수가 있었던 것이다. 요컨대 정조가 죽어야만 정순왕후의 집안이 다시 살아날 수 있었다. 이 같은 그녀가 정조를 살리기 위해 성향정기산을 직접 올렸다고 보기에는 아무래도 이상하지 않은가. 더구나 위독한 상태에 빠져 제 몸 하나 제어할 수조차 없었을 때 정조의 곁엔 원수지간인 그녀 혼자뿐이었다. 또한 문 밖에는 노론의 강경파들이 우글거렸다. 정조가 그토록 경계하던 위험한 손길들만이 안팎으로 에워싸고 있을 따름이다.

한데도 정조의 눈과 손이 되어줄 측근은 그 어디에도 보이지 않았다. 이상하리만치 정조가 죽기(1800) 한두 해 전에 그간 정조와 정치노선을 같이 했던 대신들이 잇달아 세상을 뜨고 말았다. 영의정(중도파) 홍낙성이 2년(1798) 전에 세상을 뜬데 이어, 정조의 분신과도 같았던 우의정 채제공과 수원 유수 조심태 역시 이미 1년(1799) 전에 세상을 뜬 다음이었다. 그 밖에도 남인과 노론의 중도파 대신들이 세상을 여럿 떠난 뒤였다.

그런가 하면 정조의 개혁에 함께 동참했던 좌의정(중도파) 유언호와 공조판서(개혁파) 이가환 등은 때마침 벼슬에서 물러나 칩거 중이었으며, 모친상을 당하여 향리에 머물고 있던 정약용은 벼슬이 겨우 동부승지(정3품)에 이르러 아직 그럴 만한 위치에 있지 못한데다, 이듬해(1801)엔 전라도 강진으로 유배를 떠나고 만다. 절체절명의 위기 앞에서 정조는 철저히 혼자였던 셈이다.

돌이켜보면 재위 24년 동안 정조는 오직 개혁을 통한 왕권의 역량을 키워내는데 마음을 다하고 애를 태웠다. 하지만 개혁을 완강히 가로막고 섰던 수구세력을 향해 이제 막 복수의 칼날을 다시금 빼어든 지 불과 20여 일 뒤, 안타깝게도 49세를 일기로 갑자기 승하하고 말았다. 〈왕조실록〉에서조차 정조의 갑작스런 임종 장면이 일체 남아있지 않은 가운데, 다만 '이날 유시(오후 6시 전후) 상上이 창경궁 영춘헌에서 승하했다'고 짤막히 기록되어 있을 따름이다.

미처 만개하지 못한 개혁,
그러나 불멸의 역사로 남은 리더십

정조가 죽고 그의 아들 순조가 왕위를 이어받았다. 하지만 순조는 이제 갓 10세의 어린아이였다. 제아무리 적통이 우선한다 할지라도 어린 보령으로 왕조를 경영할 순 없는 일이었다. 조정은 관례에 따랐다. 왕실의 가장 웃어른인 정순왕후에게 수렴청정을 요청할 수밖에 없었다. 수구 세력이 다시금 정권을 되찾게 된 셈이다.

어린 순조를 대신하여 정권을 잡게 된 정순왕후와 영의정 심환지는 곧바로 새로운 통치 문법을 세웠다. 백성들의 입부터 철저히 틀어막았다. 공포정치가 그것이었다. 공포정치를 내세워 노론의 수구 세상으로 되돌려놓았다. 그간 정조가 추진해온 개혁을 모조리 백지화하는 것은 물론, 천주교 탄압을 빌미삼아 정조를 추종했던 남인 정파는 말할 것도 없고 노론의 중도파까지 싹쓸이 숙청시키는 인적 청산에 들어갔다. 정치란 어차피 이긴 쪽이 전부 다 갖기 마련이었다.

마침내 정조가 죽은 그 이듬해 정월 초, 뼛속까지 파고드는 한겨울 추위 속에 때아닌 피바람이 불어 닥쳤다. 정순왕후와 영의정 심환지가 사학邪學을 엄금한다는 하교를 시작으로 천주교 박해에 나섰다. 노론이 사학을 역률로 다스리겠다고 나선 것은 곧 정조의 사람들을 역모로 몰아 모두 죽이겠다는 선포나 다름 아니었다.

그 첫 대상은 일찍이 정조가 재위 초기에 중용했던 홍국영 일가를 필두로 채제공, 이가환, 윤행임, 이승훈, 정약전, 정약용 등 산 자와 이미 죽은 자를 가리지 않고 자행되었다. 무려 100여 명에 달하는 이들이 망나니의 칼날에 줄줄이 목이 떨어지고, 400여 명이 유배 길에 올라야 했다. 이른바 '신유박해'의 신호탄이었다. 집권당 노론을 반대하는 세력의 씨를 깡그리 말려버린 것이다.

그뿐만 아니었다. 인적 청산을 끝낸 노론은 정조 연간의 뼈아픈 학습 효과를 통해서 체질의 변화마저 꾀하고 나섰다. 정조와 같은 개혁 군주가 이 땅에 다시는 발붙일 수 없도록 만들었다. 군약신강의 권력 구도를 보다 강화시켜 영구 집권을 획책했다. 오랫동안 노론을 이끌어왔던 영의정 심환지마저 내치면서 정당에 의한 집단 세력이 아닌, 한 집안에 의해 집권이 이뤄졌다. 보다 은밀하면서 엉큼해진 권력의 진화였다. 그리하여 왕권은 더욱 허약해지고 신권은 집단의 정당에서 한 집안의 독점으로 한층 견고해지는, 이른바 세도정치를 꾸며내기에 이른다.

요컨대 이전까지의 정치 지형이 노론의 일당 독점이었다면, 정조 사후에는 안동 김씨(풍양 조씨 일가가 잠시 정권을 잡기도 함) 일가와 같은 특정 지방의 집안에 의해 왕조의 정치가 좌지우지했다. 또 그러면서 부정부패를 불렀다. 그중에서도 당장 먹거리의 근간이 되는 전정田政, 군정軍政, 환정還政으로 일컬어지는

'삼정의 문란'은 백성들을 등골 빠지게 만들었다.

게다가 하늘마저 무심하기만 했다. 정조가 죽으면서 연이은 가뭄마저 더해져 왕조사회의 기층민이었던 농민들은 끼니조차 제대로 잇기 어려운 아사 상태에서 벗어나지 못했다. 그중에서도 농민들의 대다수를 차지하고 있는, 평생토록 냉혹하고 슬픈 가난 속에 살아야 했던 소작농들의 비참함이란 이루 말할 수 없었다.

결국 도처에서 민란이 일어나기에 이르렀다. 정조가 왕위에 있을 때는 생각치도 못한 일이었다. 실낱 같은 희망이라도 품었기 때문이다. 비록 현실은 찢어지게 곤궁하더라도 언제인가는 국왕이 자신들의 희망을 들어주리라 굳게 믿은 까닭이다.

한데 정조가 죽자 자신들의 희망도 함께 죽고 말았음을 알게 되었다. 이젠 백성들의 문제는 백성들이 스스로 해결할 수밖에 없음을 깨달았다. 목숨을 내건 봉기만이 남았을 따름이다. 그렇게 남쪽에서, 또 북쪽에서 민란이 들불처럼 일어났다. 무수한 백성들이 피를 흘리며 초개처럼 죽어가야만 했다.

그 같은 세도정치는 오랫동안 지속되었다. 순조(1800~1834), 헌종(1834~1849), 철종(1849~1863) 연간에 이르기까지 무려 63년간이나 왕조를 주물럭거렸다. 그 사이 왕조는 골병이 들고 말았다.

초상집의 개 노릇을 해가며 가까스로 목숨을 부지할 수 있었던 흥선대원군이 돌연 등장하면서 뒤늦게야 세도정치를 종식시킬 수 있었으나, 골병이 든 왕조는 벌써 기진맥진한 뒤였다. '뿌리 깊은 나무는 바람에 흔들리지 아니하고 마르지 않는 샘물과도 같다'던 왕조는 이미 종말을 향하고 있었다.

정조가 그토록 추진하고자 했던, '백성이라면 누구나 장사를 할 수 있도록'한

통공정책은 그제야 빛을 볼 수 있게 된다. 개항開港 이후 급속히 밀려드는 근대화의 물결에 5백 년 철옹성을 자랑하던 종루 육의전이 더 이상 버티지 못했다.

그러면서 시장경제는 오랫동안 대량 자본을 쥐고 흔들었던 종루 육의전이 와해되어 빠진, 그저 몇 푼 되지도 않은 소량 자본을 쥔 하층민들만의 구조일 수밖에 없었다. 그로 말미암아 자본 축적의 기회마저 상실하지 않으면 안 되었다.

또 그렇게 형성된 하층민들만의 소량 자본의 구조는, 우리가 원했든 원하지 않았든 개항을 전후하여 지구촌의 자본시장에 편입하게 되었다. 그야말로 벌거벗은 무방비 상태로 냉혹한 생존 경쟁의 무대로 내몰리고 말았다.

다시 말해 18세기 후반 문명의 전환점이 된 영국 산업혁명이 시작되었을 때, 우리는 노론의 수구에 갇혀 있었다. 이후 19세기 후반 영국의 산업혁명이 서유럽과 북미 지역으로 확산되어 이들 나라마다 놀라운 역량을 키워내면서 서세동점西勢東漸의 충격이 동아시아까지 미치게 되었을 때, 우리는 세도정치에 신음하고 있었다.

그리하여 1870년대부터 굶주린 승냥이처럼 열강들이 다투어 지구촌을 식민지로 분할 점령하기 시작하였을 때, 우리는 아무런 저항조차 해보지 못한채 일제 식민 지배를 받아들일 수밖에는 없었다. 나라를 빼앗기고 만 채 복받쳐 오르는 서러움과 분함에 땅을 쳐야 했다. 정조가 죽은 지 꼭 110년째가 되던 경술년(1910)이었다.

로마는 하루 아침에 이루어지지 않는다. 리더 혹은 고급 관리자 혼자서 천하를 다 경영할 수는 없는 노릇이다. 반드시 주위에 자신과 뜻을 같이 하는 참모가 있어야만 한다.

물론 그 같은 참모가 많으면 많을수록 좋다. 그만큼 외연을 확장시킬 수 있기 때문이다. 리더십의 영토가 두터워지는 까닭에서이다.

그런 면에서 볼 적에도 정조는 고독했다. 그 같은 포용과 의지가 충분히 있음에도 결코 그런 호사를 누릴 순 없었다.

따라서 그들은 일당백—當百이어야 했다. 정조는 자신을 비전 제시자로 자처하고 그 나머지 분야에 적합한 인재를 찾아 나섰다. 정약용이 22세였을 때 첫 만남에서 강렬한 인상을 받았던 정조가 무려 6년여 동안이나 기다린 끝에 그를 과거에 급제시킨 사례가 그것이다. 소수 정파의 채제공을 80년여 만에 우의정으로 제수하고, '말을 타고 달리며 군사들을 지휘하는 수고를 놓고 말한다면 전 시대의 인물을 꼽아본다 할지라도 그와 견줄만한 장수가 없었다'던 조심태의 발탁이 그 전형이라고 할 수 있다.

그같이 다수보다는 소수의 정예를 끌어 모아 조직화하고 조율해 감으로써 정조는 마침내 자신의 오랜 꿈이었던 개혁이라는 미션에 박차를 가할 수 있게 되었다. 전략 수립자이자 비전 제시자(CEO 리더십)로서의 정조, 프로젝트 총괄자(고급 관리자 리더십)로서의 채제공, 프로젝트 설계자(팀장 리더십)로서의 정약용, 그리고 현장의 실무 책임자(셀프 리더십)로서의 조심태는 마치 네 바퀴가 구르는 4륜 구동의 동력이었다. 험로를 뚫고 전진할 수 있는 상생과 신념의 결사체였다.

그들은 모두 자신의 위치에서 책임과 헌신으로 충실했다. 자신의 역할에 대한 가치와 방향 에너지에서 결국 역사의 승자였다.

오늘날 우리가 바라보고 있는 수원화성은 그렇듯 온갖 힘을 다하고 숨은 역량이 더해져 비로소 탄생한 것이다. 그 같은 4개 계층의 리더십이 역사의 하모

니를 이루었기에 가능할 수 있었다.

비록 갑작스런 정조의 죽음으로 이들의 개혁이 미처 만개하지 못했다는 건 두고두고 안타까울 수밖에 없다. 그러나 어느 누가 부인할 수 있겠는가. 이들이 보여주었던 바로 그 불멸의 역사로 남은 어기찬 리더십을. 꿈의 미션을 마침내 완성시켜낸 리더십의 정수를 말이다.

참고문헌 및 웹사이트

「꿈의 문화유산, 화성」, 유봉학, 신구문화사, 1996

「수원의 화성」, 신영훈, 조선일보, 1998

「한국의 성곽」, 손영식, 문화재관리국, 1988

「18세기 건축사상과 실천–수원성」, 김동욱, 발언, 1996

「정조의 화성 건설」, 최홍규, 일지사, 2001

「수원성」, 김동욱, 대원사, 1898

「수원화성」, 김동욱, 돌베개, 2002

「수정 국역 화성성역의궤」, 경기문화재단, 2000

「조선왕조실록」, 한국국사편찬위원회, 탐구당, 1986

「조선의 왕으로 살아가기」, 심재우 외, 돌베개, 2011

「일득록」, 남현희, 문자향, 2008

「정조치세어록」, 안대희, 푸르메, 2011

「정조이산어록」, 손인순, 포럼, 2008

「조선전기 군신권력관계 연구」, 김돈, 서울대 출판부, 1997

「사도세자가 꿈꾼 나라」, 이덕일, 역사의 아침, 2011

「여인열전」, 이덕일, 김영사, 2003

「누가 왕을 죽였는가」, 이덕일, 푸른역사, 1998

「조선 정치의 꽃 당쟁」, 신봉승, 청아출판사, 2009

「당쟁으로 본 조선역사」, 이덕일, 석필, 1997

「사화로 보는 역사」, 이덕일, 석필, 1998

「조선왕 독살사건」, 이덕일, 다산초당, 2005

「영조와 정조의 나라」, 박광용, 푸른역사, 1998

「제왕학」, 야마모토 시치헤이, 고경문 옮김, 페이퍼로드, 2011

「정조대 통공정책의 시행에 관한 연구」, 김정자, 국민대 박사학위, 2009

「재상열전」, 이성무, 청아출판사, 2010

「임원의 조건」, 조관일, 21세기북스, 2012

「번암 채제공의 시사 활동과 그 정치적 활용」, 백승호, 한문학보, 2012

「번암 채제공의 문자정치」, 백승호, 진단학회, 2006

「채제공의 경제정책에 관한 연구」, 김동철, 역사와 세계, 1980

「번암 채제공 특별기획전」, 수원화성박물관, 2013

「정조, 조선의 혼이 지다」, 이한우, 해냄, 2007

「왕의 노래」, 박상하, 일송북, 2014

「정조의 복수 그 화려한 여드레」, 박영목, 시간의 물레, 2010

「정조의 화성 행차, 그 8일」, 한영우, 효형출판, 1998

「원행을묘정리의궤」, 수원시, 1996

「모든 것의 역사」, Ken Wilber, 조효남 역, 대원출판, 2004

「한국민족문화대백과사전」, 한국학중앙연구원, 1991

「전통 속의 첨단 공학기술」, 남문현 외, 김영사, 2002

「조선과학실록」, 이성규, 맞닿음, 2014

「재상열전」, 이성무, 청아출판사, 2010

「정약용」, 금장태, 성균관대 출판부, 1999

「임진왜란과 병자호란」, 정약용, 현대실학사, 2001

「다산의 실학적 인간학」, 장복동, 전남대 출판부, 2002

「정약용의 문제들」, 김영식, 혜안, 2014

「다산기행」, 박석무, 한길사, 1988

「다산 정약용 산문집」, 허경진, 한양출판, 1994

「다산평전」, 금장태, 지식과 교양, 2000

「다산 정약용 평전」, 박석무, 민음사, 2014

「정조시대의 무예」, 나영일, 서울대 출판부, 2003

「조심태의 생애와 사상」, 강신엽, 수원학연구 4호, 2014

「정조연간 무반 군영대장과 군영정책」, 배우성, 한국사론24, 1991

「조선의 괴짜 선비들」, 김영진, 태평양저널, 2013

「한국인물대사전」, 한국정신문화연구원, 중앙일보, 1999

「한국벼슬사전」, 이덕재, 영지사, 1997

국립중앙도서관 한국고전적종합목록시스템(www.nl.go.kr/korcis)

국사편찬위원회 조선왕조실록(sillok.history.go.kr)

국사편찬위원회 한국사데이터베이스(db.history.go.kr)

국사편찬위원회 한국역사정보통합시스템(www.koreanhistory.or.kr)

지은이 **박 상 하**

활자 중독이라 할 만큼 온갖 책들을 가리지 않고 읽는다.
이런 잡학적 성향 때문에 본령인 문학마저 진득하게 천착하지 못한 채,
더욱이 역사와 경영이라는 타인의 영토 안으로 넘어서는
만용에 대한 대가가 어떠하다는 것쯤은
달구리와 해넘이처럼 역력히 알고 있으면서도
'경험이라는 역사의 넓이 속에서 경영을 발견하고 접목하는'
길 찾기 작업을 지속해오고 있다.
건국대학교 교육대학원 국어교육과를 졸업했다.
1995년 허균문학상을 수상하면서 등단했고,
2000년에는 문예진흥원 소설 부문 창작지원금을 받으면서
줄곧 문학 작품을 써오고 있다.
그리고 경영칼럼니스트, EBS교육방송의 고정 패널,
기업과 행정기관 등에서 리더십 강연을 하고 있다.
지은 책으로는 「한국인의 기질」, 「경성 상계史」, 「이병철과의 대화」,
「최초의 근대기업가 박승직 상점」, 「한국기업성장100년史」 등 다수가 있으며,
「이기는 정주영 지지 않는 이병철」은 연합뉴스TV에서 다큐멘터리로,
「이건희」는 한국과 중국에서 동시 출간된 바 있다.

psangha1215@hanmail.net